教师教育哲学译丛　译丛主编　王占魁

教育学院的困扰

［美］戴维·F. 拉巴里（David F. Labaree）◎著

张建国◎译

华东师范大学出版社
·上海·

图书在版编目(CIP)数据

教育学院的困扰/(美)戴维·拉巴里著;张建国译.—上海:华东师范大学出版社,2023
(教师教育哲学译丛)
ISBN 978 - 7 - 5760 - 4155 - 2

Ⅰ.①教⋯ Ⅱ.①戴⋯②张⋯ Ⅲ.①教育学院-研究 Ⅳ.①G658.4

中国国家版本馆 CIP 数据核字(2023)第 192650 号

教师教育哲学译丛
教育学院的困扰

著　　者　(美)戴维·F.拉巴里(David F. Labaree)
译　　者　张建国
责任编辑　彭呈军
特约审读　张天韵
责任校对　单敏月　时东明
装帧设计　卢晓红

出版发行　华东师范大学出版社
社　　址　上海市中山北路 3663 号　邮编 200062
网　　址　www.ecnupress.com.cn
电　　话　021 - 60821666　行政传真 021 - 62572105
客服电话　021 - 62865537　门市(邮购)电话 021 - 62869887
地　　址　上海市中山北路 3663 号华东师范大学校内先锋路口
网　　店　http://hdsdcbs.tmall.com

印　刷　者　常熟市文化印刷有限公司
开　　本　787 毫米×1092 毫米　1/16
印　　张　18.75
字　　数　213 千字
版　　次　2024 年 4 月第 1 版
印　　次　2024 年 4 月第 1 次
书　　号　ISBN 978 - 7 - 5760 - 4155 - 2
定　　价　78.00 元

出版人　王　焰

(如发现本版图书有印订质量问题,请寄回本社客服中心调换或电话 021-62865537 联系)

献给卡罗尔·艾姆斯(Carole Ames)、史蒂夫·科齐奥尔(Steve Koziol)以及我在密歇根州立大学教育学院的前同事和学生们,他们使我明白一所教育学院能够成为什么样子。

The Trouble with Ed Schools

By David F. Labaree

Copyright © 2004 by Yale University

Originally published by Yale University Press

Simplified Chinese translation copyright © 2024 by East China Normal University Press Ltd.

All rights reserved.

上海市版权局著作权合同登记图字:09-2022-0036 号

丛书总序

对中国教育界而言,"教师教育"或者"师范教育"是一个并不陌生的概念。作为一项文化事业,它不仅一直是"师范"院校的主要职能,而且近年来也日渐成为"综合性大学"竞相拓展的业务范围。尽管我国自古就有浓厚的"师道"传统,也留下了为数众多的"师说"篇章,但是,近现代以来,我国学者对"教师教育"或"师范教育"的理论思考整体上比较薄弱,鲜有成体系的、具有国际影响力的教师教育理论,同时也缺乏对国外教师教育哲学理论成果的引介。从教育原理的意义上讲,"见证好理论"乃是"构建好理论"的前提条件。目前,在国家号召构建"成体系"的人文社会科学理论的背景下,引介国外知名学者有关教师教育的哲学思考,或许正当其时。

2020年5月,在华东师范大学基础教育改革与发展研究所的支持下,依托自己所在的"教育哲学"学科,我申请成立了"办学精神与教学特色研究中心"(以下简称"中心"),以期围绕教育活动中的"办学主体"和"教学主体"两个核心动力系统做些学术研究和社会服务。稍后,在从事有关美国要素主义教育哲学家威廉·巴格莱的教师教育哲学思想研究的过程中,我深切地感受到教师教育哲学对教师培养质量和教师职业生活品质影响深远。但是,无论是与上个时代纵向比较,还是与这个时代其他人文学科横向参照,近些年来国内教育学界有关国外标志性教育理论成果的引介力度都相对式微。从学术共同体建设的长远视野看,对国外教育理论的深入研究和广泛了解的不足,将在很大程度上制约我们自己的学术眼界、思想活力与理论深度。于是,我萌发了以"中心"之名策划一套《教师教育哲学译丛》的想法。

经过近半年的多方考察和华东师范大学出版社的谨慎筛选,我最终选定了西方学界4位学者的7本著作:第一本是英国教育哲学学会的创立者及首任主席、伦敦大学教育学院院长和教育哲学教授理查德·彼得斯(Richard Stanley Peters)的《教育与教师教育》。该书从"教育的正当性""教育与有教养的人的关系""教育质量的含义""自由教育的歧义与困境""柏拉图的教育观""哲学在教师训练中地位""教育(学科)作为教学的具体准备""教育作为一门学术性学科""大学在教师教育中的职责"九个方面,充分展现了一位分析教育哲学家对"教育"与"教师教育"问题的系统思考。第二本是前美国教育史学会主席、斯坦福大学教育学院兼历史系教授戴维·拉巴里(David F. Labaree)的《教育学院的困扰》,这本书从历史社会学的角度研究美国教育学院的地位问题,系统分析了教育学院在师资培养、教育研究人员训练、教育知识生产等方面所面临的特殊困难。

接下来的四本书,皆出自前美国教育哲学学会和约翰·杜威学会的"双料主席"、哥伦比亚大学教师学院教育史与教育哲学专业的大卫·汉森(David T. Hansen)教授。其一,《教学召唤》通过对不同类型学校教师的日常教学工作进行"深描",探讨教师应当如何对待学生、如何管理课堂、如何参与学校及社会公共事务等议题,深入挖掘"教师"的职业身份意义与专业精神内核,并就教师如何兼顾"实现自我"与"公共服务"提供了独到见解。其二,作为《教学召唤》的姊妹篇,《重思教学召唤:对教师与教学的见证》借助生动案例,以审美、伦理和反思的方式呈现了敬业教师的存在状态,进而对教师为召唤而教的理论主张作出了全新的描述,并明确将教学界定为一种"伦理实践",指出教学作为一种了解人性、改变学生心灵状况的使命召唤,远比工作、职业、工种、专业要深刻。其三,《教学的道德心:迈向教师的信条》,从"作为个人的教师意味着什么"问题入手,系统研究了在教学中成长的个体教师形象以及塑造这种教师的环境,进而对教学和传统的关系、理想在教学中的地位等问题进行了深入讨论。其四,面对世界的日益多元化、学校的日趋多样化、学生教育需求与学习能力差异的加剧等诸多现实挑战,《教师与世界:教育的世界主义研究》一书引导教师如何在忠诚于本土价值观、利益和承诺的同时,建立对新人、新事物和新思想的理性开放态度,鼓励他们通过不断反思实现二者之间的平衡。

最后,作为"尾声"压轴出场的是前国际知名刊物《戏剧教育研究》的联合主编、英国华威大学戏剧与艺术教育学专业乔·温斯顿(Joe Winston)教授的代表作《教育与美》。这本理论与实践紧密结合的教育美学力作,致力于唤醒教育中的美。它不仅对美的思想史进行了精要的纵向梳理,也对美与教育关系进行深入的横向分析,进而提出了"美即教育经验"重要命题;它不仅对教育与美进行深刻的理论阐释,而且深入到具体学科教学上做了详细的案例研究,对各科教师审美素养的培育都极具实践参考价值。

众所周知,现今高校青年教师肩负的教学、科研和生活压力十分繁重,与科研论文著作相比,校内外各种绩效考核和学术评奖对译著作品重视程度有限;与各级各类课题经费相比,国内译著的稿酬更是十分微薄;与此同时,要从事学术翻译工作,可能需要译者牺牲自己(包括与家人共度)的"休息时间"。由此来看,从事学术翻译的确不是一个"聪明"的选择。但是,这并不意味着学术翻译是一项没有"智慧"就能胜任的工作。这是因为,作为一项兼有"英文阅读"和"中文写作"双重属性的工作,学术翻译的难度远大于两项中的任何一项,甚至大于两项难度之和:译者不仅需要首先理解英文原意,也需要创造性地跨文化转述;既不能只顾英文的陈述逻辑,也不能只顾中文的语言习惯,每一章、每一节乃至每一段都要同时结合两种文化语境重新推敲、反复斟酌。显然,这不仅需要思维能力的支撑,更需要高度的道德自觉、价值态度和直觉才能等精神力量的支撑。正是从这个意义上讲，学术翻译乃是一种饱含"智慧"的付出。倘若不假思索地按照字面"直译""硬译"，就不免会对专业领域通行的一些"术语"误解误读，进而对该领域的初学者造成误导。因此，一部优质学术翻译作品的问世，不仅意味着译者时间投入和智慧付出，也意味着译者对一个专业领域的仔细考究和深入钻研。

  本译丛自筹划到出版，前后历时整四年。特别感谢六位"八〇后"中青年学友能够接受我的这份译事邀约，他们分别是北京师范大学教育基本理论研究院的林可博士、华东师范大学国际与比较教育研究所的沈章明博士、华南师范大学教育科学学院的刘磊明博士、江苏师范大学教育科学学院的张建国博士、清华大学教育研究院的吕佳慧博士和广州大学教育学院的李育球博士。他们结合自身的研究兴趣和专业所长，各自独立承担了一本书的翻译工作！我相信，诸位译者和我一样深知，我们在竭力解读、领悟、澄清和贴近前辈学人话语方式和理论逻辑的过程中，也在履行我们这一代学人所肩负的学科赓续和学脉承传的历史使命。这不仅体现了我们对学术事业共有的真挚热爱，也体现了这一代中青年教育学者不辞辛劳、不畏艰难、勇担"拾薪"与"传薪"重任的精神品格。更为重要的是，这种领域兴趣原则与独立自主原则相结合的分工机制，将为这套译丛的质量提供不可或缺的动力基础和专业保障。

  值此"办学精神与教学特色研究中心"成立四周年之际推出这套译丛，希望能够为中国教师的实践工作和中国教师教育事业提供一些"窗口"，同时也为中国教师教育的学术研究增添一些"砖瓦"。由于个人能力有限，恐错漏之处在所难免，不当之处，敬请各界方家及广大教育同仁批评指教。

王占魁

2024年4月8日

中译版序

很荣幸我的书《教育学院的困扰》现在被译为汉语。我认为，对新的中国读者来说，提供本书从何而来的一些背景可能会很有帮助。首先，我想表明，本书如何从我作为教育学教授早期生涯的经历中产生。其次，我想展示它所考察的机构如何从一种独特的美国背景中产生，这种背景与中国教育学院运作于其中的条件截然不同。

与大多数美国教育学教授不同，我从未在公立学校做过教师。我所有的教学经历都在大学水平。因此，我关于教师准备和教学实践的知识来自我自己的研究、对该领域文献的参与、作为教师教育者的工作，以及多年来同从事广泛课堂教师职业的研究生的交往。因此，本书不是一项实证研究或怎么做的手册，而是一篇我试图综合我从所有来源中学到的东西的论文，以捕捉美国教育学院作为一种社会机构的本质。我在社会学领域获得博士学位，我理解教育学院的方式经由历史社会学概念框架的过滤。这个想法就是为了理清美国教育学院如何在美国教育史的特殊背景下从其对个体教育消费者和更大社会所扮演的新兴社会角色演变而来。

我在宾夕法尼亚大学获得博士学位后，曾在三所不同大学——宾夕法尼亚大学、乔治敦大学（Georgetown）和威德纳大学（Widener）的社会学系担任一系列为期一年的教职。而后1985年，我一头扎进了教育学院的世界，成为密歇根州立大学教育学院教师教育系的助理教授，并在接下来的18年里一直待在那里。对我来说，这是一次令人惊叹的经历，沉浸于一个陌生的新世界之中。回想起来，我就像一位人类学家，将自己嵌入一个与他最初背景相去甚远的部落文化。因此,我成为一名教育世界的参与观察者,其中我必须学习它的语言、规范、传统、等级体系和专业实践。《教育学院的困扰》就是这一过程的产物,这本书于2004年出版,当时我正离开密歇根州立大学,前往斯坦福大学教育学院担任新职位。我将这本书献给我在密歇根州立大学的同事和学生们并非偶然,因为他(她)们教会了我关于该书主题的所有东西。

事实表明,对那些想了解教育学院的人来说,密歇根州立大学是一个完美的地方,因为当我到那里时,它正在研究型大学教育学院院长中领导一场运动,以改革我正入职的机构。密歇根州立大学的院长拉尼尔(Judith Lanier)是这个被称为霍姆斯小组(Holmes Group)的改革合作组织的主席,该小组的首份改革报告便是由我那里的新同事撰写。这份报告名为《明日之教师》(Tomorrow's Teachers)(1986),它进入了美国教育改革文献的激烈舞台,这些文献包括美国教育部的《国家处于危机之中》(A Nation at Risk)(1983)和卡内基教学工作组(Carnegie Task Force on Teaching as a Profession)的《一个准备好的国家:21世纪的教师》(A Nation Prepared: Teachers for the 21st Century)(1986)。当我在密歇根州立大学时,霍姆斯小组很快又发布了两份报告:《明日之学校》(Tomorrow's Schools)(1990)和《明日之教育学院》(Tomorrow's Schools of Education)(1995)。在这一点上,我对教育学院的投入,使我获得了一个重要教训:如果你想要理解一个机构,就去看看人们试图改革它时发生了什么。一连串的改革报告为我提供了丰富的有关美国的教学专业和美国教育学院疾病的诊断,以及如何治愈这些疾病的处方。对我来说,幸运的是,所有这些资料好似天上掉馅饼一样,刚好砸在正进入这个新世界的我的身上,让我对这一机构的功能和失调有了深刻的理解。本书就是这项研究的成果。

现在，让我从本书的缘起转向它所考察的机构的性质。美国教育学院是一个独特的地方，它产生的条件在几个方面相当不同于其他国家教育学院的发展方式。一个明显的特征是，美国教育学院为学生提供准备的专业在美国不受尊重。在美国，教学是典型的中产阶级职业，但它并没有像法律或医学专业那样的地位。它至多算是一个半专业。对工人阶级家庭来说，使孩子成为教师是迈向白领阶层的重要一步。但是，对中产阶级家庭来说，他们期望，上大学的孩子应该渴望获得比课堂教师更高的职位。

教学的一个问题在于，它是一个大众职业，因此它缺少唯有高级专业和上层管理岗位才有的排他性光环。尤其在上层中产阶级家庭，一个孩子成为教师多少有些令人失望，这意味着孩子的眼光太低。损害美国教师地位的另一个因素是他（她）们是公共服务人员，这在一个重视私营领域而非公共领域的国家是个问题。政府工作被认为比私营经济中的工作要求更低、更缺乏吸引力、回报更少。有一种说法——"对政府工作来说已经足够好了"——抓住了这一观点，即这项工作对成就的期望较低。然而，对美国教学的另一个打击是，在一个尊重实际成就而非理智成就的国家，教师被认为是知识分子。我们的英雄是像爱迪生（Thomas Edison）、福特（Henry Ford）、乔布斯（Steve Jobs）和马斯克（Elon Musk）那样的企业家和发明家。甚至像文学家和大学教授那样最高层次的知识分子，也只是更多地受到公众认可而不是尊敬。而教师——作为街头水平的知识分子，他（她）们如此普通以至于每个人都与其有密切的联系——几乎没有得到尊重。

教育学院的另一个问题是，在高等教育等级体系中，它们长期居于从属性地位。19世纪中叶，美国出现了第一批培养教师的机构——师范学校，旨在填补新成立的公立学校系统的教室。鉴于对教师需求的急剧增加，师范学校面临着以高速度低成本培养大量教师的压力，强调数量而非质量。

它们的运作更像高中而不是学院和大学，教员本身通常没有接受过大学教育，他们专注于使学生成为小学教师。所需要的为数有限的高中教师来自大学。早期，这些师范学校深受学生欢迎，他们并不必然想成为教师，而是追求一种廉价且易于获得的高等教育形式。对高等教育的强烈需求推动教育学院在美国高等教育中向上流动。至19世纪末，师范学校开始转变为教师学院，它们授予大学学位，并且从事教学的学生比例在下降。至1920年代，它们从头衔中拿掉了"教师"一词，转变为综合性州立学院，到1960年代，它们被重新命名为地区性州立大学。好消息是，教育院系的师生——在第一批师范学校成立100年后——现在已经正式隶属于大学，但坏消息是它们都被视为高等教育稀薄空气中的小人物。教育学院已经进入了大联盟，但它们带着卑微出身的印记。与大学的其他领域相比，它们一直被认为是弱势学生、低学术水平和平庸教员的家园，以及与较低层次的职业相联。

因此，美国教育学院一直存在地位问题。它们没有获得多少尊重。当我于2003年从一所大型公立大学转到一所精英私立大学时，我认为这会有所不同，但遗憾的是，事实并非如此。在第一天授课时，我看到教育大楼前的人行道上有一个用粉笔印的标志，上面写着"Edukashun Skool"。不尊重是这类机构的常态，我的书试图探索这个问题的根源和影响。

戴维·F. 拉巴里

帕洛奥多，加州

2023年6月

致　谢

正如在献辞中表明的那样，本书在很大程度上源于我作为密歇根州立大学教育学院教员的18年经历。我非常感激那里的同事和学生，他们教会了我很多关于教育学院的知识。像许多成功的教育形式一样，这种学习经验是许多人长期参与的集体教学努力的结果。密歇州立大学教育学院是一个卓越的机构，它致力于以这样一种方式来定位自身，以弥合分裂美国教育学院并削弱其有效性的诸多两极化倾向——理论与实践之间、学校与大学之间、教师准备与教育研究之间。我特别想感谢卡罗尔·艾姆斯（Carole Ames），因为他是位非常热心的院长、同事和朋友，也要感谢史蒂夫·科齐奥尔（Steve Koziol），因为他是位乐于助人的系主任、同事和朋友。

感谢托马斯·波普科维茨（Tom Popkewitz）和芭芭拉·比蒂（Barbara Beatty），他们为耶鲁大学出版社阅读了本书的草稿，并提供了深具同情且富有洞察力的批判性反馈。我也将感谢送给在不同机构的同仁，他们阅读了那些成为本书一部分的论文的早期版本，并为我提供了有助于形成本书论点的评论：汤姆·伯德（Tom Bird）、林恩·芬德勒（Lynn Fendler）、比尔·费尔斯通（Bill Firestone）、安德鲁·吉特林（Andrew Gitlin）、艾沃·古德森（Ivor Goodson）、安迪·哈格里夫斯（Andy Hargreaves）、E. D. 希尔施（E. D. Hirsch）、杰夫·梅里尔（Jeff Mirel）、亚伦·帕拉斯（Aaron Pallas）、佩内洛普·彼得森（Penelope Peterson）和戴安娜·拉维奇（Diane Ravitch）。我在许多场合介绍了本书中的材料，参与者提供了有益的意见，包括美国教育研究协会（American Educational Research Association）、教育史协会(History of Education Society)、教育史国际常设会议(International Standing Conference for the History of Education)的年会以及专业行为与教学文化(PACT, Professional Actions and Cultures of Teaching)小组、布鲁金斯学会(Brookings Institution)、社会科学研究理事会(Social Science Research Council)和国家研究理事会(National Research Council)组织的会议或研讨会。我也从《教育研究者》(*Educational Researcher*)和《美国教育研究杂志》(*American Educational Research Journal*)的匿名审稿人那里收到非常有建设性的建议(如果有挑战性的话)。耶鲁大学出版社的三个人在与我合作处理这份手稿时鼎力相助,她们是该项目的继任编辑苏珊·阿里拉诺(Susan Arillano)、艾琳·卡特(Erin Carte)以及手稿编辑玛丽·布兰查德(Marie Blanchard)。此外,如果没有许多朋友和同事提供的持续支持和鼓励,这本书是不可能完成的:克莱奥·切里霍姆斯(Cleo Cherryholmes)、玛丽·康恩(Mary Conn)、鲍勃·弗洛登(Bob Floden)、苏珊·梅尔尼克(Susan Melnick)、迈克尔·塞德拉克(Michael Sedlak)、史蒂夫·韦兰德(Steve Weiland)和苏珊·威尔逊(Suzanne Wilson)。最后,我想感谢我的父母本杰明·拉巴里(Benjamin Labaree)和让·里奇利·拉巴里(Jean Ridgley Labaree),他们给了我良好的教育,教导我学习的价值。感谢我的妻子,戴安娜·丘吉尔(Diane Churchill),她一直在支持我,总是让我专注于重要的事情。

目　录

第一章　导论:教育学院的低下地位 / 1
　　架构论点 / 11
　　本书的组织 / 17

第二章　教师教育的过去:地位低下的根源 / 20
　　市场对教师教育的影响 / 23
　　　　教师工厂:填满教室 / 24
　　　　人民学院:满足消费者的需要 / 29
　　　　从师范学校到大学:对地位的影响 / 35
　　处理遗产问题:不断变化的状况 / 41
　　服务于被污名化的群体 / 43

第三章　当前的教师教育:培养教师的特有问题 / 46
　　教学是一项困难的工作 / 47
　　　　客户合作问题 / 47
　　　　强制性客户的问题 / 49
　　　　情感管理问题 / 53
　　　　结构性孤立的问题 / 61

  关于教学有效性的长期不确定性问题 / 62
  对教师教育的影响 / 66
 教学是一项看起来容易的工作 / 66
  观察学徒期 / 67
  普通的技能和知识 / 69
  属于他人的内容专长 / 69
  通俗易懂的和可公开获得的教学技能 / 70

第四章 从事教育研究的特有问题 / 73
 教育学院生产的知识种类 / 73
  硬知识与软知识 / 74
  纯知识与应用型知识 / 77
  交换价值与使用价值 / 81
 组织影响 / 82
 对教育学院的消极影响 / 85
  大学中的低下地位 / 85
  教育和教育决策中脆弱的权威 / 86
  将教育学转变为一门硬科学的压力 / 87
  将教育学院转变为纯粹研究机构的压力 / 89
  这个领域永远不会有任何进展的感觉 / 90
 对教育学院的积极影响 / 91
  追求生产有用的知识并非坏事 / 91
  不受消费者压力的影响 / 92
  不受学科边界限制的自由 / 93
  免受等级束缚的自由 / 94

生产软知识正当其时 / 94

一种面向普通大众讲话的能力 / 95

第五章 培养教育研究者的特有问题 / 97

框定问题:机构情境和知识空间 / 97

在一个低下地位机构中的训练 / 98

追求一种独特的知识形式 / 98

争论的焦点与根源 / 100

从教师向研究者的过渡:什么使它变得容易 / 101

成熟度 / 102

专业经验 / 102

献身于教育 / 103

良好的认知技能 / 104

从教师向研究者的转变:什么使它如此之难 / 106

教师和研究者冲突的世界观问题 / 106

处理文化鸿沟 / 118

错配的教育期待问题 / 120

第六章 教育学教授的地位困境 / 127

低下地位的源头 / 128

说教育学教授的坏话 / 129

对教育学教授的研究 / 131

对教育学教授的批评都公正吗? / 135

教育学教授内部的地位差异 / 137

解决地位问题的策略 / 142

《明日之教师》/ 143

《教育学院》/ 146

第七章　教育学院与进步主义的浪漫 / 151
　　教与学的两种愿景 / 152
　　教育学院对进步主义的承诺 / 154
　　进步愿景的本质和根源 / 161
　　　　作为教与学理论的进步主义 / 162
　　　　作为一套社会价值观的进步主义 / 167
　　进步主义如何成为教育学教授的意识形态 / 168
　　　　杜威是怎么输的：进步教育简史 / 169
　　　　教学进步主义的修辞如何栖息于教育学院 / 182
　　　　教育学院与进步主义联系的其他原因 / 191
　　　　教育学院对处境不利者的亲和力 / 198

第八章　教育学院的困扰：没有什么害处，也没有什么帮助 / 200
　　好消息：教育学院太弱而不至于会对美国教育造成多大伤害 / 203
　　　　损害学术内容 / 204
　　　　差异化获取知识的途径 / 214
　　坏消息：教育学院太弱而不能为美国教育提供多大帮助 / 229
　　　　对当前关于教育政策争论的贡献 / 230
　　　　生产使用价值而非交换价值 / 235
　　　　在理论与实践之间工作 / 240
　　　　教育学院困扰的再审视 / 242

参考文献 / 245

索引 / 257

译后记 / 277

第一章　导论:教育学院的低下地位*

2003年2月16日星期天,《底特律新闻》(*Detroit News*)在第一版以"他为底特律捐款3亿美元:鲍勃·汤普森(Bob Thompson)通过捐尽财富建立学校来挑战体制"为标题登载了一则很长的故事。它讲述了一个人通过建立自己的沥青铺路公司积累财富,之后卖掉产业,然后退休的故事。"如今汤普森计划将其剩余的3亿美元几乎全部用于对教育者发起直接的挑战:创办一所底特律特许高中,使90%的学生毕业,将他们送入学院或让他们接受其他训练,并且他将以每年一美元的价格给你一栋新大楼。"[1]

这篇文章解释了汤普森如何同情那些在学校表现欠佳的孩子——正如这时在底特律学校系统内的大量学生表现的那样——这是由于他自身的教育经历:

> 汤普森,一名很差的高中生,在希尔斯代尔县(Hillsdale County)的家庭农场中盘算着生活,直到他母亲坚持要他上大学。他搭便车来到托莱多南部的鲍灵格林州立大学(Bowling Green State University

---

* 本书边码为英文版原著页码。——编辑注
1　Bebow, 2003.

south of Toledo)。新世界的大门打开了。他加入了ROTC[1]，和来自纽约市的男孩们同处一室，见到了一个名叫爱伦(Ellen)的克利夫兰女孩，她后来成为了他的妻子。

但是课堂任务是繁重的。这位后来将如饥似渴地阅读米切纳(Michener)[2]、《走出非洲》(Out of Africa)和厚厚传记的男人在大学一年级的英语上挂科了三次。他依靠着耕作的本能，早上四点钟起床学习，并选择了最容易的毕业路径：主修教育专业。

这个有一天将以4,220,000美元出售其产业的男人说："这是我所能做的唯一的事情。我不够聪明，进不了商学院。"

他很快就了解到了教学有多难。

毕业后，鲍勃和爱伦结婚，并在底特律从事教书工作。

六周后，汤普森从一所窘困的初中辞职。在那里，男孩们向散热器撒尿。下课后，骑警把他们赶走了。

他回忆道："那就像是在火星上。我是一个彻底的失败者。"[3]

这则故事的许多方面对任何适应美国文化的人来说都是熟悉的。这是一个在逆境中获得成功的励志故事：农场男孩成为百万富翁，他克服学业的失利，在商业上获得了巨大成功。它也是一个好人的暖心故事，毕竟他对自己的好运心存感激，并试图回馈社会。

---

1 美国预备役军官训练营(Reserve Officer's Training Corps)。——译者注
2 可能指美国历史上最畅销的小说家之一詹姆斯·米切纳(James A. Michener)(1907—1997)，他曾凭借第一部小说《南太平洋的故事》(Tales of the South Pacific)赢得1948年的普利策奖。该书被改编成流行音乐剧和电影《南太平洋》(South Pacific)。他的众多畅销小说还包括《源头》(The Source)、《百年纪念》(Centennial)、《德克萨斯》(Texas)、《夏威夷》(Hawaii)和《切萨皮克》(Chesapeake)。——译者注
3 Bebow, 2003.

然而，这个故事中还有美国另一个让人感到熟悉之处：对大学教育学院的随意抨击。最初在学习上失利后，发现他"不够聪明，进不了商学院"，汤普森决定选择"最容易的毕业路径：主修教育专业"。注意，既然每个人都知道教育学院是能够进入的学术挑战等级中的最低层次，那么无论是他还是记者都感到不需要解释所提及的这个参照点。但是另外请注意，尽管在教育学院学习是容易的，但教育本身是非常困难的：他作为教师"是一个彻底的失败者"。那么，显然，在教育学院薄弱的资源与公共学校强有力的需要之间存在一种严重的错配。这也是为什么汤普森，这位局外的商人，感到有必要通过捐助建立特许学校，向教育者提出"一个直接挑战"的原因。教育似乎太重要，也太费力了，以至于不能交给教育者，这些人在教育学院接受了教师教育者的不当训练，他们处理学校问题的努力没有得到教育学院研究人员的准确回应。

本书是一篇关于美国教育学院这种奇特性质的解释性论文。在制度上，教育学院是高等教育中的罗德尼·丹泽菲尔德（Rodney Dangerfield）[1]：它得不到尊重。教育学院是大学中的笑柄，教授们把它描绘为理智的荒地；它也是学校轻蔑的对象，教师们指责其项目不切实际，其研究无关紧要；在教育政策中，它是一个现成的替罪羊，决策者们视其为教学糟糕和学习不足的根本原因。甚至教育学院的教授和学生也会表达他们对自己与教育学院有关的尴尬。对学术界和公众来说，抨击教育学院长期以来都是一种令人愉快的消遣。正如谈论天气一样，它在很大程度上是日常聊天的一部分，你可以在任何地方谈论而无须担心冒犯谁。

当然，对大多数美国人来说，教育通常是一个长期受关注的问题和不断

---

[1] Rodney Dangerfield 系美国著名喜剧演员。——译者注

遭受批评的对象。然而,正如每年盖洛普关于教育态度的民意调查通常所表明的那样,公民们一边为他们本地的学校打了很好的分数,一边又表达了对一般公共教育质量的强烈担忧。[1] 这种看法是对教育的普遍威胁之一,它可能尚未到达邻里学校,但可能在不远的将来到达。这些威胁来自包括从多元文化课程到家庭衰落、电视影响以及长期贫困的后果等一切东西。

倒霉且有害的教育学院就是一个这样的威胁。人们认为它的无能和所提倡的错误观念导致产生了准备不足的教师和倡导错误的课程。对于广大公众来说,这种机构因足够遥远而可以让人怀疑(不像当地学校),也因足够容易理解而可以被轻视(不像大学中更神秘的场所)。对大学教员来说,它是一个理想的替罪羊,因为这允许把学校问题特别地归罪于教师教育而不是一般意义上的高等教育。对公共教育的批评家来说,教育学院低下的地位及其对进步修辞的痴迷使其成为一个合适的责难对象。

关于教育学院的负面影响,人们已达成坚定共识,大量活跃且数量不断扩大的文献强化了这一点。一个例子是克拉默(Rita Kramer)的抨击——《教育学院的蠢行:美国教师的错误教育》(*Ed school Follies: the Miseducation of America's Teachers*)(1991),它从这类作品的经典——科纳尔(James Koerner)的《美国教师的错误教育》(*The Miseducation of America's Teachers*)(1963)中获得了其精神和副标题。其他的包括索维尔(Thomas Sowell)的《美国教育的内部:衰落、欺骗和教条》(*Inside American Education: The Decline, the Deception, the Dogmas*)(1993)——它关于教育学院那章的标题是"受损的能力"(Impaired Faculties)——和希尔施(E. D. Hirsch Jr.)《我们需要的学校,以及为什么我们没有》(*The*

1　Rose and Gallup, 2001.

Schools We Need and Why We Don't have Them)(1996),该书关于教育学院的进步意识形态那章的标题是"对一个思想世界的批判"。让我们考虑一些来自大量批判性文献的教育学院的形象。

关于教育学院的批判性文献最鲜明的特征可能是其轻蔑的调子。这类作品有一种特质,它表明教师教育是——几乎,但不完全——令人不屑一顾的。科纳尔在他的揭露性作品《美国教师的错误教育》中,以一种强调教师教育在教育等级中低下地位的语言来描述其主题。教员、学生、课程——皆处于他的文字攻击之下。在一份抱怨清单中,他提出了下述指控:

(5) 说出来是一件令人难堪的事情,这对大部分教育家是明显的冒犯。但它是真的,应当说出来:教育学院的教员素质低下是该领域的根本缺陷(the fundamental limitation of the field),并将一直如此,在可预见的将来……基础性改革的前景将昏暗不明,直到在教育专业中直面教员的培养和理智资格问题。

(6) 同样,教育专业学生的学术水准(caliber)仍然是个问题,正如它一如既往的那样……教育专业的学生在标准化测验上依旧表现差劲,还给学术机构的教员们留下了他们属于那种能力较差的学生的印象……

(7) 教育专业的课程作业名声不佳。毫无疑问,它常常是幼稚的、重复的、枯燥的、模糊不清的。有两种因素使然:教员和内容的局限性,后者被无情地切割、细分并使之膨胀,在可能的情况下它并不能维持其未膨胀的状态……课程作业的理智贫乏也是该领域的主要特征。[1]

---

[1] Koerner, 1963, pp.17-18.

人们经常抱怨除教学外的广泛领域的专业教育,但是当他们在讨论医生和律师的培养时,一般不会选择同样轻蔑的语调。有关教育学院地位的某种东西使其容易成为攻击对象,一块高等教育领域自由开火的地带(a free-fire zone)。麦克默里(Sterling McMurrin)(一位前美国教育委员会委员)在其为科纳尔的书撰写的序言中指出:"众所周知,过去几年对专业教育学院的批评已是其他专业学院和科学与艺术学院教员中一项最受喜爱的运动。"[1]然而,尽管选择了一种较科纳尔更明智的方式理解这个主题,麦克默里也仍然同意后者的核心判断:"尽管承认个人和机构在指明教师教育新方向上的卓越工作,但我必须同意科纳尔先生的观点:从整个国家来看,教师教育学院的质量是我们教育体系的一个薄弱环节,在这里可以造成最大的伤害——并且这种伤害一再发生。"[2]

历史学家瓦伦(Donald Warren)罗列了 20 世纪 80 年代对教师教育的一系列五花八门的诋毁:

> 一份报告宣布"在这个民族的历史上,那些进入教学专业的人的素质从未像今天这样低劣"(Feistritzer,1983,p.112)。科罗拉多州州长拉姆(Richard Lamm)评论道:"在大学中列出十门最令人昏昏欲睡的课程,有九门是教师课程。"在引证价值上,这一评论与塞克斯(Gary Sykes)将教师培养刻画为"高等教育肮脏的小秘密"的评论相比,相形见绌。德州工业家佩罗(H. Ross Perot)(该州最近通过的学校法案归功于他)把教师教育比作消防演练……这种夸张近乎愚蠢,但是它为历

---

1 Koerner, 1963, p. xii.
2 Koerner, 1963, p. xii.

史学家提供了一些值得思考的东西。¹

即使当这种批判声音的基调变得温和,目光变得更富有同情心时,许多相同主题的批评也在继续出现。潜在的指责依然是,教师教育作为一项事业处于一种*低劣*的基本状态。拉尼尔(Judith Lanier)与他人合写过一篇有影响力的评论《关于教师教育的研究》(*Research on Teacher Education*),她肯定代表一种同情的声音。² 作为一名教育学院院长和霍姆斯小组(the Holmes Group)的主席,她将这个评论构建为一个平台,以发起霍姆斯小组改革教学与教师教育的努力。然而,她所列出的需要治疗的弊病清单即使与科纳尔所列清单的调子有所不同,在实质上也是类似的。像科纳尔一样,她发现教师教育饱受地位低下之苦,并发现这种地位的根源部分在于它的教员、学生和课程的特征。

关于教员,她发现,"在专业声望与介入教师的正规教育的程度之间,存在一种反比关系。"³当一个人审视这些教授自己的特征时,"研究通常表明,教育学教授不同于其学术学科的同行,因为他们具有更少的学术产出和更低的社会阶级出身。"⁴这些教员表现出"墨守成规的导向和功利主义的知识观",这有助于"解释,如一些研究者观察到的那样,为什么教师教育者'在适应和接受学术界的规范和期望方面存在困难'。"⁵关于学生,"这里的研究似乎是确定无疑的。从事教师教育的人会碰到大量在学术能力标准化测量方面获得平均分和高分的学习者。但教师教育专业学生的总体标准低于所有

---

1   Warren, 1985, p.5.
2   Lanier & Little, 1986.
3   Lanier & Little, 1986, p.530.
4   Lanier & Little, 1986, p.531.
5   Lanier & Little, 1986, p.535,引自 Ducharme & Agne, 1982, p.33.

大学生的平均水平,原因在于,这类测量中得分最低的学习者人数更多。"[1]
关于课程,"为教师们提供的总体课程的相关研究是明确的。它充其量只是随意的,为整个职前准备的各个方面提供了一套设计拙劣的拼凑课程,为整个继续教育阶段则提供了一种完全不同的内容碎片的集合。正式课程在职前和继续教师教育的内部和之间缺乏课程衔接,并且明显和一贯缺乏学习深度。"[2]

正如在隆冬抱怨天冷一样,这种对教育学院的抱怨是老生常谈。但是,在关于这些陷入困境的机构的诽谤性言论中,有一些新现象,那就是一些攻击现在也来自于它们的领导。1995年,这个国家许多一流教育学院的院长发布了一份报告,它控告自己的学院是对教育的犯罪,开出了一个激进的改造处方,呼吁对任何抵制它的机构判处死刑。

这份报告是一个十年前就开始的过程的顶点,那时来自重点大学约100所研究型教育学院(research-oriented colleges of education)的院长,成立了一个旨在推进教育改革的被称为霍姆斯小组的组织。在它短暂的存续期间(1996年,它重组为一个由学校、大学和其他组织构成的网络,名为霍姆斯伙伴关系(the Holmes Partnership)),[3] 这个小组发布报告,呼吁变革美国教育的三个主要领域。它在《明日之教师》(*Tomorrow's Teachers*)(1986)中主张教学专业化;在《明日之学校》(*Tomorrow's Schools*)(1990)中主张发展学校—大学合作伙伴关系(被称为专业发展学校(professional development schools));在《明日之教育学院》(*Tomorrow's Schools of*

---

[1] Lanier & Little, 1986, p.540.
[2] Lanier & Little, 1986, p.549.
[3] 霍姆斯伙伴关系将自身界定为"一个由大学、学校、社区机构和国家专业组织构成的网络,它们协同工作,创造高质量的专业发展和重大的学校革新,以改善所有儿童的教与学"(Holmes Partnership, 2003)。

Education)(1995)中主张教育学院的转型。最后一份报告对霍姆斯小组自己的成员机构进行了严厉的抨击,即那些以大学为基础的教育学院,它们产出了全国大部分的教育研究和教育博士。

在这份报告中,这些院长穿上了他们称之为"自我批评的苦衣"(p.5),指责教育学院"活在过去"(p.7),它们的做法"不能被容忍,只会恶化公共教育的问题"(p.6)。教员们——被"消极的态度""意志的缺乏""巨大的惰性"所困扰——被经常描绘为"没有专业发展就无力提供帮助"或"有可能破坏整个教育[改革]努力的顽固分子"(p.92)。

当然,这不是一幅美妙的画面,但情况变得更糟糕了。因为问题似乎超出了能力和意愿的范围,扩展到了机构的气质。据这份报告称,这些教育学院深深地陷入了对学术的徒劳无益的追求中,它们在大学中背对着美国学校的学生和教师的需求。

> 许多[教育学院]教授从事他们的教学和研究,几乎不理会公立学校,甚至很少屈尊跨过那些"低级"地方的门槛。这种态度传递了一个明确无误的信息。教育学院没有充分重视那些对中小学中儿童的学习负有最直接责任的人。教育学院对学校教师和青少年学习者敬而远之,而这些人本应成为关注焦点。它们是舞台中心表演的配角,其中教授们做着免受初等和中等教育的混乱与喧闹干扰的工作(p.17)。

在这些情况下,这份报告要求教育学院改变它们的方式,"或交出其特许权",也就不足为奇了。(p.6)。

因此,教育学院似乎不仅以薄弱的师资、学生、课程为特征——典型批评的要点——而且似乎也不关心教师和学生,对美国教育的迫切需要视而不见。这次的不同之处不仅在于对教育学院的批评范围扩大了,而且这些批评来自它们自己的院长。有这样的朋友,谁还需要敌人?对这份报告的一种解读表明,教育学院已成为嘲笑对象如此之久,以至于它们自己的领导人已开始加入其中——基于这样一种理论,即与其试图为站不住脚的东西辩护,不如尝试引导反对派来反对你自己的机构。在这种情况下,毫不奇怪的是,这第三份报告发布后,霍姆斯小组很快便解散了。

那么,事情为何变得这样糟糕呢?什么样的情况导致一个领域处于那种境地,即受害者开始加入施害者的行列?教育学院究竟有什么困扰?这种困扰的主要根源是什么?

没有任何职业群体或亚文化像教育学院这样获得一个广为接受且根深蒂固的负面标签,以至于它自己的领导人接受了这个标签,并插话确认其有效性,除非存在长期的地位剥夺的历史。长期的地位问题显然是美国教育学院的历史常态,但教育学院内外部的批评家均很少考虑造成这种状况的原因,是基于一个明显的合理的理由,即过多讨论显而易见的事情几乎没有什么用处:教育学院很脆弱且无关紧要,因为与之相关联的人和物都很差劲,既然如此,为何还要进一步探索呢?

然而,这些老生常谈遮蔽了一个更有趣的故事,这个故事为教育学院提供了一幅更引人同情的肖像(如果不是更讨人喜欢的话),而它也以一种较典型解释而言不那么自私的方式描述了教育学院的批评家。这个故事部分是历史的,它聚焦于美国决策者、纳税人、学生和大学所有这些群体共同创造出如他们所想的那种教育学院的方式。一部分是结构性的,鉴于它所处的境况以及被要求履行的职能——尤其是培养教师、从事教育研究和培养教育研究者,它专注于教育学院不得不面对的现实。

美国教育学院的故事充满了讽刺。部分地,这些机构通过成功使自身适应我们施加于它们的所有需要，可能已经获得——并且赢得——它们普遍的"坏名声"；在某种程度上，这种忽视可能是因为它们频繁的失败，未能对一个美国人极其关心的领域即公共学校施加一种积极的影响。通过比较的方式，指出下面这一点是有趣的：大学中的大部分其他学术单位通过刻意避免这种解决社会问题的承诺（这种承诺将检验其教育有效性的主张），以维持它们的高社会地位。

因此，通过审视教育学院的困扰，我们或许能够获得影响美国各级教育的一些问题的洞见。那么，让我们来看一下界定这个故事的一些基本要素，并考虑可从中汲取的教训。

架构论点

教育学院——这里指大学中的教育院系——的低地位是界定本书起点的问题。我想问，为什么教育学院没有获得尊重？为了澄清教育学院如何演进到它目前在学术等级中的艰难处境，首先考察其历史发展，然后探索那些继续强化这种地位的当代因素，包括它在服务于各种被污名化人群中的持续作用。从这里开始，我继续检视教育学院的主要功能——培养教师、生产教育知识（educational knowledge）、训练研究者——以及这些功能向它提出的特有问题。最后，我考察了它对教育进步主义的浪漫依恋的历史，以及这种依恋对美国学校的影响。自始至终，我对教育学院的累积性品质（cumulative qualities）抱有一种原则性矛盾的态度——赞赏它坚持不懈地追求那些被高等教育的其他部分刻意回避的有价值的教学的和理智的目的，然而同时也谴责它的平庸，它的不切实际的言辞，以及它对分配给它的有失体面且经常功能失调的角色的自卑性屈从。

这就是本书的内容,但它也不是某些东西——它不是一部教育学院的综合性历史;它不是关于教育学院发展方式或它们当前如何运作的一份实证研究报告;它不是一份为了将教育学院从其当前可悲的状况中挽救出来,并提出所需改变的改革文件;它无意对这种处境进行攻击,或为其辩护,或为其开处方。取而代之的是,本书只不过是一项对美国教育学院作为一种机构的解释性分析。其目的是探索教育的地位和功能问题的根源和影响[1],而不是治愈这些问题。在提出本书主要论点的过程中,我利用了大量的教育史、教育社会学、教育哲学、教育政策和教师教育领域的已有文献。然而,这样做是选择性的,因为本书不是一种包含并概括这些文献的努力,而是建构一种基于它的特殊解释。因此,那些了解教育学院和有关它们文献的读者将会发现,这个论点的许多组成部分都很熟悉。然而,这里的新内容是我致力于围绕两个密切相关的主题综合这些洞见——教育学院低地位的原因和结果,以及与要求教育学院所做的教学的和理智的工作的特殊性质,并将其组织进入一个对该机构整体的融贯的和平衡的刻画。

在本书中,我在发展对美国教育学院的理解中运用了历史社会学的方法。目的是在这个术语[社会机构]的社会学意义上解释教育学院作为社会机构的一些最重要的特征的出现。也就是说,我致力于建构一种总体模式(general patterns),将教育学院作为整体加以表征,并将其作为一个社会类型(a social type)加以界定,其规范和结构将作为寻求在教育学院标签下运作的个别教育组织的模型。从这个角度来看,我首先聚焦于贯穿在大量教育学院的规律性,而不是区分这个类型中个例的特殊性质。此外,在这个总

---

1 根据本书的论述主题来看,应是探索教育学院的地位和功能问题,原文疑有误,此处原文为:"The aim is to explore the roots and the implications of education's problems of status and function and not to cure these problems."对此,译者向作者求证时,作者坚持原文的表述。——译者注

体框架内,我主要强调的是嵌入这种机构原型(archetype)中的结构性限制和激励,它们塑造了大学内追求发挥教育学院功能的任何单位的限制与可能性。这意味着,我讲述的这个故事不是探究个体行动者的目标和实践,也不讨论个别教育学院的文化规范和社会类型。同样,这个故事本身并不关心教育学院怎样以各种方式开展教师准备、研究者训练和学术知识产出的计划性工作的具体细节。这些都是值得仔细研究的重要主题,但这样做不是本研究的意图。

这种对教育学院分类特征的不懈关注,乍一看似乎非常抽象,特别是在考虑到当前教育研究话语倾向于强调特殊性和个人性的情况下。但是,我在这里发展的论点表明,美国教育学院随时间推移已演进为一种独特的机构,它具有一套可辨识的形式与功能,拥有一种特别不受欢迎的公众形象。这些结构性要素对个别教育学院内的具体项目、实践和工作于其中的个人有着重大、持续的影响,并波及它们的客户,即公立学校中的教育者和学生。作为社会学家,我毫不犹豫地坚持,结构很重要,分类有后果,标签会伤害。本书正是把教育学院作为典型例子加以探讨。

好了,本书的方法论借自历史社会学,专注于教育学院作为一种机构的结构性特征的出现。但在这个方法的一般范围内,我的解释围绕着两个紧密连接的主题。一个是这个机构专业地位的形成性质,另一个是这个机构社会角色的特质。

首先,我的论点是,低地位对教育学院而言已成为一个极重要的生活事实。其地位的影响是巨大的——塑造了它的项目质量与持续时间,决定了它能录取的学生和招聘教员的种类、大学和公众对它产出知识的方式、它对学校的影响,以及它掌控自身命运的能力。例如,考虑一下后者的影响。高地位可以使一些教育机构缓冲来自外部的干涉,发展自身的教育愿景,并将其加于它们的社会环境。但是,像教育学院这样地位较低的机构,则不享有这样的奢侈。相反,社会环境中各种利益群体的最突出的组织性和计划性特征经常被强加于它们,这些利益群体感到没必要使自己屈服于这个机构的权威,它的权威已被其处于学术等级底层的位置极大地削弱了。鉴于教育学院地位的突显,对该机构和受其影响的主要利益群体而言,理解这种地位的原因和影响至关重要。

关于教育学院地位的视角源于社会分层理论工作的长期传统。它旨在解释与地位有关的广泛问题,如社会等级体系的发展方式、等级的形式和功能、塑造社会流动和地位维持的因素、在竞逐地位中获得成功或失败的群体,以及所有这些的社会影响。在这些文献中,有大量的工作聚焦于地位获得过程,特别是教育在这个过程中扮演的角色。本书的论点最直接地从这类工作中的那些部分找到灵感,它源自韦伯(Max Webber)对分层社会中竞逐地位将教育转变为一种有价值的文化商品形式的方式的分析。从这个角度来看,在地位竞争中,个人对教育的使用往往以扭曲学校和社会的组织的方式压倒教育更广泛的社会功能(社会化、提供人力资本)。对文凭的追求削弱了对学习的追求,文凭本身像其他商品一样,受制于供求的市场力量。因此,个体教育消费者基于市场的理性选择的累积往往导致集体的非理性,如教育文凭的过量生产、证书通膨和加剧的竞争。[1]

---

[1] 近年来,柯林斯(Randal Collins)(《文凭社会》(*The Credential Society*))是追求这一论点最杰出的社会学家。其他从事这方面工作的人包括伯格(Ivar Berg)(《教育和工作:伟大的抢劫培训》(*Education and Jobs: The Great Training Robbery*))、瑟罗(Lester Thurow)和其他经济学家(在从事关于劳动力排队等候和工作信号方面的工作),塞德拉克(Michael W. Sedlak)(《卖空学生》(*Selling Students Short*))和布朗(David Brown)(《受到控制的学位》(*Degrees of Control*))。我自己的工作也集中在这些问题上——从1988年的书(《美国高中的形成:证书市场和费城中央高中,1838—1939》(*The Making of an American High School: The Credentials Market and the Central High School of Philadelphia, 1838-1939*))到1997年的书(《没有真正的学习,如何在学校取得成功:美国教育中的文凭竞赛》(*How to Succeed in School without Really Learning: The Credentials Race in American Education*))。

本书论点的第二个主题是分配给教育学院的工作的性质赋予其一种独特的社会角色。教育学院最典型的功能是培养教师。这提出了特殊的教学问题,因为教学是一种特别复杂、困难的专业实践形式。教学以在一群非自愿的且常常是抗拒性的客户群体中激发认知的、道德的和行为的改变的必要性为基础。它在很大程度上依赖于教师建构有效和真实的教学形象的能力,并运用它与学生建立一种复杂而苛刻的情感关系以实现课程目的。它缺少一种有效、可靠的教学技术,一套明确的可接受的专业实践规范,清晰的教学目标,明确的衡量教学效果的方式,或甚至对服务客户的明晰界定。因此,可以说没有哪个专业教育领域比教师教育者面对的挑战更为严峻。

除训练教师外,教育学院还负有从事教育研究之责。教育知识的关键特征既限制了教育研究者的工作,也使他们能够作为这种知识的生产者以有别于其他学术研究者的方式开展工作。教育知识的特点是它特别"软"(而不是"硬")和有应用性(而不是纯知识),并且提供的使用价值(use value)远超过其交换价值(exchange value)。因此,教育领域中的知识生产是以一种社会上的平等主义和内容上的发散性方式得以组织。理智工作的这些条件对教育学院的第三个功能即培养未来的研究者施加了特殊的压力。如下事实使这项工作进一步复杂化,即教育学院博士项目招收的学生通常是以前的中小学教师。当他们遭遇研究实践规范与教学实践规范之间的显著差别时,常常会发生文化冲突。他们经常感到,他们被要求改变自身的整个导向——从规范性向分析性,从个人的向理智的,从特殊的向普遍的,从经验的向理论性的。[1]

---

[1] 关于要求教育学院发挥这一特殊作用的论点,有少量、兼容但理智上丰富的文献予以支持。如有劳蒂(Dan Lortie)的《学校教师》(*Schoolteacher*)、华勒(Willard Waller)的《教学社会学》(*The Sociology of Teaching*)、卡西克(Philip Cusick)的《教育系统》(*The Educational System*)、柯亨(David Cohen)的"教学实践"("Teaching Practice")以及杜威的"教育学中的理论与实(转下页)

尽管我强调,使教育学院独特的地位和角色的要素,但我不想暗示,它是独一无二的。相反,我将教育学院作为个案,它有助于说明专业的历史和美国高等教育史中的重要问题。像其他渴望获得专业承认的职业群体一样,教师们借助建立一个独有的专业知识体系来声称自己是专业人士,通过确立对进入他们队伍的控制来主张自己的专业地位,大学中的专业学院则被视为实现两个计划的关键。他们在实现这些目标中的相对失败并不罕见。美国的护士和社会工作者做出了类似的努力,并遭受了类似的失败。[1]因而,当你阅读关于教育学院的这个故事时,最好记住专业教育这个更大的问题以及护理和社会工作学院的类似案例。同样,在受到市场压力以及对知识有益应用的关注的驱动方面,教育学院绝非独一无二。这两者是核心特征,它们阐明了在美国高等教育采取的总体方向上,什么是独特的。从很早开始,美国的学院和大学对学费和它们对于国家的相对自主,使其易受消费者对教育形式需求的影响;这些形式应提升个体地位,解决实践问题。[2]因而,如果你还记得教育学院的这个故事如何从美国高等教育史中产生,以及如何讲述美国高等教育史,那将有助于你阅读本书。

最后,本书主要关注的是你在研究型大学中发现的那种教育学院。你可能会问为什么。毕竟,大部分美国教师是在美国高等教育中地位较低的那部分(地区性的州立大学,它们大部分是从师范学校演变而来)中得到培养的。这样做的原因在于,研究型教育学院在很多方面具有特别大的影响力。它们培养了全国绝大部分在教师教育项目中任职的教员,产出了大部

(接上页)践的关系"("The Relation of Theory to Practice in Education")中关于教学作为一种实践的独特性质。有霍克希尔德(Arlie Hochschild)的《心灵的整饬》(The Managed Heart)中关于情感劳动的性质,还有比彻的《学术部落及其领地》(Academic Tribes and Territories)中有关在不同学术领域中知识生产的不同认识论和组织结构。

[1] 例如,参考 Abbott (1988)、Larson (1977)、Witz (1992)等人的研究。
[2] 参阅:Trow (1988) and Jencks & Riesman (1968)。

分有关教育的研究成果,并且培养了大多数教育研究者。由于扮演了这些角色,研究型教育学院对我们如何实施教师教育,如何思考教学、学习、教育改革和教育政策施加了巨大的影响。

本书的组织

教师教育处于教育学院困扰的中心,因此在第二章,我们的故事从考察这个领域低下地位的历史源头开始。重点是关于市场压力如何塑造师范学校及其提供的教师教育项目的发展。有两个压力来源——雇主(迫使教育学院满足社会效率的需求)和消费者(迫使它们满足学生社会流动的需要)。结果是产生了一个部分是教师工厂(teacher factory),部分是人民学院(people's college)的机构。此外,消费者要求师范学校提供超出教师教育的广泛教育机会,这促使这些机构演变为教师学院(teachers colleges),并最终成为地区性州立大学(regional state universities),其中教师教育越来越边缘化。所有的这三个发展——把教育学院建设为教师工厂、人民学院、综合性大学(a full-service university)的组成部分——对教师教育和教育学院的形式、内容和声望都产生了重大的负面影响。

第三章探讨当前教师教育的问题,聚焦于使其特别困难的特征。教学是一项看起来容易的复杂工作,这给公众对教师和教师教育者的感知带来了问题。这个矛盾的关键要素可以在教学的独有特征中找到:教学是一种非常明显的和熟悉的专业教育形式(职前教师(prospective teachers)所做的学徒观察(apprenticeship of observation));它看起来要求相当普通的技能(教师教授的内容都是成人知道的东西,那么它算什么了不起的事情呢?);它的实践者自愿赠予他们的专长(从而使他们自己变得不必要),而不是(像绝大多数专业人员那样)严密地保护它,并在需要时出租它;而且它要求在教育学院之外获得普通内容知识(general subject-matter knowledge)。因此,教师教育的实践特别费劲。

第四章考察开展教育研究的问题。这里,我表明教育占据了一个既非常软又很具应用性的知识领域,这使产出具有高可信度的工作对研究者来说特别困难。教育知识的软的性质意味着,研究者很难建立知识之塔,而且最终会不断地重建其基础。教育知识的应用性则意味着,他们不得不集中力量解决源自公共教育需求的问题,而不是那些他们更擅长解决的问题。

第五章探讨培养教育研究者的问题。做教育研究需要一系列特别复杂的技能,这对教育学院的博士项目造成很大压力。然而,进入这些项目的学生主要来自中小学教师,他们在获得这些技能时面临特别的挑战。他们从学士到硕士的教育项目中获得的教育准备通常不符合研究性博士项目的学术要求。此外,研究性工作要求处理教育的方式(分析的、理智的、普遍的和理论的),这些方式常常与学生之前作为教师需要的方式(规范的、个人的、特殊的和经验的)冲突。

第六章探讨教育学教授面临的地位问题的起源与影响。对教育学教授的蔑视近乎普遍,对该群体的研究并未描绘出一幅美丽的画卷。我们在决定学术地位秩序的标准中表现不佳:研究产出率;专注于硬的和纯的知识;生产交换价值;与精英学生、专业的联系。我们适应的一种方法是在内部对教育学教授进行分层,正如那些在重点大学做研究和指导博士生的教授,努力远离那些在从前的师范学校中从事教师培训的人。但这些努力基本上是徒劳的。

第七章探讨教育学院与教育进步主义的长期浪漫关系。我将这种关系追溯到两个因素:教育学院教授的低地位和进步主义的历史。教育进步主义早期分裂为管理进步主义者(administrative progressives)和教学进步主义者(pedagogical progressives)。前者追求提升社会效率和课程分化,后者强调以学生为中心的教学和以探究为基础的学习。我认为,第一个群体在实践中获胜,他们对学校教育的形式和功能施加了最大的影响;而第二个群体在理论领域赢了,他们控制了教育修辞,并在教育学院的体制性回水中找到了其意识形态家园。

第八章分析了教育学院的影响。批评家们认为,教育学院应承担美国教育问题的主要责任。特别是,他们指责,教育学院的进步主义已经损害了学术性学习且使获取知识的社会途径层级化。但我的分析表明,尽管教学进步主义修辞在造成这些问题上起到了推波助澜的作用,但这两种教育病的首要根源在于管理进步主义(也就是教育消费主义),它实际上塑造了学校实践。教育学院的确倡导教学进步主义修辞,但它们没有力量将这些实践强加于学校教育,甚至没有在其负责的教师培训项目或研究中付诸实践。因此,教育学院没有处于可以对美国教育造成重大伤害的位置上,但它们也无力做出多大的好事。它们的潜在贡献因其低下的地位和言辞的可预测性被预先打了折扣。这是一种耻辱,因为它们正在做着重要而艰巨的工作(即使它们并不都做得那么好);并且因为它们对当今主要的教育问题有话要说(即使无人倾听)。

考虑到美国教育学院的这些困扰,那么一个像鲍勃·汤普森那样的外行很乐意绕过这些机构,无视寄身于其中的教育学教授的所谓专长,作为商人提出自己对教育问题的答案,就不足为奇了。

第二章 教师教育的过去：
地位低下的根源

美国教育学院的根在教师教育。[1] 培养教师是教育学院的最初功能，且这项功能一直延续至今，这是其机构工作的重点，也是其在公众眼中的主要身份。在本章，我将探讨教师教育低下地位的历史根源，已有不少关于教师教育很好的历史概述，[2] 因此我无意在这里重述它的历史。相反，我聚焦于这个历史导致的目前困扰教育学院的诸多地位问题的方式。事实证明，教师教育处于教育学院困扰的中心。

---

[1] 本章是一篇论文的修订版，该文以"美国教师教育的低地位：市场的影响及其对改革的意义"("The Lowly Status of Teacher Education in the U. S.: The Impact of Markets and the Implications for Reform")为题发表在希米哈拉(Nobuo K. Shimihara)和霍洛温斯基(Ivan Z. Holowinsky)主编的《工业化国家的教师教育》(*Teacher Education in Industrialized Nations*)(纽约：加兰，1995)，第41—85页。已获得转载许可。我第一次探讨市场与教师教育关系是在西安大略大学举办的教师教育中的连续与变革会议(1995)上发表演讲，以及为卡藩(*Kappan*)杂志(1994)撰写的一篇文章。本章早期版本曾在1994年罗格斯(Rutgers)教育国际研讨会上宣读，感谢费尔斯通(William Firestone)在研讨会上的有益评论。我特别感谢吉特林(Andrew Gitlin)对本章中提出的许多问题的见解，这些问题是在我们就一篇关于教师教育早期历史的论文进行深入合作期间出现的，这篇论文曾在1994年美国教育研究协会在新奥尔良举办的年会上宣读。

[2] 著作：Borrowman, 1953; Clifford & Guthrie, 1988; Herbst, 1989a; Goodlad, Soder, & Sirotnik, 1990a; Levin, 1994. 论文：Borrowman, 1971; Urban, 1990; Warren, 1985; Johnson, 1987; Clifford, 1986; Herbst, 1980 and 1989b. 著作中的章节：Clifford & Guthrie, 1988; Johnson, 1989; Herbst, 1989b; Ginsburg, 1988; Liston & Zeichner, 1991; Tom, 1984; Goodlad, 1990.

尽管批评家们经常指出,美国教师教育的低地位不是其提供的据称是低质量专业准备的一种简单反映。低下地位与其说是失败的自然结果,不如说它是教师教育长期遭受失败的主要原因。证据表明,在过去150年中市场力量对教师教育很不友好,分配给它一个声望和影响都很低微的职位,迫使它选择那些在教育上往往适得其反的实践。总之,市场压力在很大程度上造成了教师教育的低下地位,并严重导致其无法履行其职能。

考虑到本书的目的,我将市场界定为一个社会竞技场,其中个体的和组织的行动者通过商品交换(产品和服务的买卖)竞逐私人收益。这些商品的价值,乃至生产者和消费者获益的程度,是通过供需关系而非产品或服务本身的内在品质确立的。这意味着,以韦伯在《经济与社会》(*Economy and Society*)中,科林斯(Randall Collins)在《文凭社会》(*The Credential Society*)中,马克思(Karl Marx)在《资本论》(*Capital*)第一卷[1]的"商品拜物教性质及其秘密"(The Fetishism of Commodities and the Treatment Thereof)中应用的方式,将市场作为一种机制进行分析,它塑造个体和组织的行为,确定产品和服务的经济价值。市场这一术语的这种分析性用法完全不同于它在当代大部分批判理论文献中作为一个意识形态修饰语的用法,在后者那里,该术语含有对新自由主义经济政策造成的社会剥削进行道德否定的意味。[2]

通过选择聚焦于教师教育的地位而不是其社会功能,我跳过了许多重要议题,例如地位视角自然引导我更多地专注于教师教育在社会的和教育的等级中的位置,而不是它承担的专业教育的完成质量,关注形式而不是内

1　Weber, 1968; Collins, 1979; Marx, 1867-94/1967.
2　感谢波普科维茨(Tom Popkewitz)澄清了我对该术语的使用与其在当代批判理论中用法之间的差异。

容问题。这意味着,我很少论及教师教育项目的课程内容,而是更多地探讨这些项目的声望和它们被置于层级化的各种教育选项中的方式。采用这种方式并非否认课程问题的重要性,而是认为,课程问题经常被介入教师教育的各方对地位的关切极大地塑造了。

地位视角倾向于将教师教育视为一个可市场化的商品,其功能是满足获得它的教育消费者的地位需要,而不是作为一个社会化过程,其功能是向未来的教师传递有用的技能。那么,从这个角度来看,衡量教师教育价值的关键尺度是其交换价值,这是由教育文凭市场的供求因素决定的。这种交换价值可能会随市场条件波动,但它在很大程度上独立于项目的使用价值,后者是衡量那里获得的可用实践知识并运用于教学工作的尺度。再者,这里重要的不在于教师教育项目中掌握有用知识的程度与教学工作无关,而在于它很可能与教师(或教师教育者)的社会地位无关。事实上,我的意思是,在美国教师教育中注重实践知识(practical knowledge)而不是高地位的自由学术(high-status liberal learning)已经对其毕业生文凭的交换价值造成负面影响。此外,我认为,对交换价值的关注在改变教师教育的正规环境(从师范学校到大学)和在稀释其课程的专业内容方面产生了强大的影响。

通过更仔细地审视市场因素,我们能洞悉区别美国教师教育和其他国家类似项目的某些特征。在经济最发达的国家中,美国是最市场化的国家,并且自19世纪中叶以来一直如此。没有任何其他地方使自由放任的信条被如此热心和持久地接受。没有其他工业国家如此坚持不懈地保护私有企业免受公共干预,如此有效地分散国家和限制它的权力,如此突出地将市场竞争的观念提升到一个核心意识形态原则的高度。

在这样一个以市场为中心的社会,毫不奇怪的是,教育也发现自身受到大量持续的市场压力影响。以高中为例,正如我在别处主张的那样,在它早期历史中,高中作为一种有价值的商品出现,它给一些消费者提供了提升或强化其社会地位的手段。[1] 作为这种市场压力的结果,高中——在各个学校内部的项目之间、社区内的不同学校之间——依每个项目或学校提供的文凭的交换价值而被分层。特罗(Martin Trow)和其他人认为,美国高等教育对市场力量特别敏感,尤其是考虑到学院和大学供过于求的状况,国家缺少对这个领域的集中控制,以及随之而来的这些机构对学生消费偏好的依赖。[2]

鉴于美国教师教育产生于过度市场化的环境,它在整个历史上受到市场压力影响的程度远甚于其他国家的教师教育。因此,重视市场影响有助于我们从一个比较视角很好地理解美国教师教育的特质。在这个历史中,一个问题是来自正在迅速发展的公立学校系统对教师无法满足的需求。另一个问题是如何满足进入师范学校的学生的社会抱负和认证要求的问题。第三个是这些问题对教师教育从它在师范学校的原生环境到教师学院,最终到大学演进的影响,以及反过来,这种演进对公众、项目和地位的影响。就目前而言,问题就是市场条件发生了多大改变,以及其对今日教师教育可能的影响。

市场对教师教育的影响

市场压力以三种方式影响教师教育:推动教育学院成为教师工厂;鼓励它演变为人民学院;将它提升至大学水平。让我们依次进行考察。

1　Labaree, 1988.
2　Trow, 1988, and, for example, Collins, 1979, and Brown, 1995.

教师工厂：填满教室

19世纪和20世纪早期，美国学校官员面临的最大问题不是课程或教学法问题。相反，持续的挑战是寻找一种为所有需要接受教育的学生建造足够的教室，并用教师塞满这些教室的方法。公立学校运动发端于新英格兰地区，并在内战前席卷全国，其目的是使每个社区建立一个由公共资金支持的小学教育系统，它将为社区所有年轻人提供共同的教育经验。与美国人对集中的国家权力的怀疑一致，为新学校出资和为这种扩张雇佣新教师的责任首先落到地方政府的肩上。

至1870年，那时联邦政府开始收集学校的数据，美国有20万公立学校教师；这一数字到1900年翻了一番。这时，小学教育的供给终于开始满足需求，而高中的突然增长开启了另一个令人目眩的、急剧的教育扩张（dizzying spiral of educational expansion），至1930年这再一次使公立学校教师规模增加一倍，总数几乎达到85万人。[1]

19世纪中叶，对教师难以满足的需求——连同对学校控制的激进去中心化，缺少一致的资格标准——意味着，重点在于寻找活人（warm bodies）以塞满教室，而不是培养合格的专业人员。19世纪60年代，在新英格兰镇对一名教师候选人进行下述提问并不罕见：

  主持人：今年多大了？
  候选人：去年5月27日满18岁。
  主持人：你最后上学是在哪里？

---

1 Warren, 1985, p.7; Sedlak & Schlossman, 1986, 表11。

候选人:在 S 学院(the Academy of S)。

主持人:你认为自己能让我们的大孩子听话吗?

候选人:是的,我认为我可以。

主持人:嗯,我很满意。我认为你会为我们学校工作的。明天我会派人把孩子们的证明送过来。[1]

正如塞德拉克(Michael Sedlak)在评论这一时期的教师聘用时总结的那样,"教师普遍缺乏,连同极大的波动和不一致的资格条件,完全确保任何未来教师(prospective teacher)都有某种工作,并为大多数需要教师的社区找到人。"[2]

正是在教师市场历史的这一困难时期中,美国师范学校出场了。据许多描述,第一所公立师范学校于 1839 年在皮尔斯(Cyrus Peirce)的领导下创办于麻省的莱克星顿(Lexington)。[3] 20 年后,在给巴纳德(Henry Barnard)的信中,皮尔斯在回顾这一经历时详述了他的开创性机构的目的,提出了明确整个师范学校运动核心关切的主题。

> 简要地说,培养更好的教师,特别是为我们的公立学校培养更好的教师,它过去是我的目的,将来也是我的目的。因此那些初级研讨班,许多人借此接受他们的教育,可以在一个更高水平上回应它们机构的目的。是的,为了培养更好的教师,能理解并更好地完成工作的教师;应当更多地了解儿童本性和青春发育,更多地掌握所教授的科目,以及

---

[1] 引自 Sedlak, 1989, p.261.
[2] Sedlak, 1989. p.262.
[3] 有人将这一荣誉归于 Samuel Hall,他于 1823 年在佛蒙特州康科德创办了一所师范学校(Borrowman, 1971)。

更多真正教学方法的教师,他们的教学将更富哲学性,与年轻人精神的自然发展更协调,更加注重不同知识分支应当呈现的秩序和联系,当然也更成功。[1]

这的确是一项艰巨的任务。尽管"美国教师教育和专业化的正史通常是一个凯旋前进的故事"[2],现实情况却是一个由坚定的师范学校拥护者发起的后卫行动(rear-guard action)的故事,而反对者则从两翼对他们进行横扫。到内战时期,全国仅有12所州立师范学校,[3]因此尽管这些机构有高远的理想,它们的实际影响却微不足道。在整个19世纪的大部分时间内,大多数教师进入课堂,不需要借助师范学校的毕业证。对未来教师而言,他们有许多方式来获得训练和得到一份工作。大城市通常设立自己的师范学校为本地小学供应师资。高中通常提供短期的教育学(pedagogy)课程达到同样的目的。在一个更初级的水平上,地方学区在文法学校提供简单的培训,使这些毕业生几乎马上就可以作为教师返回到他们昔日的课堂。一个广泛的师资机构网络在夏季为新手教师和事后为在职教师提供培训。但是,仍有大量被雇佣的教师没有接受过正规训练,除了具有使"大孩子们听话"的能力外没有任何资质。

考虑一下,这种情况对师范学校地位提出的问题。对于一种专业教育形式而言,为了获得教育市场上的高地位,它必须满足两个主要前提:垄断和选拔性。法学院和医学院目前的情况就是很好的例子。每一个这类学院都确立了自身作为一个人获得进入该专业的唯一大门。并且它们都通过建

---

1 Borrowman, 1965, p.65.
2 Borrowman, 1971, p.71.
3 Elsbree, 1939, p.152.

立限制性入学和严格的学习项目,使通过这扇门变得很困难。当皮尔斯、曼(Horace Mann)和其他创始人建立第一所师范校时,他们选择忽视市场状况,专注于为未来教师开发优质的专业准备项目。然而,问题是,他们培育出的专业学校面临着与教师工作市场现实完全脱节的风险。由于没有人必须上师范学校才能教书,而且所有替代性的进入教学的方式都更容易,花费也更少,而训练和雇佣教师的实际工作却在他们面前上演,因此师范学校的领导们发现自己被晾在一边。

总之,师范学校的领导们面临着在选拔性与垄断之间的抉择。它们可能作为精英机构为少数有抱负的教师——用皮尔斯的话来说,就是"那些能理解并更好地完成工作的教师"——提供理想化的专业准备,并允许其他进入教学的途径处于主导地位。或者,他们可以扩张这个系统以满足对教师的需要,建立起对进入教学专业机会的垄断,同时在这个过程中冒着稀释师范学校理想的危险。他们选择了后者。

1865—1890 年间,州立师范学校从 15 所增至 103 所[1]。这次扩张中的一个关键因素是,州政府越来越倾向于利用认证作为机制限制地方学区从教师候选人队伍中雇佣教员,以及倾向于利用教师教育作为一个认证标准。"按照一位权威人士对该问题的分析,至 1873 年,政策审议开始将师范学校的文凭视为'职业执照'(professional licenses),几个州利用它们作为鉴定资格的基础。到 1897 年,28 个州承认师范学校的毕业文凭,1921 年除一个州外,都'承认从师范学校和大学毕业作为认证资格的证据'。因此,到一战时期,基于文凭获得的认证政策已成为全国性规定。"[2] "随着专业项目的毕业

---

1 Borrowman, 1971, p.70.
2 Sedlak, 1989, p.266; the quotation is from Cook, 1927 p.3.

生承担州立教育学系的领导性角色"，[1]师范学校的扩张及其对教学机会的垄断日益加速了。

一旦师范学校开始垄断教学机会，它们也承担起满足这个市场对教师需要的全部重任。自然后果就是教师教育处于尽可能又快又便宜地培养大量教师的巨大压力之下。两个因素强化了这一压力。一是教学劳动力的女性化，以及伴随这种变化的职业类型。19世纪末20世纪初的典型形态是年轻女性进入教学六年左右，从十几岁开始止于结婚。对普通教师而言，短暂的教学生涯意味着，师范学校需要培养大量毕业生来替代那些离开教室的青年教师。另一个是财政问题。如果教师训练采取了批量生产的方式，如果产品不能使用很长时间，那么为了维持运作，便必须降低单位产品的生产成本。在这些条件下，对立法者和纳税人来说，一种彻底的和长期的专业教育过程很难证明是合理的。

用活人填塞空荡荡的教室的压力持续了整个19世纪和20世纪早期。它对教师教育的内容和地位产生了毁灭性影响。教师教育领域中的所有三个问题已由科纳尔和拉尼尔在前一章——教员、学生、课程——引用的段落中指出，它们在很大程度上源于满足教师需求的压力。蓬勃发展的师范学校系统不得不大批量生产教员来配备自己的教室，而没有特别有选拔性地选择哪些人进入这些职位，也没有特别彻底地为那些承担教导教师角色的人做准备。关于学生，19世纪晚期师范学校的迅速扩张必然意味着，这些学校不得不敞开大门接收满足需要所需的潮水般涌入的候选人。正如赫布斯特指出的那样，师范学校成为真正的人民学院，它在高层次教育（advanced education）方面为广大民众提供了一个机会，这些人以前被限制

---

[1] Sedlak, 1989, p.266.

在文法学校教育中。[1] 需要迅速培养大量教师意味着,师范学校不能施行广博而严格的专业教育。这些学校在长期被绕过的威胁下运作。如果它们使进入或完成教师教育很困难,那么毕业生人数将下降,学区将被迫寻找其他教师来源。无论何种方式,教室将被填满,师范学校领导选择用自己的毕业生来填满教室,无论代价是什么。

我认为,代价是高昂的。受教育程度低的教员,学术上薄弱的学生,缩短了的和缺乏挑战性的课程——都是师范学校努力满足持续对师资迫切需要的结果。因此,师范学校成为一种教师工厂,大批量生产市场需要的实践者。但是,通过迫使师范学校选择数量而不是质量,市场对该机构的地位和内容产生了影响。选拔性是一个教育机构地位的关键要素。当前,美国高等教育的地位等级与学生在获得单个学院文凭的经历的困难程度密切相关,这些学院从处于等级顶端的高选拔性的常春藤盟校之类的学校到底端的开放入学的社区学院。师范学校是19世纪晚期的社区学院,容易入学,因此缺乏区分。通过选择满足对教师的需要,这个机构放弃了它曾经一度对精英地位的主张。通过变得对社会有用,它失去了社会尊重。这表明,多年来对教师教育的大部分蔑视可以追溯到一个简单的事实:它热切地寻求提供所有需要的教师。[2]

人民学院:满足消费者的需要

我们已经看到,市场对美国教师教育的影响来自*雇主*,因为学区需要大

---

1 Herbst, 1989a.
2 所有这些都不应被视为意味着,师范学校未能为任何人提供足够的专业教育。正如我在其他地方所表明的那样(Labaree, 1997a, chap. 7),在19世纪,少数女性和男性在师范学校获得了教育准备,这对她/他们后来的职业生涯很有帮助。

量教师,师范学校选择满足这种需要,尽管它对教师教育的内容和地位有负面影响。但,另一个市场影响来自教育消费者,因为学生需要一种特殊的教育产品,师范学校选择提供给他们。第一个影响迫使这些学校发挥一种*社会-效率*功能(a *social-efficiency* function),它需要学校对地位和有效专业教育的关心从属于对教师的迫切需要。然而,第二个市场影响迫使它们发挥一种*社会-流动*功能(a *social-mobility* function),[1]它需要这些学校提供那种教育选择以最好地满足竞逐理想社会地位的学生的需要。

对个人选择自由的推崇——既作为政治选择也作为消费者选择来理解——在美国文化中有深厚的历史渊源。哈茨(Louis Hartz)在其经典之作《美国的自由传统》(*The Liberal Tradition in America*)中这样界定该问题:"这是美国政治思想的主要假设,这篇文章所讨论的美国人的态度皆源于此:原子式社会自由的现实。它对美国人的心灵来说是本能的,正如政治概念对柏拉图的雅典人或教会概念对中世纪人的心灵来说。"[2]这一假设居于作为社会制度的市场的核心。在一个市场体制中,消费者通过表达个人欲求行使个人的选择自由,企业家们则通过更有效地满足这些需要而获得成功。

正如特罗简洁地提出,在美国"市场先于社会",结果就是消费者长期以来就是国王。[3]美国社会的这个核心特征已成为一股强大的力量,形成了美国教育机构的独特性,这些机构较世界其他地方的教育机构受消费主义的影响都大得多。正如特罗所解释的那样:"在美国——这肯定是世界上最平民化的社会——我们接受了消费者偏好对文化形式的更大作用[较欧洲

---

1 对社会效率和社会流动功能的全面描述,参见:Labaree (1997a)。
2 Hartz, 1955, p.62.
3 Trow, 1988, p.17.

人]——即使在学院和大学教授的内容和方式的供给方面。欧洲人试图以多种方式降低消费者偏好的影响。最重要的是,他们试图使高等教育机构的财政免受学费的影响。相比之下,在美国,除少数机构外,所有院校(无论公立还是私立)的招生驱动预算都确保,大多数机构对学生的偏好极为敏感。"[1] 在一个教育消费者有巨大影响的环境中,教育领导者被迫以一种完全企业的方式做出回应,如果他们希望发展或甚至生存的话。如果他们不能满足消费者的需要,学生们将用脚投票——通过进入迫切渴望为其提供所需之物的其他学校。

这就是19世纪下半叶师范学校领导们面临的处境。[2] 进一步而言,在这个时期他们不得不面对教育市场的两个特征。其一,任何想要成为教师的人都可以在从未上过师范学校的情况下做到。尽管通过越来越严格的认证要求,教师教育获得对进入教师劳动力市场的垄断,但这是很久以后的事情。其二,有大量后文法学校的教育机构(post-grammar-school-educational institutions),它们争夺学生的学费。例如,1880年,每百万人有超过16所学院和大学,这是美国教育史上的最高比例。[3] 由于这些市场条件,潜在的师范学校的学生在成为教师和接受高级教育方面有多种选择,这些选择允许她完全绕过师范学校。因此,师范学校不得不找到一种方式使它们的项目对未来的消费者富有吸引力,这意味着要仔细倾听学生所表达的教育偏好。

学生们所说的很明确。他们不想被限制在一所单一目的学校(a single-purpose school)里,它为他们提供一种狭隘的职业教育,然后将其分流到一

1　Trow, 1988, p.17.
2　正如Brown(1995)所表明的那样,19世纪末美国高等教育都面临这种情况。
3　Collins, 1979, p.119.

个单一的职业岗位。相反,他们想要一种高级教育环境,以典型的美国方式为他们提供最大程度的个人项目选择,并获得进入最广泛的富有吸引力的职业机会。总之,他们想实现社会流动,想要教育机构有助于这种追求。但,这不是一个与师范学校的替代性愿景很好地相契合的愿景:师范学校的创立者们把它们作为掌握良好专业技能的地方;学区将其视为填充空荡荡教室的活人的几个来源之一;学生们把它们看作可以获取能提升未来地位的文凭的几个场所之一。在师范学校的宗旨上发生冲突的可能性很大,这使它们面临一系列相互竞争的压力。

尽管师范学校努力服务于教师专业化或社会效率,但社会流动藉由学生施加的消费者选择很快作为核心功能出现。这种压力形式从一开始就存在。皮尔斯在莱克星顿创办第一所师范学校不久便遭遇到这个问题。"皮尔斯的挫败随时间而增加。他特别失望地发现,他的一些学生甚至并不想成为教师,其他人则没有必要的能力。"[1]当赫布斯特检视威斯康星州普拉特维尔(Platteville)的第一所师范学校的记录时,他发现,在它成立的1866至1880年间,"平均而言,所招收的学生中不超过45%的会进入师范班。"[2]为了满足对更广泛的、更少职业导向的教育经验的需求,师范学校开始提供愈来愈多的自由艺术课程。阿尔滕鲍(Richard J. Altenbaugh)和安德伍德(Kathleen Underwood)描述了这些结果:

> 许多学生,尤其是那些生活在大学附近的学生是来选修那些课程,而不是形成了这些机构的最初使命的教师训练课程。其他学生把师范学校当作"初级学院"(junior college),完成它的项目作为进入州立大

1　Herbst, 1989b, p. 219.
2　Herbst, 1989a, p. 129.

学的一步。为了确保进入师范院系的学生将来从教,伊利诺伊师范学校不仅要求他们在毕业后保证从教三年;而且学生也必须向州公共教育主管报告其就业情况,无论它是什么。签署从教承诺和与学区签署一份合同是两件不同的事情。伊州的记录表明,19世纪60年代只有30%的校友教过书。[1]

对许多美国家庭来说,它们从来没有考虑过追求高级教育,师范学校提供了一个获得社会优势的机会,这种机会在过去被局限于更具优势的社会成员,他们能够担负起子女上大学的费用。在这些家庭眼中,师范学校不只是一个训练教师的地方,而是一种人民学院。赫布斯特这样说:"师范学校而不是赠地大学,是人民高等教育的先驱。州立大学和农业、机械学院得到发展的地方几乎都处于中心或州府,而师范学校则散布于大草原的乡村小镇。"[2] 这些学校"将高等教育带到了人们生活和工作的地方。"[3]

尽管一些师范学校试图仍专注于其最初的专业使命,大部分逐渐地屈从于拓展它们的职业课程以满足对普通学术教育和社会机会的持续需要的压力。扩大招生的诱惑对它们来说难以抗拒,特别是在它们不得不运作于其中的学费驱动的教育经济的情况下。此外,在服务社区而非简单训练教师方向上的变化也为它们赢得立法者的支持,后者发现推进人民学院是一种善政。

这种消费者压力对师范学校有什么影响呢?根本上,它损害、边缘化和分散了教师专业化的目标(而正是这一目标首先促使这些学校得以创立),

---

1　Altenbaugh & Underwood, 1990, p.164.
2　Herbst, 1980, p.227;引自:Altenbaugh & Underwood, 1990, p.143.
3　Herbst, 1989a, p.6.

以及为实现这一目标而开发的专业性导向课程。师范校从单一目的职业学校演进为一般目的的高级教育机会学校,其中教师教育只是一个项目而已,并不必然是最受欢迎的或受人尊重的项目。后果之一就是关于这些学校日益增加的身份困惑:它们是教师训练学校还是人民学院?另一个后果是专业课程的稀释。当许多学生(通常是大多数)需要不同的东西,甚至未来的教师打算在短暂的教学经历后转行到商业和专业职业时,师范学校很难保持严格的、受到专注的教师准备项目。[1] 社会效率压力加剧了这种课程分散问题,它迫使师范学校培养大量的毕业生。

在这些条件下,师范学校在强大市场压力下,教师教育尽可能降低要求。在它们作为教师工厂和人民学院的孪生角色中,这些学校不得不使教师准备项目:容易,以便鼓励学生们注册师范学校,而不是其他潜在的更具吸引力但也更困难的学校;灵活,这样他们可以将教师教育纳入更大的学习范围,这将为其提供教学之外的机会;而且费用低廉,如此州有能力以与教师们短暂的执教期相应的单位成本来培养教师,因此,考虑到学生们对教学职业的承诺并不高,他们会把项目视为一项值得的投资。[2]

总之,市场对美国教师教育的影响几乎从来不是令人鼓舞的。来自工作市场和文凭市场的、雇主与消费者的压力,倾向于边缘化、最小化、琐碎化培养未来教师的过程。正如我们后面将探讨的那样,这项破坏性遗产持续影响教师教育工作的方式。但是,首先,我们需要探讨这些市场因素对教师教育地位的影响。

1　Herbst, 1989a, p.135.
2　然而,尽管面临所有这些压力,师范学校还是大大地促进了少数学生(主要是女性)的就业前景,这些学生最终在教育领域追求更长远的职业生涯.这些校友怀着喜爱和感激之情回顾了他们在师范学校的经历.(See Labaree, 1997a, chap7.)

从师范学校到大学：对地位的影响

19世纪90年代至20世纪70年代，市场因素通过一个机构演进的过程，推动师范学校最终转变为一般目的(general-purpose)大学。这种转变对教师教育地位影响是深远的，也是极复杂的。简单地说，师范学校的机构地位在这一时期急剧上升，而教师教育在这个机构内地位同样急剧下降。让我们考虑这一转变的原因和影响。

这种演进的轮廓是清晰的。师范学校经历了一个明显线性的机构变动过程。用约翰逊(William Johnson)的话来说，"20世纪教师训练的历史可以视为一系列的机构更迭，师范学校先是转变为州立教师学院，然后是多目的的自由艺术学院(multipurpose liberal arts colleges)，如今在许多情况下成为区域性州立大学。"[1]但如阿尔滕鲍和安德伍德指出的那样，"师范学校实际上在20世纪之交前已经开始转变。"因为它们拓展学术课程设置，扩大吸引力，师范学校"开始提高入学标准，要求高中毕业证，扩展学习项目。"在19世纪大部分时间内，师范学校是与高中处于同样办学层次，接收文法学校毕业生，颁发像高中毕业证一样的证书。但至1900年，这些学校看起来更像初级学院，"1920年后，2—3年制师范学校演进到4年制教师学院。"这一迅速变化的标志是1920—1933年间州立和市立师范学校数量从170所下降至66所，而州立教师学院则从46所上升至146所。[2]"至1940年，师范学校一词已经变得过时……州立教师学院同样经历了短暂的生命，因为至20世纪60年代，它们已经开始演进成为多目的性州立学院或大学，它们

---

[1] Johnson, 1989, p.243; quoted in Altenbaugh & Underwood, 1990, p.149.
[2] Altenbaugh & Underwood, 1990, p.149.

除提供教育学位外,还提供自由艺术和其他学位。"[1]与师范学校转变为大学同时,已有大学在自己的项目中正整合一种至少是弱化形式的教师教育。

市场因素推动了机构变化的这个引人注目的过程,其最终结果是将教师教育从美国高等教育边缘地带移走,并将其牢牢地固定在大学范围内。[2]以后,这个转变的财政成本和社会的低效率变得很明显(下文有更多关于这一主题的论述)。但是,师范学校的地位和功能的提升主要是因为它已经使所有相关人员受益。通过扩大和提升师范学校的机制,公民获得进入高等教育的途径,远超过州立大学和赠地学院。立法者赢得一个政治上受欢迎的项目,选民们渴望将税收花在这个项目上。对学生而言,向上流动意味着,他们可以获得师范教育(可接近性、花费少、教师资格)和大学教育(学士学位、机构的声望和获得教学之外的广泛的白领工作)。对教师来说,这一变化意味着一种象征性提升,因为大学毕业证代表进入教学职业的最低教育要求。[3] 教师教育者发现自己从中等职业学校(trade school)的教员变身为大学教授,职业地位急剧上升。并且,大学发现教师教育是一个有利可图的摇钱树,它吸引了大量学生,向州立法机构表明了大学教育的实际好处,这也是一桩政治善事。

比较关于师范学校演进的市场视角与这种教育机构信奉的关于这种转变的传统视角,博罗曼(Merle Borrowman)抓住了这种观点的实质:"美国教师教育和专业化的正史是一个方便地从1823年霍尔(Samuel R. Hall)的佛蒙特州康科德(Concord, Vt.)的师范学校到现代全国教育协会

---

1 Altenbaugh & Underwood, 1990, p.150.
2 关于市场在宾夕法尼亚师范学校演进中所起作用的一个有趣的案例研究,请参阅:Eisenmann (1990)。
3 参见:Labaree (1997a)第九章讨论了许多从师范学校演进中受益并继续受益于大学教育学院扮演的角色的群体。

(National Education Association)和伟大的教育研究生院的凯旋行进的故事。这个版本的历史具有误导性。"[1]具有误导性的是如下假设：教师教育的机构性提升代表了进步，也就是在教师教育和（因而）教学质量方面的一种稳定的必然的改进。相反地，我认为，师范学校地位的提升，以及将教师教育整合入大学，与其说同教师的专业教育质量有关，不如说与消费者对高等教育需求的数量和鼓励教育机构满足这种需要的市场条件相关。因此，对这个过程来说，教师教育的内容较之它的机构形态不那么重要，有效地培养人们执行教师角色较之于简单地向他们提供大学毕业生的地位来说不那么重要。

教师教育的地位和重点的转变造成了广泛的影响。它降低了这些项目的社会效率，损害了它们提供专业准备的能力，层级化了提供它们的方式，并使这些项目在其母机构（home institutions）内边缘化。让我们依次进行考察。

首先，师范学校的提升和它们向一般目的大学的转变标志着，师范学校最初的社会效率屈从于更一般地支配美国高等教育的社会流动目的。尽管为大量美国人增加了教育的和社会的机会，但这种变化将极端的社会无效性带入到培养教师的工作中。通过一个扩展和拓宽的教师学院体系，为个人提供进入高等教育的开放途径，可能对于那些可以从中受益的人非常有吸引力，这作为一种使教育供给民主化的努力在政治上可能是合理的，但它几乎不是一种有效的社会资源投资。这种教育扩张不是基于对只有大学才能提供的技能的社会需要，而是基于对提升个人地位的个人追求。它没有做什么事情来满足对合格教师的需求，以为全国课堂配备教师。旨在满足

---

1 Borrowman, 1971, pp.71-72.

后者的需要而创立的师范学校被市场颠覆,并转变为普通教育机构以应对消费者的迫切需要。总之,教师教育最终资助了个人抱负和社会机会,牺牲了对教师的培养。

其次,师范学校远离了社会效率,指向社会流动的重新定位也损害了专业教育。最初,这些学校被其创立者和许多学生视为专注于提供成为一名有效教师所需知识和技能的实践教育的地方。也就是,它们的功能是提供一种具有重大使用价值的教育。然而,当消费者坚决主张对一个机构的强烈偏好,而该机构将向他们提供具有重大交换价值的教育文凭时,这个功能发生了变化。这不可避免地改变了从教育内容到形式的师范学校内部的重点,因为越来越多的学生上师范学校不是为了在那里能获得可用的知识,而是为了通过上学获得某种社会优势。

以这种方式,师范学校的转变在 20 世纪美国高等教育商品化过程中是关键一步。因为获得地位成为学生的核心目的,所以他们将学习弃之一旁,并且学院和大学迅速地使自己适应这个变化中消费者的需要。[1] 在这种商品化情境中,教师教育代表的这种实践性学习(practical learning)失去了吸引力,因为学生受到对教育的市场化能力而非其应用性的关切驱动。从消费者视角来看,只要毕业证可以为你提供得到一份好工作的机会,谁会关心你在大学中学到了什么呢? 在这种情况下,变身州立大学和学院的前师范学校缺乏市场激励来维持严格的专业教师准备项目。因此,即使同情的观察者也经常发现,这些项目是脆弱且要求不高的,也就不足为奇了。[2] 美国高等教育以市场为中心的环境很少为它们提供动力,以使它们不这样做。

---

[1] 仔细研究美国教育商品化的原因和商品化对美国教育的影响,以及社会流动目标对教育机构的影响,参见 Labaree (1988); Collins (1979); Goldman & Tickamyer (1984); and Green (1980)。

[2] Lanier & Little, 1986; Goodlad, 1990.

第三,师范学校的演进也倾向于强化专业教育各种功能的分层。在一个市场环境中,具有企业家精神的教育者(entrepreneurial educators)需要关注保持其教育证书的交换价值,存在一种强大的激励使一个机构的注意力集中于教育任务中能带来最大声望和影响的部分。在某种程度上,正如赫布斯特所指出,这意味着,尽可能多地背弃培养初级教师的任务,转向迎合教育市场中更具声望的部分。[1] 甚至麻州早期师范学校的领袖们也试图选择这种策略。"教育者……倾向于将培养初级教师的工作分配给短期城市训练学校。大部分教育者更喜欢用他们的州师范学校训练中级教师和管理者、教育专家。"[2]

然而,至20世纪早期,教师教育的结构已变得非常复杂且愈加层级化,结果是,各种专业培训功能分散于更广泛的机构。师范学校作为教师教育阶梯中的最低级,负责初级教师的教育,没有其他机构想要这个群体。学院和大学支配了培养中级师资的市场;精英大学中新的教育研究生院越来越多地承担培养管理者和非教学的教育专业人员的责任。[3] 然而,当师范学校演进为一般目的学院和大学时,这个阶梯的两个最低等级之间的区分变得模糊。培养初级和中级教师成为四年制机构一般的职责,主要的区别在于,早先的教师学院赢得了所有类型教师候选人中的更大份额。

这带来了师范学校提升的第四个影响。教师教育整合入大学意味着,使教师教育功能分层的倾向现在成为界定大学院系之间关系的内部事务。结果是,教师教育占据了大学学术等级的一个边缘位置。正如古德莱得(John Goodlad)指出,在那些曾是教师学院的大学里,情况在很大程度上也

---

1 Herbst, 1989a.
2 Herbst, 1989a, p.4.
3 Powell, 1980. 我在第六和第七章中讨论了现有大学中教育学院的演进。

是如此。[1] 边缘化的原因之一是，教师教育项目专注于为学生提供关于教学的可用知识。在美国教育的商业化环境中，实用知识是低地位知识。知识越脱离日常关切，它与高雅文化的联系便越紧密，也拥有更高的声望。正如高中的低端英语课专注于阅读工作申请，而高端课则专注于伊丽莎白时代的诗歌，在大学教师教育被视为沿着实践教学的低端路线，而艺术、科学院系则走着追求更深奥知识的高端路线。[2]

教师教育在大学新家园中边缘地位的另一个原因是，它被设计来为一个边缘性职业培养学生。医学院、法学院都为它们的学生提供非常实用的教育，但这无损于这些学院的高地位，因为它们是为高地位的职业培养学生。那么，在这个意义上，一个医学或法学学位的高交换价值——由这些学位提供通向高地位的职业的机会来衡量——意味着，无人认为这些项目是贬义上的"职业的"(vocational)，而这种贬义被用于汽车修理、理发，或者在一个更中间地位的护理或教师教育项目。那么，大学中教师教育的地位在一定程度上与教学在美国社会的地位密不可分。

因此，教师教育者在大学中受到双重侮辱，因为他们与低地位实践知识（practical knowledge）有关，又因为他们与一个被视为半专业的职业相联。在双重作用下，他们被置于学术等级的最底层。"如果艺术和科学领域的教授对教师教育有明确兴趣或承担教师教育责任，他们便面临着丧失包括升迁和终身教职在内的学术尊重的风险。这是人所共知的事实。在教育院系，拥有学术头衔的教授甚至面临失去他们大学学术同行尊重的更大风险，因为他们与教师教育近在咫尺，更可能与之产生联系。最后，那些实际上承担监

---

1 Goodlad, 1990.
2 关于大学教育学院中"学术与职业"之间的紧张关系的敏锐分析，参阅第三章（Clifford & Guthrie, 1988）。

管中小学职前教师或实习教师的教育学教授的确处于这个分层阶梯的底部。"[1]

处理遗产问题：不断变化的状况

考虑到市场在塑造美国教师教育史的影响，一个关键问题是界定这项遗产在多大程度上对美国教师教育产生了一种挥之不去的影响。事情有实质性变化吗？还是许多同样的市场因素仍对这些项目施加了压力？

社会效率：19世纪和20世纪早期推动向教师教育施加最初社会效率压力的许多因素，的确已发生了变化。现在有周期性的教师短缺（包括21世纪伊始的一次），但这些短缺已经不再是长期性的。极大地推动教师需求的入学者数量的迅速增长已经被一个更稳定的人口状况所取代。并且，尽管离职率仍相对较高，社会对这项工作的承诺相对偏低，教学也不再像以前那样只是一个暂时的追求。二战后，教学已成为一个这样的职业，即越来越多的男女可以干到退休。大体上，这是因为收入、工作的稳定性，以及教师工会在这一时期争取的附加性福利。

然而，尽管有这些变化，社会效率压力对教师教育而言仍然存在，即使在降低了的强度和已变化的形式上。1993年，美国有280万中小学教师，替代那些离职或退休的教师大约需要每年大学毕业生全部的15%。[2] 教师教育一如既往地面临着满足这种持续需求的压力。较之师范学校时期，它拥有对进入教学专业的更强垄断，这强化了培养每年所需一定数量教师的

1　Lanier & Little, 1986, p.530.
2　National Center for Education Statistics, 1992, 表4; Clifford & Guthrie, 1988, p.21.

压力，即使数量本身并不是以同样的速度增长。强化这种压力的是一个近年来回潮的旧威胁，即绕过教师教育来雇佣教师。不少州立法机构已制定或提出通过"替代性认证"（alternative certification），即基于工作经验或学术专业而不是传统教师教育的益处来认证教师。市场话语支持这些计划作为恢复选择和进入教师市场的机会，这个市场太长时间被教育学院所垄断。强化了这种趋势的是，通过像择校和特许学校（charter schools）这样的机制在 K-12 教育中调动市场力量，它们赋予学校自由雇佣教师的权利而不需要受制于认证规定施加的通常限制。这一信息似乎是，如果教师教育不能更有效地培养教师，那么州或市场将通过其他方式填补教室空缺。

州立大学面临的财政压力在过去几年加剧了，因为州拨款已经趋稳甚至下降，这使大学比以往任何时候更依赖于学费作为财政收入来源。在这种情况下，大学不太可能做什么事情来削弱教师教育项目的传统利润，它们有高入学人数和低廉的花费。结果是一种熟悉的模式：要求教师教育尽可能有效和廉价地培养大量教师，否则将在其他地方雇佣教师。在这种市场情况下，没有什么鼓励教师教育摆脱维系容易、灵活和廉价项目的历史模式。

社会流动：教师教育不再被要求作为渠道服务于美国人的社会抱负。如今有大量的人民学院——包括一千所社区学院和各种非选拔性四年制学院和大学（后者大体上来自从前的师范学校）——人们借此可以获得社会流动的机会。但是，施加于师范学校和教师学院的消费者压力的长期影响（为学生提供能够换取好工作的可市场化证书的压力）已将教师教育安置于大学内部，在这里人们对它嗤之以鼻。在当前美国高等教育的分层世界中，教师教育占据了一种反常的位置。在高地位机构中，它对学生而言是个低位选项；它在一种根本上学术化的环境中提供一种实践教育；它以一个市场上的职业使用价值的供给者推销自己，而这个市场基于交换价值为教育产品

划分等级。

在这个消费者需求创造的商品化教育世界中,教师教育发现自己完全边缘化了,师资培训不再受到它的控制,而是分散到大学的各个学院,在那里它被带着怀疑目光看待整个事业的人们所塑造。结果,它的目的是游离的,教师教育者甚至发现自己在教师教育项目中被边缘化。因此,不足为奇的是,大学没有什么动力来改进教师教育的质量,加强其聚焦,增加现场经验成分,或提升教师教育的标准。

服务于被污名化的群体

这项历史分析表明,市场压力已严重削弱了教师教育的地位和作用——也就是,教师教育在高等教育中的地位和有效履行教育功能的能力。使这些问题恶化的是如下事实:教师教育被要求服务于各种被污名化的群体。

女性就是这样的一个群体。美国教育史上,在普遍入学的目标首次出现时(19 世纪中叶),教学被定义为女人的工作,至今大体仍然如此(目前,大约 70% 的教师是女性)。原因之一是意识形态上的,因为养育年轻一代,并为其提供道德教育被自然地视为女人的事务。另一个原因是实践上的,女性的工作只需要付男性一半的薪水,因而她们有助于补贴学校入学的迅速扩张。但最终结果是,教学像护理和秘书工作一样不可避免地被等同于女人的工作。这使培养教师的工作较之培养传统上男性主导的职业如法律、医学、工程和商业的实践者的任务更少声望。

工人阶级是教育学院服务的另一个被污名化的群体。在许多方面,教学已经并将继续是典型的中产阶级工作——受人尊重的以知识为基础的白领工作。但同时,它提供了不太丰厚的报酬,缺乏未来提升的职业阶梯(初入职的教师和拥有 30 年工作经验丰富的老教师处于同样的位置；"升迁"的唯一机会就是离开课堂，进入管理）。结果是，教学通常对工人阶级出身的候选人较中产阶级男女（尤其是男性）更具吸引力，对前者而言，教学代表了一种可以获得中产阶级地位的途径，后者则有其他的前途。这意味着，教导这些学生的教育学院已经被大学其他人看作带有暴发户的耻辱。教育学院不仅是大学的后来者，而且它们自己的学生通常来自较一般自由艺术专业的学生更低的阶级背景。

教育学院服务的第三个受侮辱的群体是儿童。教育的地位等级清晰地表现在，教师的地位密切地联系着学生的年龄和学段——从最高等级的博士学习向下到最底端的学前教育。任何怀疑低地位与儿童工作相联的人只需要考虑一下儿童照料工作者的报酬和声望，他们处于这个特殊的年龄-年级光谱的底端。因此，教育学院的部分问题是，在一个与成人相关工作的报酬多于同儿童相联的工作的社会中，在一个更关注严肃的成人事务甚于儿童事务的大学环境中，它们不可避免地与儿童相关。

最后，在美国生活中*教师本身*（the *teacher* herself）的地位不确定。[1] 教师不仅携带着性别、阶级和年龄的侮辱性联系，而且她们也受到美国人支持行动胜于思想的偏见的影响。教师是美国最大的和最可见的单一知识工作者群体——也就是，通过生产和传递观念谋生的人。较这个分类中的其他人更容易进入，她们构成了我们社会的街头水平的知识分子（the street-level intellectuals）。事实上，教师是大部分人唯一能够接触到的知识分子。因此，教师成为反对单纯书本学习和那些被轻蔑地认为只是"学术性"追求的民族偏见首当其冲的受害者。尽管真正的专业是心脏移植、为罪犯辩护、

---

[1] 教师在不指明的情况下，用"她"或"她们"来代替。——译者注

设计摩天大楼、创办企业,但教师却为教科书、测验和家庭练习发愁。当然,顶尖大学教授的工作在这个词[1]的任何意义上都是更学术性,但它是如此深奥难懂以至于超出了普通公民所能理解的范围。然而,教育学教授与那些显然是最普通的理智工作的实践者相联系,这些工作既不特别有用,也不特别难以理解。

在美国,教学地位相对较低还有其他原因。首先,任何时候都有280万教师在工作,教学是一项大众职业,它不敢宣称自己是精英专业。再加上,每年需要招聘15万名新教师,教师教育从来就不是专业准备的唯一形式。其次,既然教师的薪水来自公共资金,并且选民有机会通过频繁的选举来表达他们关于学校资金的偏好,那么在这个职业中的人可以成为什么,存在一个有效的上限。在这些条件下,美国教师不太可能达到显著高于普通纳税人的收入水平。第三,公立学校教师深受公共雇佣负面形象的影响,这是市场导向社会的特征。在美国,市场意识形态为私人领域工作者贴上生产性的标签,公共雇员则是寄生者的标签。高地位专业人士通过将自身界定为在收费服务模式下经营的小型企业家,有效地发挥了这一意识形态的作用。教师则不能做出同样的主张。

我的观点很简单:市场压力在塑造美国教师教育独特历史上扮演了重要角色,它们为它留下了一项破坏性遗产。教育学院已经并将继续在对社会效率和社会流动的竞争性关切之间被撕裂。它们继续占据教育等级底端的地位,这既损害了它们实施优质专业培训项目的能力,又干扰了加强这些项目的努力。下一章,我将探讨教师教育作为一种专业实践模式的性质,以及对教育学院来说,如何使教师教育难以有效实施的相关问题。

---

1 该词指的是前一句的"专业(professions)"。——译者注

第三章 当前的教师教育：
培养教师的特有问题

困扰教师教育的问题不仅是一段饱受市场力量打击的历史的结果,也是这项任务本身特殊性质的产物。[1] 事实表明,培养教师极为困难,主要是因为教学本身作为专业实践形式的复杂性。核心问题是教学是一项看起来容易却极为困难的工作。

这个命题的两部分为教师教育带来了严重的困难。围绕着教学实践的绝对复杂性和不可化约的不确定性,使教育学院难以发展有效项目培养这个领域的实践者。未来教师和公众的日常感知——学会教学不是什么难事——加剧了这种困难。结果,尽管教师教育项目付出了艰辛的努力,并经常徒劳地使教师候选人(teacher candidates)为其将在课堂中面临的挑战做好准备,但它们得到的只是对其努力的鄙视。教师候选人和教育观察家们指责这些项目,因为它们使一个简单的入门过程不必要地复杂化。批评家们说,只有像教育学院这样头脑极其顽固的机构才能将像学会教学这样容

---

[1] 本章的早期版本在香港的 PACT(专业行动与教学文化(Professional Actions and Cultures of Teaching))会议(1999年1月13日至14日)和香港中文大学主办的国际会议"教学中的新专业主义:变化世界中的教师教育和教师发展"(1999年1月15日至17日)上发表。我感谢我1998年秋季博士研讨班的学生们对本文早期版本所作的有益评论。一个简短的版本发表在《教师教育杂志》(Journal of Teacher Education)(Labaree, 2000a)经许可转载。

易和自然的事情搞得一团糟。因此,任何旨在通过改进教师教育提升教师专业角色和地位的努力,都必须首先跨越使教育学院深受困扰的信任鸿沟。

为了理解学会教学的现实和对其感知之间的鸿沟的根源,让我们考察使教学成为一种如此困难的专业实践形式的若干特征,以及什么使成为一名教师的过程看起来如此简单。

教学是一项困难的工作

教学如此困难的原因之一是,它的目的是改变客户的行为,因而其成功依赖于客户在这项活动中的合作意愿。这种努力被如下事实复杂化,即客户是被迫来到教室的。因而教师和学生被抛入一种密切的情感关系,为了实现想要的教育结果,成功的教师不得不利用高超的技能、付出大量的精力来处理这种关系。由于教师必须在结构性孤立条件下工作,他们必须独自处理所有这些困难,没有来自管理层和同伴教师的多少帮助。最后,部分由于这些原因,教师必须生活在一种关于他们教学努力的有效性长期高度的不确定性之中。

客户合作问题

教师面临的核心困难是,如柯亨(David Cohen)在其关于教学本质的精彩论文中指出的,"教学是一项人性改进的实践。它向学生承诺理智的成长、社会学习、更好的工作和文明的教养。教学是一个规模不大但不断壮大的类似实践的家族的成员,心理治疗、组织咨询、社会工作的一部分以及性治疗都属于这一类。所有这些方面的实践都非常独特。从业者通过直接作用于和他们寻求改善的那些人一道,试图在他人或群体身上产生心灵和情感状态。"[1]从这样的实践中产生的一大问题是"从业者要取得任何结果依赖于他们的客户。在大多数实践中,从业者依靠自己的技能和意志来产生结果。他们依靠客户或消费者的认可、鼓励、购买等。但是,在心理治疗、教学,以及相关实践中,客户协同产生结果。学生和家长的意愿和技能的重要性不亚于从业者。无论从业者多么努力,或他们的工作多么富有技艺性,他们都不能独自造成结果。只有客户成功了,他们才算成功。"[2]

一名外科医生可以治疗在整个手术中熟睡的病人的疾病,一位律师能成功地在庭审中为沉默的客户辩护;但对一名教师而言,其成功在很大程度上依赖于学生积极的合作。[3] 学生必须愿意去学习教师正在教授的东西。除非有这种有意的学习发生,否则教师就失败了。这正是杜威心目中师-生关系的互惠概念,他说,"教与学之间的等式同卖与买之间的等式完全一样",[4]就是说,你不是一个好的销售员,除非有人买;你不是一个好教师,除非有人学。

考虑一下对作为人性改善从业者的教师和其他人而言,这使事情变得多么困难。他们必须利用大量的技能和努力来激励客户合作,即使如此,结果仍远非确定。客户可能选择拒绝实践者提供的改进——出于冷漠、习惯、原则或怨恨、漫不经心或心血来潮。在这样一个领域,成功率可能很低,实践者的行动与客户的结果之间的联系在最好的情况下也是间接的。因此,实践者的有效性难以建立起来。

在医学领域,我们可以看到这种互惠性问题对专业准备的一些影响。医学院能训练医生通过运用物理或化学干预直接作用于病人身体,高效地

---

1 Cohen, 1988, p.55.
2 Cohen, 1988, p.57.
3 Fenstermacher, 1990.
4 Dewey, 1993, p.35;引自 Jackson, 1986, p.81.

处理许多身体疾病(如阑尾炎、细菌感染)。但它们在向医生们展示如何处理诸如肥胖或神经衰弱等疾病方面并没有多少有效性，因为在这些疾病中，治疗需要病人改变那些对其健康有害的行为。结果，医学倾向于将这种低效的治疗交给像咨询师这样的人性改善实践者(human improvement practitioners)，同时仍控制那些最成功的疗法。教育学院没有这样的优势。它们被困在为一个专业的实践者做好职业准备的任务中，改变人是这个专业的全部工作。

强制性客户的问题

对教师来说，使学生服从的难度更大，因为学生只是在胁迫之下才来到教室的。学校生活的一个核心事实是，如果有选择，学生们将做其他的事情而不是学习代数、地理、文学或生物学。强制部分是法定的。大多数国家要求学生上学直到 16 岁，无论他们是否愿意。

当然，法律的高压手段可能不是驱使学生上学的主要因素。他们很可能感受到来自父母(他们需要学校白天照顾孩子，帮助其获得进步，甚至教育他们)、市场(它使学校文凭对获得一份好工作是必须的)以及他们自身社会愿望(学校是他们朋友在的地方)的更直接的压力。但是，迫近的法律制裁对教师或学生来说都不是小问题，它一定有助于区分课堂与其他专业实践场所，无论人性是否得到改善。毕竟，当患者错过了与咨询师或牙医的预约时，逃学督查员(truant officer)多久会来上门拜访呢？此外，大多数鼓励上学的举措(法律的或其他的)与鼓励学生到校而不是学习有关。学生可能必须上学，甚至可能想待在学校，但他们并不必然学习，至少并不必然学习官方课程。如果他们在校学到了学校课程，那是因为教师积极的追求使然。

如我们已指出的，如果成功的教学需要学生有学习意愿，那么成功甚至更难,因为学生待在那儿并非自愿。正如任何心理治疗师能证明的那样,激发自愿者参与人性改进非常困难,但激发被征召者完全是另一回事。而教师每天在课堂中面对的正是这些被征召者。

没有人比华勒(Willard Waller)在其经典之作《教学社会学》(*The Sociology of Teaching*)中更深刻或更愤怒地描述非自愿学习对师生的影响:

> 师生关系是一种制度化支配和从属的形式。在学校中师生带着一种原始欲求冲突而彼此对抗,而且无论冲突次数减少多少,或它可能被如何隐藏,冲突依然存在。教师代表了成人群体,它永远都是儿童群体自主生活的敌人。教师代表了正式课程,其兴趣是将那些课程以任务形式强加于儿童,学生则对个人世界的生活更感兴趣而不是教师必须向他们提供的枯燥成人生活。[1]

因此按照华勒的观点,控制是教师面临的核心问题,每个第一次走进课堂的新手教师一定会同意。只要问一问教师准备项目中的学生,他们会告诉你,他们已学习了太多的课程和教学法的理论,却几乎并不足够了解课堂管理,这件事最使他们担忧是否有能力进行教学。事实上,如卡西克(Philip A. Cusick)在《教育系统》(*The Educational System*)中主张的那样,这个问题不能脱离时间和经验:"这个主张不是课堂处于失控状态。相反,它主张,控制是主要问题,并且一直处于师-生关系的核心。没有控制,永远不能期待有序的行为;它总是有问题的,一直需要关注。"[2]

当然,教师在这场争夺控制权的斗争中有巨大的优势。他们有制度化

---

[1] Waller, 1932/1965, pp. 195–96.
[2] Cusick, 1992, p. 46.

权威、高深的知识和家长的许可,并且他们通常也更年长。但学生们并非没有自己的武器。华勒又说道:"无论教师制订什么样的规则,学生们倾向于使其变得毫无意义。依靠机械化的遵从,借助于'嘲笑'教师或讨厌他作为人的全部存在,通过从教师往往注意不到的自发活动中获得慰藉,学生们试图取消教师的控制。"[1]

这里的关键是学生使教师的规则变得毫无意义的能力。如果教师控制的目的是促进学习,那么对学生来说,对强迫教育最好的报复方法是遵从教师控制的形式现实,而不是通过实际学习任何东西来屈服于其实质。结果是一种妥协,其中学生承认教师的控制,教师轻轻地运用这种控制,仅对学生作为学习者提出最低要求。在《卖空学生》(*Selling Students Short*)中,塞德拉克及其合作者称课堂中的这种形式的和解为"讨价还价"(bargaining);[2] 在《高中超市》(*The Shopping Mall High School*)中,鲍威尔(Arthur Powell)、法勒(Eleanor Farrar)和柯亨称之为缔结"协约"("treaties");[3] 我在之前的书中,称其为一项《没有真正的学习,如何在学校取得成功》的游戏。[4]

华勒不遗余力地关注甚至漫画化传统教师,他们依赖直接控制来管理课堂(用一种讽刺的形式,他坚称,"每位教师都是一名监工,每个监工都是冷酷的人。")。[5] 但是,进步主义传统的教师在课堂上也必须施加控制。差别在于,他们以一种更少直接、更隐性的方式这样做,因而较华勒的监工更具操纵性:通过参与兴趣和发现将它与所要求的课程联系起来的方式;依靠

1　Waller, 1932 /1965, p.196.
2　Sedlak et al., 1986.
3　Powell, Farrar, & Cohen, 1985.
4　Labaree, 1997a.
5　Waller, 1932 /1965, p.383.

间接激励和示范正确的行为而不是借助于法令的强制;通过创造与学生的情感纽带,并利用它来激发学生认同社会秩序和课堂学习过程。与传统方式具有权威的强力施加相比,这种更柔性的课堂管理方式可能会使学生感到更温和、友善。一般而言,它作为一种激发学生学习教师教授内容的方式是更有效的。但它仍不过是一种控制学生行为的机制而已。

在其他国家,教育结构有时会加强教师管理学生学习的能力——如通过在学生学校生涯的关键过渡节点,围绕高风险测验(high-stakes testing)来组织教育体系。在国外,为了进入梦想的高中或大学,学生们经常不得不通过考查其所学的强化综合性考试。它的一个有趣的副效应是,将强迫学生学习课程的责任从教师转到教师无力控制的考试上。在美国课堂,教师有责任提供课程,并评估学习成功与否,教师处于不得不对学生说"学这个因为我这样说"(这激起学生的反抗)或"学这个因为在将来某一天你需要知道它"(这激起学生的怀疑,因为那一天如此遥远)的不利地位。然而,在一个由外部考试驱动的体系中,教师可以将自己描绘为同盟者而不是学生的监工。在这些条件下,教师可以对学生说,"你需要为考试学习这个,这场考试很快就到了,并将对你的生活有重大影响,而我能助你通过。"这种方式有助于教师削弱学生对学习的抗拒和冷漠,但它没有消除强制向教师提出的问题。事实上,高风险考试很可能恶化了学生对强制条件下学习的感知——以及把学习本身理解为获得华勒称之为"成人生活中干瘪的部分"——即使它将部分指责从教师身上转移开来。[1] 目前,标准化考试正在驱使美国走向这个方向,它也可能遭遇高风险测验的教学损失。

---

[1] 感谢 Brian Vance 和我 1998 年秋季博士研讨班的其他成员提醒我,由外部考试驱动的教育系统中的师生关系可能存在的差异。

情感管理问题

使教学困难的另一个特征是它需要教师建立并积极管理与学生的情感关系的方式。这与那些支配包括专注于人性改善的大多数专业的规范形成鲜明对比。因此,先考虑一下典型的专业关系的部分特征,再探讨源于它与师-生关系的显著差异对教学的意义。

首先,一般来说专业实践者被允许,甚至被要求与客户保持一种独特的情感距离。他们围绕着一种情感中立规范建构角色—关系(the role-relationship),按照原则:如果专业人员能从一种客观立场处理事务的话,专业服务将最有效地满足客户需求。从这个视角来看,与客户情感介入将适得其反,因为它分散了专业人员在服务客户中运用最有价值的分析性和技术性技能的注意力。

强化情感距离规范的专业人员—客户关系(the professional-client relationship)的另一个特征是,这种关系特有的狭隘性。也就是,专业人员首先专注于把客户带到专业人士那里寻求帮助的特殊问题,而不是将这种互动理解为两人之间的一种弥散性关系。医生关注客户的发烧,会计师关注客户的税务,治疗师聚焦于客户的强迫性行为。在处理将客户带到专业人士那里来的问题上,以一个亲密朋友的更热切和更宽泛的方式接触客户可能会事与愿违,因而这很可能被认为是不专业行为。

界定专业人员-客户关系的第三个特征是其结果导向。它的存在就是为了完成工作,客户将通过专业人员在解决最初驱使他寻求专业帮助的问题上的表现来判断其成功与否。第四个特征是行动者的自我利益。他们作为追求各自目的的独立行动者走向彼此,而不是作为分享共同目的的集体成员。第五个特征是,它们被认为由普遍的而不是特殊的规则来规约,这意味着如下程序:它们贯穿于所有关系,不偏爱或歧视任何客户。

专业人员—客户关系的五个特征借用自帕森斯(Talcott Parsons)发展的"模式变量"(pattern variables),它们是五对可供选择的取向,用来界定角色关系的独特类型。[1] 他称之为:情感中立与情感性(affective neutrality vs. affectivity)、具体性与弥散性(specificity vs. diffuseness)、成就与先赋(achievement vs. ascription)、自我与集体导向(self vs. collectivity-orientation)、普遍主义与特殊主义(universalism vs. particularism)。如该理论所示,在与客户的互动中,专业人员应当首先受五对导向中的前者支配。这个方面,他们属于社会学家称之为次级角色(secondary roles)的一大类角色。次级角色-关系(secondary role-relationships)是由大量受限的和功利性社会联系构成,人们介入这些联系作为实现特殊目的的手段——如雇主-雇员、顾客-服务员、机长-乘客。次级角色—关系的目的是实现那些超出关系本身的目的:客户要解决一个问题,专业人员得到报酬。这种关系本身不是目的,而是指向参与各方的其他目的的工具。相反,初级角色(primary roles)数量少,情感性强,特殊性高。像亲密的朋友、伴侣、父母、黑帮成员这样的关系被界定为本身就是目的,而不是一个实现外在目的的手段。

当然,在真实生活中,角色间的这些理论区分往往是模糊的。老板和雇员有时会成为朋友,专业人员和顾客有时会坠入爱河。但主级和次级角色的差异仍有意义。因此,借助于情感中立、精准聚焦、成果导向、私利趋同,和正当程序的理念理解专业关系的许多特性非常有用。

与典型专业人员相对清晰的角色界定相比,教师发现自身处于一种复杂得多的角色环境中。例如,选择一种与学生保持社交距离的姿态很可能

---

[1] Parsons, 1951.

损害有效教导学生的能力。芬斯特马赫尔(Gary Fensternacher)认为,"教师可能……有时希望与他们学生的复杂、混乱、有时具有破坏性的生活保持社交距离,但忽视学生们生活的许多方面,他们不可能教得很好。良好的教学需要尽可能广泛、深入地理解学习者,需要关注教授的内容如何联系学习者的生活经验,需要使学习者在自己的意图、兴趣和愿望的背景下愿意参与到学习中。许多外科医生喜欢的社交距离妨碍了教师做好工作的能力。"[1]

教师需要对整个学生——情感生活、家庭处境、社会状况、文化资本、认知能力——有广泛的理解,这排除了大多数专业协会狭隘界定的方式。通过把注意力集中到手头的特定任务——一个数学问题、发音列表或科学计划——教师很可能会忽略有助于决定促进那个学生学习的最有效的方式的信息。

但是,为了理解他们的学习需要和学习问题,不只是一个与学生发展一种广泛关系的问题。为了激发学生积极参与学习过程,教师需要建立一种情感联系。正如我们已指出的,激发学生学习并不容易。学生是课堂中的被征召者,因此,教师往往在控制学生的外在行为方面比促进学生的内在学习方面更多地取得成功。杜威等人指出,"孩子们很善于以传统的和期待的方式对学校工作表现出形式上的关注,而将自己的思想、意象和情感倾注在那些对他们来说更重要但却毫不相干的主题。"[2]这意味着,教师从来不能确定,她们在课堂中观察到的是积极参与一种内在的学习追求,还只是形式上对教师权威的遵从。教师拥有的激发参与学习的最强大工具是他们与学生的情感联系。

教师花费大量精力建构一个社会的和情感的氛围。在课堂上,这种氛围有助于学习。这意味着,创造一个温馨舒适的环境,以便使上学成为愉悦

1　Fenstermacher, 1990, p.137.
2　Dewey, 1904/1964, p.319.

的而不是可怕的体验。特别地,它经常意味着,与学生建立一种温馨的和有爱的关系,并将这种关系作为学习的杠杆。教学的一个基本规则是"喜欢我,喜欢我的科目"。一个教师的最终目的是使学生如此专注于学习的内在乐趣以至于他们忘记她在这儿,能为了自身的回报而追求学习,但教师最初将学生带入学习过程的最有力的机制是他们对她的喜爱和他们通过学会她让他们学习的东西而使她高兴的渴望。因此,对大多数教师来说,有意识或无意识的策略是与学生建立一种密切的情感联系,然后致力于将学生与教师的情感投入转化为他们对课程的认知参与。

在这里,我并不主张所有有效教师在他们的学生面前都是可爱的泰迪熊,也不认为学生不能从他们不喜欢的教师那里学到东西。教学中令人生畏的奥秘之一在于教师借以同学生建立情感联系的方式密不可分,其拥有令人目眩的多样性依教师的性别与个性、科目性质和学生年龄,这些途径是广泛的。男教师与女教师、外向的与内向的、科学教师与文学教师在基础水平与大学水平——都与他们的学生建立了不同的联系方式,但它们中最有效的确实在这种或那种形式上形成了这种联系。

在职业生涯开始时,教师笨手笨脚地摸索同学生建立一种有效的、可持续的情感联系,因为这种教学形象可以最好地为其服务。这种形象是自然的,因为它借助于教师作为一个人的个性和优点;也是建构的,因为它是为了服务于促进课堂学习的目的而整合起来的。弗里德曼(Samuel Freedman)通过对一名纽约高中英语教师西格尔(Jessica Siegel)的描述,提供了一个极佳的窗口来观察形象建构的过程:

> 她想吸引学生,使他们兴奋一点儿。公告栏是这个策略的一部分,她对明亮的、时髦的装束的嗜好也是。今天她戴了四个耳环,五个手

环,其中左手上两个银的,右手上三个金的,穿了条来自巴基斯坦的连衣裙,白色棉质,印有蓝色设计图案,像楔形文字一样神秘和棱角分明……一名学生曾问道:"西格尔小姐,你洗过那件衣服吗?"

甚至当杰西卡试图吸引她的学生时,她想控制他们——不是发号施令,但也不是放弃权威……她花了几年时间才发展出一种感觉到自然的课堂仪态,因为她是位天生的倾听者,一位后座议员,一个无数次以这样的句子讲话的人——"我对这个所知不多,但……"

她逐渐地从自身的片段中创造出一种形象,可能最好称之为坚韧的曲奇饼干。今天早上她站着,右手放在臀部,头微微扬起,眉毛弯成一副难以置信的样子;每隔一段时间,她就会从嘴角的冲沟中吐出一句泽西市风格(Jersey City style)的话。"让我休息一下(Gimme a break)。"她对一位迟到者说。在这个学期结束前,她的学生将听到她说一百遍同样的话,听到她狠狠地咬着"Gimme",将"break"拉长为一段烦恼的咏叹调。[1]

与学生建立一种情感联系根本上增加了成为好教师的难度,这种需要有几个特征。首先,对一个特定课堂中任何特定教师来说,没有手册来指导如何建立这种关系。像人性改进的专业中的其他从业者一样,教师不得不靠自己解决问题,不能依赖像指引律师、医生和会计师那样社会上认可的专业实践标准。

其次,教学实践——需要与学生建立一种广泛的弥散性关系,这种关系部分根植于情感——将教师抛入一种异常复杂的角色,它以很难处理的方

1　Freedman, 1990, pp.29-30.

式将初级和次级角色的特征综合起来。用帕森斯的术语来说，教师角色结合了情感亲密性和弥散性互动的要求，两者均为初级角色的特征；以及成就（基于学生表现而非先赋特征的奖赏）、独立性（鼓励学生发展和依靠自己的技能和知识）和规则的普遍应用（根据相同的奖励标准，对所有学生一视同仁）的要求，所有这些是次级角色。教师被要求运用从他们与学生的初级关系中获得的影响来支持外在于这些初级关系的课程教学。总之，这意味着创造情感联系，然后运用它们促进学生学习，为成为真正的好教师，他们需要卓越的能力在这些对立之间保持一种创造性紧张，不能忽视教学的理性手段和它的课程目标。

即使在最理想的情况下，在同一岗位上平衡这两种角色也很困难。不足为奇的是，教师经常解决在这个或那个方向中初级要素与次级要素之间的紧张——依靠带领一群强行军通过无人愿意学习的课程，或营造一个感觉良好的课堂，那里没有人被驱赶着学习。在后一种情况下，教师如此深陷入被其学生喜欢的需要之中，以至于忘记了与学生建立一种情感联系的教学目的，将师-生关系转变为一种简单的初级联系，其中群体内积极的情感本身成为目的。在这些情况下，教学的逻辑就走向了自身的对立面，因为教师通过降低学生的学习压力寻求赢得他们的爱戴："如果我使你喜欢我的科目，那么你就会喜欢我。"关于教学最困难的一点是，优秀的教师必须愿意冒着他们在追求学生学习过程中与学生的关系被破坏的风险，愿意运用被学生喜欢的影响来提高学生的表现水平，这可能导致学生的嫌恶。[1]

第三，教师通过维持使这种关系奏效的教学形象，面对着试图管理其与学生的情感的压力。维系这种教学形象是被霍克希尔德（Arlie Hochs-

---

[1] 感谢我的博士研讨班的两位成员 Jo Lesser 和 Dana Sammons，他们指出教师和学生之间的情感联系可以破坏学习，也可以促进学习。

child)称为"情感管理"的耗时费力的任务。在她的书《心灵的整饬》(*The Managed Heart*)中,她探索了多种"需要情感劳动的工作。这类工作有三个共同特征。第一,它们需要与公众有面对面或通过声音的接触。第二,它们需要工作人员在他人身上造成一种情感状态——如感激或害怕。第三,它们允许雇主通过训练和监督,对受雇者的情感活动施加一定程度的控制。"[1]

霍克希尔德在其研究中从未直接论及教师,而是聚焦于飞机乘务人员和收银员,但她的分析同样适合于教师。她认为,这类工作特别困难,充满压力,因为你可以在他人身上造成期望实现的情感状态的唯一方式是依靠有效地管理好自己的情感。教师的角色,像其他情感工作者角色一样,如果一个人想要有效地扮演这个角色,就不能流于表面上展现的那样。这个目的是影响学生的情感,在情感事务上,学生像我们每个人一样,拥有用于检验真伪的敏锐触角。教师需要扮演一个角色,但她们需要以一种完全令人信服的方式扮演,需要使她们的学生觉得完全真实。"我们都做出一些行为。但我们可能以两种方式行动。第一种方式,我们可以试图改变我们外在呈现的样子。正如它对被戈夫曼(Erving Goffman)观察的人而言,在身体语言中,行动是假装冷笑、耸耸肩、受控的叹息。这是表层行为。另一种方式是深层行为,展现作用于感觉的自然结果,行为人并不试图看起来高兴或悲伤,而是同步表达一种自我诱导的真实情感。正如俄罗斯导演斯坦尼斯拉夫斯基(Constantin Stanislavski)竭力主张的那样。[2]

因此,优秀的教学是深层行为。有效的教师深切地感受到这个角色,并自然地表达它,没有做作或技巧。像最好的体验派演员(method actors)一

1　Hochschild, 1983, p.147.
2　Hochschild, 1983, p.35.

样,他们投入这个角色,从自己的情感生活中汲取灵感和范例,然后建构一种真情实感的自然流露的形象,即使这种情感被赋予了有意识地为特定目的服务的作用——促进课堂学习。西格尔的形象是她为了成为更有效的教师而发展出来的有用的人为创造物,但这只是因为她在自己的个性中已找到了一种真实的情感基础,所以它才是有效的。其结果是一个角色不是可以随意选择的,也不是轻甩手腕就可以被丢弃的,而是一个从教书人的内部产生的角色,并在教书时接管了那个人。这就是华勒的主张相当正确原因:"教学造就教师。教学是一个回力镖,它一定会回到扔它出去的手中。施比受更有福,也更有影响,教学可能也是如此。在优秀的与糟糕的教学之间,学生所关心的问题有很大不同,但在这一点上,最明显的影响是对教师的。教师从教学中受益。"[1]

在解释这一现象时,华勒通常最重视控制问题,以及教师作为监工的角色对教师的影响大于学生的影响。"从属是可能的,因为从属者仅是一个只拥有人格的一小部分的从属者,而支配者则完全参与。臣民只是一个仅在部分时间内拥有部分自我的臣民,但国王永远是国王。"[2] 由于这种对学校教育控制的非人性后果,华勒(正如柯亨已指出)[3]选择了一种完全浪漫主义的教育愿景,即将之视为自然的和强迫的学习之间的竞争。其意义是,一种如教育进步主义推动的更多以儿童为中心和以兴趣为基础的教学方式将解决控制问题,并将教师从不得不遭受扮演教师角色的可怕后果中解放出来。

但是,霍克希尔德暗示了一种更复杂的解释。通过采取教师角色的进步主义版本——它涉及深入了解学生,通过情感和兴趣努力将学生引入学

1　Waller, 1932/1965, p.375.
2　Waller, 1932/1965, pp.383-84.
3　Cohen, 1989.

习过程——一位教师选择一种要求高度情感管理的形象。总之,以儿童为中心的教师在受到其扮演角色影响的深度上不亚于传统的监工。用华勒的话来说,学生是一名只有部分时间和部分自我的学生,但教师永远是教师。

结构性孤立的问题

恶化教师在试图激励受控的学习者的问题,是教师不得不工作于其中的结构性孤立。自19世纪早期根据年龄-年级教育(age-graded education)发明以来,教师发现自己在独立式教室的四面墙内从事他们的职业。之前,一所学校通常不过一间大房间,在那儿,具有相当不同年龄和能力的学生的学习由一名教师或在校长教师(a principle teacher)监督下的一群助理教师(assistant teachers)进行管理。向年龄分级(age grading)的转变允许课程专门化、班级授课(whole-class instruction)、比较性评估和一种对学生而言的阶段性教育经验,但它也把独自解决专业实践问题这项艰难的任务留给教师。

教师通常在紧闭的大门后进行教学,在这种条件下他们是教室中唯一的专业人员。他们只能自己想办法管理25或30个学生,并使他们掌握所要求的课程。传统上他们很少得到其他教师的帮助,后者正在走廊尽头自己的教室中努力解决与学生的调解问题;他们也很少得到管理者的帮助,后者有自己的问题要处理,他们在建筑上被阻拦,无法确切知道教室内发生了什么,因而不太可能在工作上帮助教师。除了午餐对话或校长偶尔来访,教师通常被单独留下来寻找有效教学的方法。

这种情况的另一个影响是强化了教师对控制问题的关注。学生数量远多于教师,切断了专业支持,教师独自面对布里茨曼(Deborah Britzman)视为"支配课堂生活的隐性紧张的两条规则:除非教师建立控制,否则没有学习;如果教师没有控制学生,那么学生将控制教师"。[1] 为了应对建立和维持控制的挑战,教师必须将课堂转变为一块个人领地,一个小公国,遵从它自己的法律和地方风俗。

孤立的另一个后果是,这形成了一种将学会教学视为对个人严酷考验的想象,[2] 以及把新手教师视为自我塑造的观念。[3] 这没有为建构一种教师共享的超越课堂领域的专业文化留下什么空间,它必定削弱了教师准备项目的价值。教学被视为一种个人成就,一种教师个性的自然表达。按照布里茨曼的说法,教师是自我生成(self-made)的观念"是一种高度个人化的解释,它强化了'天生教师'的印象","较任何其他文化神话,教师'生成'自身的支配性信念,贬低了教师教育、教育理论和使价值体系清晰的社会过程的价值"。[4]

关于教学有效性的长期不确定性问题

1986年,美国教育部长贝内特(William J. Bennett)出版了一本在美国广为流传的小册子《什么是有效的:关于教与学的研究》(*What Works: Research on Teaching and Learning*)。[5] 如贝内特在前言中指出,这本小册子"旨在提供在我们孩子的教育中,关于*什么是有效的*确切和可靠的信息。"[6] 然而,这份小册子出版的意外后果表明,我们对有效教学了解得多么缺乏清晰性和确定性。这份文件报告的发现证明在确定好教学需要什么方面没有多大帮助。一些发现只是同义反复:"学生积极参与学习的时间对其

---

[1] Britzman, 1986, p.449.
[2] Lortie, 1975, p.74.
[3] Britzman, 1986, p.451.
[4] Britzman, 1986, p.451.
[5] U.S. Dept. of Education, 1986.
[6] U.S. Dept. of Education, 1986, p.v;原文着重强调。

成绩有很大影响。"¹——也就是，如果他们花更多时间学习，他们就学得更多。一些则具有误导性："父母参与有助于更有效地学习"；²但事实上，与那些缺乏这种文化资本参与的家长相比，高文化资本的家长的参与为其孩子提供了巨大的教育优势。大多数发现过于模糊而不能付诸实施："成功的校长制定政策以营造一种有序的环境，支持有效的教学。"³这不禁让人想问：什么构成了一种有序环境和教学支持？

关于教学的一个令人困扰的事实是，没有确立起一套被证明可以独立于具体参与的行动者和行动的具体时空而起作用的教学实践。教学的技术是除了确定性外的任何东西，教师必须学会与作为其专业实践的根本要素的长期不确定性共存。⁴ 原因之一是，教师不得不在我已勾勒的那种令人气馁的条件下工作，这些条件将意志和情感的不可预测因素引入教与学过程的核心。只有学生同意合作，教师才能成功；合作是成问题的，因为学生是不情愿地被迫进入学习情境的。谋求合作的一个关键因素是教师建立与学生的情感关系，并为了课程目的而驾驭它。所有这些都必须在与学生打成一片并在孤立于专业同行的情况下进行解决。

然而，即使我们聚焦于塑造教与学的更具预测性的因素，教学仍是不确定性活动的第二个原因是：它的不可化约的复杂性。我们关于教学所知的一直都是依大量调节教师行动和学生反应的介入性变量（intervening variables）而定。因此，一直存在一个*在其他条件不变的情况下的*（*ceteris paribus*）条款悬停于任何教学处方之上：如果其余一切相同，那么这样比那

---

1 U.S. Dept. of Education, 1986, p.34.
2 U.S. Dept. of Education, 1986, p.19.
3 U.S. Dept. of Education, 1986, p.50.
4 Lortie, 1975; Jackson, 1986; Floden & Clark, 1988; Cohen, 1988.

样更好。换言之,它完全视情况而定。它取决于科目、年级、社区;学生的阶级、种族、性别和文化;教师的教学技能、学术知识、个性和心境;一天中的何时,一周中的哪天,季节和大气压;学生上一餐吃的东西,父母的婚姻状况;学校的文化和结构;可利用的课程资源,他们上年度的教师,他们对毕业时获得工作的期待,等等。这里有太多的人和因素参与塑造学习过程,对我们而言不能指出一种特定的教学技术,并主张它独立于其他因素而可以带来成功的学习。

教学工作中不确定性的第三个来源是,我们不能充分衡量教师对学生的影响。我们可以最精确地衡量的教师影响最为琐碎。一位教师可以测量一名儿童在周五的测验中能拼写出多少个本周学习的单词,一名学生在多大程度上可以解决课堂上刚刚讲授的那类词语问题,或者一个学生可以记住多少最近教科书关于法国大革命那章的事实。但是,关于教师在教授这些科目时所考虑的更大的和更有意义的目的,这些测量能表明什么呢?对于教师在多大程度上提高了学生的读写能力,培养了学生对文学的热爱,赋能了学生运用逻辑和数学技能解决现实生活问题的能力,并为其提供资源以理解引发社会变革的可选方式,它又能表明什么呢?我们如何测量这些结果,如何将从前学生生活中的具体结果追溯至特定的教师和具体的课程?我们希望教育带来的最重要结果——培养有能力的、生产性的、富有社会责任感的成人——通过多年和许多其他介入因素从任何具体的教师和学生之间的课堂互动中排除掉了。没有任何简单方法可以在一个人成年后的能力与个人职业生涯早期个别教师的教学技能之间建立因果链条,因为随时间推移有如此多其他教师、选择和偶然性对这个人产生的累积性影响。

教学不确定性的第四个源头是社会强加于整个教育事业的复杂的、通常是矛盾的目的。在某些方面,我们希望教育促进民主平等,为所有学生提供他们有能力履行公民职责所需的技能和价值观。同时,我们也想要教育提高社会效率,为学生们在不同职业角色中作为工人发挥生产性作用而提供所需要的高度分化的技能和知识。我们也希望教育促进社会流动,为学生们在与他人的社会竞争中走在前列而提供需要的文化和资格优势(cultural and credential advantages)。然而,某种有效的教与学根本上取决于主要目的是培养公民、工人还是社会攀爬者,因为对实现其中一个目标而言是好的教学,可能对实现另一个目标来说就是坏的。例如,通过制造学生间区别,将学生进行能力分组可能服务于社会流动的目的,但它很可能因同样的理由不利于民主平等,它可能会也可能不会服务于社会效率的目的,这取决于不同群体的学生在多大程度上学到了有用的工作技能。[1]

不确定性的第五个来源是教师甚至无法清楚确定他们客户的身份。在一个层面,客户是学生。毕竟,学生是教师在课堂中面对的人,是教师指引其所有改进人的工作的对象。但是请注意,学生没有与教师签订协议让其提供期望的教学服务。在此意义上,非自愿的学生更多的是教学的对象,而不是需要专业帮助的客户。在另一个层面,客户是学生的父母。父母通常将自己视为在使他们的孩子社会化和为成人生活作准备的更大项目中与教师的合作伙伴。在私立学校——以及各种学校券模式——中,父母或多或少公开与学校和教师签订协议,要求为他们的孩子提供与父母的教育期望一致的专业教育服务。在第三个层面,教师的客户在很大程度上是社区。在公立学校,公民作为整体为教育付费并管理教育,不仅仅是学校儿童的父母。在私立和公立学校中,社区作为整体——除了学生和学生父母——是教师的教育服务的主要消费者。对社区所有成员来说,生活质量依赖于一

---

[1] Labaree, 1997a, chap.1.

种教育体系,它能培养有能力的公民和生产性的工人,因此每个人都是坏教学的受害者、好教学的受益人。在任何专业中使客户高兴都非易事,而考虑满足这三个完全不同的客户的需要更是万分困难,特别是当他们关于什么造就好的教学和好的学习很可能具有冲突的观念时。

对教师教育的影响

如我们所见,教学是一种特别困难的专业实践形式。它根植于在一群非自愿的、通常是抗拒的客户中激发认知的、道德的、行为的改变。它严重依赖于教师的能力,以建构一种有效的、真实的教学形象,并为了课程的目的运用它来管理与学生的复杂且要求苛刻的情感关系。它缺少一种有效可靠的教学技术、一套规范来界定可接受的专业实践、清晰的教学目标、衡量教学效果的明确的方法,或者甚至对服务客户的清晰界定。

鉴于此,是否有任何其他专业的实践者面临比这更困难的任务?是否有任何领域的专业教育面临较教师教育者而言更令人生畏的挑战?我们要求教师教育项目向普通大学生提供不可衡量的东西,这样他们可以以一种取悦于对立者的方式教导那些难以控制的人,而不必清楚其行动的目的或后果。这些项目被认为没有取得巨大的成功,有什么奇怪呢?显而易见的是,与像教师教育这样的项目相比,一个目标、技术、客户、影响得到明确界定的专业教育项目更可能赢得专业尊重和公众认可。

教学是一项看起来容易的工作

教师教育者在为像教学这样极其困难的专业培养学生中面临更多挑战。但那不是他们遭遇的问题的终点。此外,他们面对的情境,其中教学专业被普遍认为相对容易。这种感知不仅仅是未受过正规教导的公众的特征，也在教师候选人中间流行。

产生这种感知的原因之一是职前教师在承担教学角色前经历了大量的学徒观察。另一个原因是教师教授的实质性技能（substantive skills）和知识看起来很平常。并且，教师教育者很少主张在所授科目方面的特殊专长，这种专长首先存在于大学校园中的学科部门。最后，教学涉及的教学技能似乎是除难解的或神秘的东西之外的任何东西，因为教师们免费向学生赠送这种能力以期望使他们自身成为多余的。

观察学徒期

劳蒂（Dan Lortie）提出了一个令人信服的理由，职前教师作为学生花了很长时间观察教师从事他们的工作，因此在修习教育学院的第一门课程前他们感到自己在某种程度上知道如何教。

> 那些教学的人通常有连续 16 年时间与教师和教授接触。事实上，美国青年人看到教师在工作比其他职业群体都多得多；我们估计截至高中毕业，一个普通学生已经花了 13000 个小时与课堂教师直接交往。那种接触发生在一个很小的空间中；学生距离他们的教师很少超过几码的距离。此外，这种互动不是被动的观察——它通常是一种关系，它对学生有影响，并且充满感情……学生学会"扮演课堂教师的角色"，学会至少足够共鸣预见教师对其行为的可能反应。这需要学生将自己投射到教师的位置，并想象他如何感觉各类学生的行动……可能的是，"任何人都可以教"的广为流行的观念正源于此；毕竟，儿童难道不能对

课堂教师的行为做一个合理精确的描绘吗?[1]

与教学相比,其他职业——特别是其他专业——大体上是一个秘密,学生在进入医学院之前,可能不超过20个小时观察医生,在进入这些领域的专业准备前,他们可能从来没见过律师或会计师、建筑师工作。在这些领域,专业教育发挥着揭示隐藏在神秘面纱之下的奥秘的作用。相比而言,职前教师对教学是完全熟悉的,教师教育项目看起来与其说是一扇通往奥秘的窗口,不如说是一个没有任何实用目的的随意障碍。

然而,职前教师在这个推理中所犯的错误是,他们的观察学徒期向他们表明了许多关于教师做的事情,但几乎没有关于他们为何这样做的原因。如劳蒂所描述的那样,"许多学生学会以目的-手段方式看待教学,或他们普遍对它采取一种分析视角,这是不可能的。学生们无疑被一些教师的行为而不是另一些留下印象,但不能期望他们以一种教学的、分析的方式看待这些差别;它是基于个体的个性而不是教育学原则。"[2] 从这种观察的和非分析的视角看,教学看起来就是由习俗(这就是教学的方式)或天性(我就是这样的人)引导的简单行动。在这两种情况下,教师准备是不必要的,甚至是无用的。如果教学受习俗束缚,那么学生已作为这个专业的长期观察者了解这些习俗;如果教学更多是个性的展现,那么它在学生身上将自然产生,不能在一个专业准备项目中被教授。

学生没有看到的是那种思维,它先于教师行动,她所考虑的选择,将行动定位于其中的策略计划,或她借由行动所追求的目的。这些都是教师准备项目努力教授的东西,而且是合法的;但在这样做的过程中,它们受到教

---

[1] Lortie, 1975, pp. 61–62.
[2] Lorie, 1975, p. 62.

师候选人的强烈抵触,这些人并不认为自己需要这种专业教育。

普通的技能和知识

教师教育面对的另一个障碍是那种普遍感知,即教师占有的实质性技能和知识完全是普通的。问题的根源是中小学教育对全体民众来说是强制性的。它不是精英教育,而是大众教育。如果它做得好,那么它传递给学生的知识、技能在大多数人中是通用的,就是说,它教授普通成年人都知道的东西。在技能方面,这包括诸如如何阅读小说、杂志、报纸,如何写信、申请和论说文;如何计算变化,指出每件商品的价格,测量一块土地面积等等。在知识方面,它包括这样的东西,如哈克贝利·费恩(Huck Finn)的历险故事、第一次世界大战的起因、重力作用的方式和数学平均数的含义。

不像大学教授,他们被认为是超出普通公民理解水平的专家,学校教师则是大多数投票年龄的人都已知道的东西的拥有者。教师们教授的不是火箭科学,而是普通知识。并且教师教育者,虽说在技术上是大学教授,但他们没有参与一种特别有启发性或甚至被认为特别必要的活动;相反,他们被看作只是教导职前教师去教授每个人都已知道的知识的人。

属于他人的内容专长

更糟糕的是,教师教育者甚至在他们运用技能的实质性领域没有对专长的合法要求。他们可能是数学教育、读写教育或英语教育、社会学习或历史教育和科学教育方面的专家,但他们没有作为数学家、语言学家、文学专家、历史学家或科学家的学术可信度。实质性专业知识不在培养教师的教育学院,而在整个大学的学科性部门——那里的教授们从事专门的研究和运作高级研究生项目,探索这些学科中更深奥的领域,这远远地超出了普通成人的认知范围,也远远地超出了 K-12 教师的任务或专业知识范畴。

因为内容专业知识存在于教育学院之外,教师教育者仅负责培养未来教师的部分,这部分被认为最缺乏可信度和声望。他们负责向学生展示*如何教学*,这是学生认为自己已经知道的,而学科院系负责向他们展示*教什么*,这是一种更高贵的,也是一种不那么明确的知识形式。这种情况不仅将教师教育者置于学术等级中的不利地位,而且也将他们在与培养教师的关系中置于一种不受信任的境地。教师教育没有控制向教师提供他们即将需要教授的实质性知识,但却承受了对这些教师可能在课堂中表现出来的任何知识缺陷的所有指责。

通俗易懂的和可公开获得的教学技能

当然,对所有这些公认的关于教学的智慧——人们认为,它是一项容易学习的简单实践——最恰当的回应,简单地说,就是事实并非如此。本章旨在表明教学的巨大复杂性和试图教人们如何教得好的非凡挑战。我的想法就是从一种清晰的视角看待对教学与教师教育的简单感知(公众和职前教师持有的)和这些专业实践形式的现实之间的鸿沟。反复提及已提出的观点或反驳那些更明显的错误和误解,是徒劳无益的。我只想说,教师候选人只要在他们自己负责的课堂中稍微花些时间,便会很快发现教学任务的复杂性。如果他们选择直面这个挑战,如果他们竭力进行有效教学而不仅仅是重复在他们漫长的观察学徒期内习得的教学行为的传统形式,那么他们就会发现自己要全力对付这里概述的大量教学难题。

然而,在结束时,我想聚焦于有关教与学会教学的最后一点,这可能有助于透视这些活动的困难和如此多人误解这种困难的原因。这一点也许是显而易见的,但它值得以简单的术语重述:教师的专长不是课程的内容,而是教他人如何学习这种内容的能力。引申开来,教师教育者的专长不是学科性知识,而是教他人如何有效地教授这种知识的能力。

其他的专业均强调知识运用的技能。医生、律师、会计师和建筑师为了在专业中有效工作必须掌握他们的学科,但是光了解它们的内容是不够的。专业人员不仅仅是知识的持有者,也是为了客户的利益运用这种知识的人。然而,在这方面,教师和其他专业人员的差别是明显的。如芬斯特马赫尔指出的那样,大部分专业人员运用他们的知识帮助有问题的客户,但他们不向客户提供下一次独自解决问题的能力:"外科医生成功地捍卫他们目前享有的地位和收入的一种方式是'紧锁'或使他们的知识神秘化。直到最近,获得外科医生的诊断性教导是非常困难的。外科医生不是将自己视为向病人提供他们知识的人,而是负责使病人健康的人。"[1]

大部分专业人员出租其专长而不公开它的秘密,这样他们便可以保留自己的权力。下一次,客户有医学、法律或财务方面的问题需要帮助时,他们别无选择,只能回到专业人员那里寻求另一次解决,另一次干预,另一次专业技能的租赁,但教师不同。"教学,至少我们大部分人认为的好的教学,需要教师将其知识赠与学习者——学习科目的知识。最终,好教师也必定将他的或她的教学知识赠给学习者,希望他们学会成为自己的老师。"[2]他们不租赁而是赠与自己的专业技能,他们给予——这不仅包括他们的实质性知识,也包括他们对如何掌握这种知识的理解。一名好教师从事着使他或她变得不必要的工作,这赋予学习者没有教师帮助也可以学习的能力。其目的是使学习者能够靠自身生活,并摆脱对学校和教师的依赖。以此方式,教师使自己的专业技能去神秘化,因而自愿放弃控制客户的权力,而这种权

---

[1] Fenstermacher, 1990, p.136.
[2] Fenstermacher, 1990, p.136.

力恰是其他专业所竭力捍卫的。最好的教师是那些使学习看起来最容易的人,他们使学习者感到自己很聪明,而不是给学习者留下这个教师多聪明的印象。

  同样地,教师教育者做着使教学去神秘化的工作,赠与自己的专业技能,以使未来教师能在无须持续咨询和长期专业依赖的条件下从事教学实践。在这两种情况下,教师和教师教育者为了提升他们学生的能力和独立性,将自身置于一种削弱自己地位和权力的处境。这种专业实践的独特模式有助于解释这两个专业必须承受的大部分鄙视,但同时这种堂吉诃德式的无私精神也赋予教师和教师教育者一丝磨损的高贵气质。

第四章 从事教育研究的特有问题

如果培养教师对教育学院来说是一个困难的角色,那么从事教育研究同样如此。[1] 事实表明,教育学院的研究者被迫生产一种特殊风格的知识,这极大地影响了他们所作的研究类型、研究方式,以及其工作的可信度与声望。请注意,本章的重点是教育研究人员的学术工作,这有别于有经验的教师拥有的关于教学实践的知识,教育学院可能会也可能不会向职前教师传授这类知识。这里,我们考察研究性知识而非实践者的知识。

教育学院生产的知识种类

比彻(Tony Becher)写过一部极具启发性的书,关于英美大学不同学科和院系生产的知识的性质。在这项工作——它有一个值得玩味的标题《学术部落和领地》(*Academic Tribes and Territories*)[2]——中,他探讨了这些

---

[1] 本章的早期版本在 PACT(专业行动与教学文化)年度会议(1997 年 5 月挪威奥斯陆)和第六届全国教育研究会议(National Conference in Educational Research)(1997 年 5 月挪威奥斯陆)上发表。感谢在这两个会议上的以下同仁的有益评论:吉特林(Andrew Gitlin)、古德森(Ivor Goodson)、哈格里夫斯(Andy Hargreaves)、克勒特(Kirste Klette)、希米哈拉(Nobuo Shimihara)和谢尔德沃尔(Arild Tjeldvoll),也感谢三位《教育者研究》杂志评审专家和唐莫耶(Robert Donmoyer),他们对早期文稿的评论非常有帮助。早期版本曾发表在《教育研究者》杂志(Labaree, 1998),经许可转载。

[2] Becher, 1989.

知识的差异对学术实践者的理智工作的性质以及支持这些工作的组织形式的影响。他以一对人们熟悉的区分开始——硬知识和软知识，纯知识和应用型知识——建构他的分析。尽管他只是简略地提及教育学院和其他专业学院，但他的论点为教育研究的诸多最为人熟悉的和重要的特征提供了很棒的见解。

硬知识与软知识

生产硬知识的学科是那些最成功地建立了如下修辞主张的学科，它们的研究发现是可证实的、确定的、累积的。自然科学是这个领域的典范。自然科学的实践者已发展了科学的方法论、程序和验证规则，这使他们的发现可以被他人重复，得到捍卫，从而逐渐得到验证，以至于他们的主张被视为确定的——被当作对"我们所知道的"自然世界的特定组成部分的精确描述。一旦这种发现在科学话语共同体内（至少暂时的）在功能上被确定地建立起来，那么其他人就可以在它的基础上进行建设，并将那个领域的知识推进到下一个新的水平。

相反，生产软知识的学科发现自己工作在一个相当不清晰的理智领域。人文学科和大部分社会科学是这类理智活动的典型例子。在这些领域的研究实践者追求的探索形式中，建立可重复的、其有效性能成功抵御他人挑战的发现，要困难得多。在这些领域，确证因果性主张特别困难，因此，软知识的生产者必然要将大部分精力用于描述和解释问题：在缺少清晰决断规则和有效方法论的情况下，如何描述和理解研究文本或事件。并且，在这些领域，实践者从未奢望可以在之前发现的坚实基础上从事建设工作，因为这些发现往往受到那些选择不同解释路径的研究者的挑战。结果，软知识的生产者发现自己常常在重建自己的学科基础，因为他们不断地重释其领域中最根本的问题。

我并不认为硬知识是基础性的而软知识不是,只是主张硬知识的生产者处在修辞上一个更强势的地位来声称,他们的工作是确定的,因而是累积性的。毕竟,解释和意图是所有探究中都不可还原的要素。硬科学的主张受到共同体规范和目的的限制,它们可能会被持有不同规范和目的的未来研究者修正和否弃。[1] 因此,硬学科的有效性主张仅仅是声称——很难反驳,但仍是可反驳的,在短期内是持久的,但随时间推移是脆弱的。硬知识较软知识的优势也许是短暂的,并且主要是修辞上的,但这并未降低其在当代可信度竞争中对实际目的的重要性。

对软知识领域的研究者来说,有两个特征使建立持久性、累积性的因果主张特别困难。一个是,不像硬知识领域的工作者,他们通常必须处理人类行为的某个方面。这意味着,只有通过有意志的人的行为作为中介原因才能带来效果,这将一个巨大的和无规则的误差项(error term)引入了任何预测方程(predictive equation)。这些台球很可能在母球和角球袋之间改变方向。另一个特征是,行为领域的研究项目不仅将研究者(像硬领域那样)的价值和目的,而且把研究对象的价值和目的植入其中。结果就是研究者和研究对象之间的杂乱交互作用。

从这个视角来看,教育是"软"的探索领域中最"软"的。教与学、课程和管理、教育组织和教育改革的问题——所有这些均抗拒研究者建立起关于它们因果性主张的努力,这些主张像硬知识学科那样的方式是可验证的、确定的和累积的。当然,首先教育是行动者——教师、学生、管理者、家长和政策制订者——的社会产物,他们的行动既塑造这个制度,也由这个制度所塑

1　Kuhn, 1970.

造。此外,教育过程根本上是政治的,反映社会目的——诸如民主性平等、社会效率和个人机会——这些目的将矛盾性的压力嵌入教育之中,并为评价教育的成功提供了冲突的标准。[1] 因此,教育研究者至多能够提出尝试性和高度情境化的主张,而面对其他研究者的替代性主张时,这些主张则难以维持。

尽管存在这些困难,教育研究者并不情愿放弃使他们的软知识变得更硬的努力。像其他以人类行为为基础的研究领域的知识生产者一样,他们追求使教育过程概念化的方式(如行为主义)和分析这些过程的方法论(如统计学),他们承诺加强对由此产出的教育知识的有效性和可靠性的主张。在一定范围内,这种努力相当成功。20世纪伊始,一种实验的教育科学(An empirical science of education)出现了,并在几十年内取得了该领域内的支配地位。尽管最近出现了一种明确的解释性教育研究路径,但它仍是一种强有力的存在。[2] 然而,教育科学因其声称生产硬知识而遭遇严重的限制。它在描述教育运作的方式和识别教育变量间松散的关系方面,较从教育原因角度解释教育结果要成功得多。这些限制将教育数据处理(educational number crunching)局限于教育知识光谱"软"的方面,因为硬科学的"硬"最独特地体现在从具体的原因预测其结果的能力之中。但教育研究能提出的仅有的因果性主张被大量限制性条款所限,这些条款表明,这些主张仅在一个特定实验情境的人为限制下,或复杂的特定自然情境中才是有效的。为什么?因为课程对教学或教对学的影响是极其间接的,因为这有赖于师生的合作,他们的个人目标、动力和能力在影响结果方面发挥着巨大而不确定的作用。同时,作为一个探究领域,教育更多是一个公共政策领域,而非一

1　Labaree, 1997a; 1997b.
2　Shulman, 1986.

个理智性学科,其核心导向——改进教育——是不可化约的规范性的,并且它的研究者与其说被共同的技术导向所联合,不如说被他们信奉的不同教育目标所分裂。[1]

因此,尽管研究者们尽了最大努力,他们在他人工作的基础上建造知识之塔也无能为力。在一个特殊的研究群体(由共享的价值和解释路径来界定)中,充其量只能通过短期的理智积累来建造知识的匡西特小屋(Quonset huts)[2];但在那些不认同该知识分子群体的价值观和解释路径的研究者看来,这些小屋在结构上并不健全。

纯知识与应用型知识

生产纯知识的学科首先关心的是理论建构。这个领域的实践者工作在一个远离特殊背景的领域,专注于建立一个较在地方情境中提出的主张更普遍和概括化的主张。这与默顿(Robert K. Merton)对世界主义者(cosmopolitans)和当地人(locals)的区分有着相似之处,这是基于人们认为自己所属的文化群体的范围。[3] 在此意义上,纯知识研究者是理智探究的大都市市民,为了理解隐藏在特写镜头视野下大量细节中的更大模式,刻意与地方情境保持距离。自然科学中的大部分工作属于这个领域,但后者也包括从哲学到社会学、从文学批评到数学的广泛学科中最理论化的工作。

相反,生产应用型知识的学科主要关注来自具体背景的实践问题。这里,目的不是建立普遍模式,而是解决具体问题。按照一种具体方法在特定情境中是否较当时可用的替代方法更有效,以相对温和的方式衡量成功。

---

1 Toulmin, 1972; Donmoyer, 1985.
2 指一种预装构件的活动房屋。——译注
3 Merton, 1968.

专业学院通常有一种应用型知识导向,大量学科也是如此——如地理学、心理学和英语——当它们聚焦于问题解决而不是理论建构时。

当然,纯知识学科并非与实践应用和问题解决完全无关。例如,物理和数学中的理论发现对日常生活具有重大意义,有助于解决如何建造更好的飞机和更安全的桥梁。不是它们的应用潜力,而是它们的视野使其区别于应用领域。因为,不像后者,它们在很大程度上远离背景,这使其可以发展具有更广意义的理论概念。应用学科面对的问题是它们的发现受限于时间、地点和环境的影响。

从这个视角来看,教育知识生产在特征上是具有高度应用性的。如上所示,首先在下述意义上教育不是一门学科,即文化人类学和物理学是按照看世界的独特理论视角(文化和运动)和独特的研究方法论(田野工作和延时观察)而得以界定。相反,教育是一个公共政策领域,它聚焦于一个特定机构的领域。因此,教育研究者面临着压力,必须将自己的理智精力集中于机构范围内出现的最棘手的问题,而不是享受纯知识研究者的理智自由,他们可以遵循嵌入自己理智结构的思想链。对教育研究者而言,局限于教育领域是同在探索这一领域时遵循的规范性要求的必要性相结合。研究令人感兴趣的教育问题是不够的,研究者处于改进教育的压力之下。像教育这样的领域是公共政策的场域,这意味着,它们受到其社会领域的公共目标的塑造,并且部分地对儿童生活和社会健康造成的重大后果负责——无论好坏。[1] 学生们没有学会需要知道的东西,种族和性别扭曲了教育结果,教师准备不足,学校资源分配不公:这些基于背景的和时间敏感性的实践问题决定了在无情的应用性的教育领域研究者采取的方向。

1　Toulmin, 1972; Donmoyer, 1985.

当然,教育不是在这样一个"软"或"应用"的地形工作的唯一领域。社会科学因为试图理解根植于制度性结构中的社会交互提出的复杂问题,通常不得不在一个"软"的和变动的基础上建构知识。像医学、工程学这样的领域在特征上完全是应用性的,研究者被迫去探索来自实践需要而非受理论能力驱动所提出的问题。但像社会学家、心理学家、政治科学家和经济学家这样的社会科学家能够并确实让理论推动他们在"软"的社会生活领域(做"软"但"纯"的工作)的知识建构,这促进了他们工作的理智清晰性和公众尊重度。在医学、工程学这样的专业领域,研究者在解决抛给他们的应用性问题(做"应用"但"硬"的工作)中能运用硬科学中的数量精确性和因果清晰性,这提升了他们研究发现的权威和声望。相反,教育——连同少数其他改变人的专业领域,如社会工作和心理咨询——受到高度软性和高应用性极大的妨碍,因而不能有力地控制其方法和内容,做出的发现既不是很清晰亦不很令人信服。

教育研究者不得不工作于其中的困难处境,有助于解释在经历长期屈从于量化研究后,为何质性研究已发展成为该领域学者广泛应用的方法论。在《教育研究者》(*educational researcher*)杂志上,经过1/4世纪的争论后,共识似乎是,两种方法论都是有用且有效的路径,[1]都在同样后实证主义的范式内运作,均遵循相同的基本标准。[2] 如其支持者所表明的那样,质性研究很好地适合于理解教育的社会复杂性、变量丰富性和情境特定性。[3] 量化研究给人的感觉更难,这有助于它得出更清晰、更明确、更有利于因果推论的结果。但在努力呈现教育中实际发生了什么,量化研究者对清晰性的追

---

1 Gage, 1989; National Research Council, 2002.
2 Howe & Eisenhart, 1990.
3 Erickson, 1986.

求是以牺牲精确性为代价的。为了利用量化方法分析的优点,研究者常需简化关于教育过程的假定,将教育行动、行动者和文化遗产(artifacts)纳入可计算的范畴,折叠(collapse)和消除变量,忽略多样性交互影响,进行超越时间、地点和人的差异的归纳。这能得出一个优雅的模型,得到一个清晰统计决断规则支持的结果,但是模型和结果看起来如此抽象地远离了乱糟糟的学校现实,以至于招致了对其有效性和有用性的质疑。

因此,量化研究者在教育领域中最终并不比他们的质性研究者同事更有能力建构学术大厦,因为两者不得不在同样沼泽地般的认识论地形中工作。差别是,质性研究者追求囊括教育的所有复杂性和特殊性,试图整合和精选那些量化研究者需要撇开和简化的要素。如佩什金(Alan Peshkin)所阐明的那样,教育的质性研究能产出多少有别于量化研究做出的、但同样有用的发现。[1] 它可以描述(界定在他们所有情境复杂性中的过程、关系、情境、系统和人);解释(说明、发展和精确化概念;提供洞见,澄清复杂性,发展理论)、证实(评估假设、理论和概括的效用);评价(检视政策、实践和创新的效果)。

但核心要点是:无论研究者运用量化还是质性方法,在教育中做出值得依赖的研究都特别难。教育研究这些如此令人气馁的特征被视为"情境的力量"、"交互的普遍性"和"我们发现的短暂的半衰期",贝利纳(David C. Berliner)称之为"所有科学中最困难的科学"。[2] "教育研究被认为太软,太模糊,太不可靠,太不精确以至于不足以作为实践的基础……但是,真正重要的区别不在于硬/软科学之间。毋宁说,是困难的科学与容易的科学之间的区别。容易做的科学是那些在物理学、化学、地理学和一些其他领域中从事的科学。难做的科学是社会科学家做的工作,特别是我们教育研究者

1　Peshkin, 1993.
2　Berliner, 2002.

做的工作。据我的估计,我们有最难搞的科学!"[1]

交换价值与使用价值

除硬/软和纯/应用的区分外,比彻未提及的另一个区分是基于不同领域的知识生产对一个特定的系或项目提供给学生的教育价值的影响方式来划分大学研究者。一方面,一种大学教育可以提供给学生交换价值,通过给他们一张文凭,它可以用来交换某种对学生有内在价值的东西,如一份好工作,一种良好的生活标准。从这个角度看,他们追求的课程内容以及在大学的实际学习不如大学的(或它的项目)声望和雇主及社区其他人对其价值的感知那么重要。另一方面,一种大学教育可以向学生提供使用价值,通过给他们一套技能和知识的积累,这将对他们在以后生活中扮演的各种角色有用。从这个角度看,获得的学习内容是教育过程中最重要的要素,在相当程度上独立于大学的(或项目的)声望。考虑一下这在高中情境中如何发生:在那里,高轨课程(the upper curriculum tracks)提供抽象的学术知识,它可以用于大学入学并最终获得一份高薪工作(低使用价值,高交换价值);而低轨课程(lower tracks)则提供可以换取一个低水平工作(高使用价值,低交换价值)的职业知识。[2]

教育研究者产出的知识和教育学院提供的教育的一个独特特征是它们有低交换价值和高使用价值。如我们所见,教育带有各种污名烙印,这损害了它提供高交换价值证书的能力——例如,与女性、低阶层、公共雇佣和一个"半专业"(semiprofession)的联系,连同它脆弱的学术标准和卑微的出

---

[1] Berliner, 2002, p.18.
[2] 有关交换价值与使用价值之间这种区别的影响,请参阅 Collins (1979) 和 Berg (1971)。我在 (Labaree, 1997a & 1997b)中详细阐述了这一点。

身。此外，对教育学院的研究和教学项目的普遍看法是它们很脆弱，这进一步削弱了其交换价值。这部分是因为学术知识追求中的等级体系决定了硬知识生产高于软知识，纯知识生产高于应用型知识。教育稳定地处于两种等级秩序的底端。

当然，一个领域中知识的高使用价值并不必然威胁到它的声望。医学是一个应用领域，它的知识为其毕业生提供高使用价值，但同时它在大学中占据极高的地位。类似地，当它们的努力带来有用的社会应用（如计算机和基因检测）时，许多像数学或生物化学这样具有高社会地位的硬/纯领域的就会获得地位的提升。关键似乎是，高交换价值和硬知识共同使一个领域对潜在降低身份的感知"只是有用的"产生免疫。医学院与美国职业地位等级中报酬最高、最具声望的专业具有密不可分的联系，它们所生产硬知识的可证实的有效性巩固了这种提升的地位。因此，它们提供的交换价值是不容置疑的。但教育学院与更低报酬和更普通的专业相联（在专业等级中，更近于护士而不是医生），并且它们的软知识基地在出产可预测和理想的教育结果方面的明显弱点只是强化了这种从属性地位。教育学院受到双重诅咒，因弱交换价值而受到诅咒，它们只能根据其生产知识的使用价值为自己辩护，尽管这种知识并不十分有用。

组织影响

比彻认为，知识类型为一门学科或学科的一个领域提供了核心理智焦点，它提供了自身独特的组织形式。[1] 硬/纯知识生产要求一种理智实践的

---

1   Becher, 1989.

社会组织,他称之为*都市型*(urban)和*趋同性*(convergent)。对一个特定理智背景中的实践目的来说,硬知识的性质是它被视为可累积的。这意味着,在一个学科发展的特定阶段,每个人都关注于解决同样的理智问题。理智结构被提升到一个特定的水平,所有的思想工作者都在这个层面聚集。结果是,工作呈现为一种明显的都市感觉。同时,这种理智趋同形成了一个相当层次化的社会结构。新手需要相当长时间才能掌握这个领域的全部知识,从最低层一直到确定知识结束和真正的理智探索开始的地方。这意味着,资深人员占据一个高权威地位,因为只有他们能在理解的前沿引领工作。它也意味着,这个领域需要发展自己内部简略的沟通方式,这种方式必然假定读者或听者已了解所有已解决的问题。因此,作者和讲者在这个领域能集中于位于知识结构顶端的有趣材料,而无须关心非专家是否跟得上。

相反,软/应用知识生产要求一种比彻称之为*田园型*(rural)和*趋异性*(divergent)的理智实践的社会组织。研究者不能在他人打下的基础上建立知识之塔,因为这些基础经常被重构,结果,研究工作零星地散布在一片广阔的领域内,因为个人和群体持续致力于重思这个领域中最基本的问题,也因为他们每个人追求自己的解释路径。由此产生的地形布局在一系列乡村住宅和小村庄中,而不是在像物理学那样的领域中研究者建造的都市大厦中。在这种情境下,新手发现自己很快就入门了,因为这个领域非常开放,任何问题都可以重新考虑。资深人士对理智生产的工作控制更少,因为他们自己的工作很容易受到挑战。并且这个领域本身就不够强大,因为它的边界是可渗透性的,其知识体系没有神秘性可言,它的话语分散于各种不同的研究群体。

教育学院知识生产的组织因其完全田园型和趋异性,符合其他软/应用领域的形态。这个领域的理智工作遍及整个地形。研究者感到可以自由地从各个方向上出发,不需要特别在意此刻这个领域发展到什么状态,或资深学者想要为这个领域设定什么方向。他们经常重新审视旧问题,并重构已有理论。哪些集群得到发展——如在一个地方围绕教师准备,另一个地方是学科内容标准——取决于源自教育机构内部或社会对这个机构状态的关心而不是研究自身内在逻辑的实践需要。在任何特定时间,这些需要和关心是如此之多且可能随条件的变化而如此多变,以至于它们只能提供暂时和有限的激励措施以硬/纯领域所具有的典型都市方式集中资源。

罗德斯(Gary Rhoades)提供了一种对美国教育学院组织独特性的富有洞察力的和影响力的分析,从之前关于这些机构生产的那类知识的讨论角度来看,它特别有意义。[1] 他提出的一个有关教育学院的主张是:"在一个变动的环境中,教育学院比文理学院(colleges of letters and science)具有更大的技术模糊性,对组织良好、有力的支持者有更多依赖。因此,与文理学院相比,教育学院之间具有更多样性的组织结构,在学院内部和学院之间更不稳定。"[2] 另一个主张是:"教育学院的教员较文理学院的教员更可能期望和接受管理控制,也更可能分裂,因而更少可能主张教员的影响力,并团结起来捍卫和推进教员的集体利益。因而,教育学院的院长较文理学院的院长们更具潜在影响力。"[3]

罗德斯的这个论点可以很自然地从我发展的关于知识在塑造教育领域知识生产组织中的作用这一论点推论而来。作为一个软/应用的领域,教育的特征是高"技术模糊性"(一个分散的理智焦点),以及对"不断变化的环境"的高"资源依赖性"(resource dependency)(也就是,需要回应源于学校

---

[1] Rhoades, 1990.
[2] Rhoades, 1990, p.197.
[3] Rhoades, 1990, p.203.

和社会而不是研究自身的理论逻辑的实践问题)。这意味着,教育学院的教员没有什么可以依靠的天然理智群体来获得政治力量,至少不是以像心理学家或天文学家那样能利用他们全国的和国际性学科群体寻求帮助的方式。教育学院教员的理智劳动服务于来自环境弥散的需要,而不是服务于他们自己在教育研究领域内的同行。结果是,他们在学院内部或学院之间(教育学院没有一个标准的院系结构)不属于理智上独特的社会群体,因而他们很少有社会资源来主张教员权力或抵制院长的管理权威。

对教育学院的消极影响

对教育学院中知识生产的性质和社会组织的分析对这些机构的运作方式和看待它的方式具有重要意义。我们首先考虑对教育学院的一些负面影响,再考虑一些积极影响。

大学中的低下地位

毫无疑问,教育学院处于美国大学学术等级体系的底层。这种低下地位的一个重要源头是教育领域教员生产的知识的性质,特别是它极其"软"的和具有应用性的特征。学术地位秩序的塔尖是留给理智探索中最"硬"和最"纯"的学科的。不难理解为何会如此:硬知识学科能获得普遍尊重,因为它们对有效性的主张是如此难以反驳,而较"软"的学科因必须限定、暂时化和具体化其主张而受到影响。前者似乎立足于一个坚实的经验平台上,用清晰洪亮的声音讲话,后者则深陷入不确定性的沼泽中,悄语低言。它们中谁会获得更大的注意和更多的尊重,没有什么疑问。同样,纯知识领域通过处理广泛的理论视野中的问题获得一种对应用领域决定性的地位优势,后者的处理视野严重地受限于时间和空间。

此外,教育知识的交换价值很低。毕竟,交换价值是美国大学所处的以市场为基础的环境中现实的硬通货。相较于世界其他地区的大学,美国大学对市场特别敏感。[1] 严重依赖学费,迫于在高等教育服务买方市场中争抢客户,美国大学不得不向教育消费者提供他们追求的东西——可以用于交换好工作和有吸引力的社会地位的证书。[2] 在这种环境中,交换价值重于使用价值。交换价值的根基是雇主和公众对该机构及其提供项目的声誉的普遍感知。这使教育学院一如既往地处于劣势。教育学院提供的是"软"的使用价值——低有效性的实用知识——这不是一种能有效与大学更有声望的地方颁发的证书进行有效竞争的商品,后者提供"硬"和"纯"的交换价值。

教育和教育决策中脆弱的权威

从上述分析中可以得出,教育学院中知识生产的性质也使这些机构的权威相对脆弱,甚至在它们自己的学校世界和教育政策中也是如此。如柯亨、加雷特(Michael S. Garet)和林德布卢姆(Charles E. Lindblom)已指出的那样,社会科学研究对社会政策的影响至多是间接的,因为它在表征复杂的社会政策后果方面存在困难。[3] 研究者越是广泛地围绕一系列复杂的变量展开研究,其结论便越缺乏有效性和可靠性;但是他们的研究方法论越狭隘、越严谨,就越可能忽略重要变量,决策者就越难以理解他们的研究结果。教育研究者至少和其他社会科学家一样受到这种症状的困扰。这些问题对这个领域的经验主义者特别尖锐,这些人试图通过教育研究创造硬知识。

1　Trow, 1988.
2　Brown, 1995.
3　Cohen & Garet, 1975; Lindblom & Cohen, 1979.

那些声称最有效和最可靠的教育研究发现——如那些通过严格控制其他变量，专注于一个特殊实验处理的发现——也更可能是最琐碎的，因为真正的教育发生在极其复杂的情境，其中的变量密不可分地混合在一起。

然而，教育研究者有一个额外的负担，这源于他们低下的学术地位、脆弱的平台和微弱的声音。教育研究者的知识基础使其处于教育者和教育决策者对他们信任度很低的位置，而他们的发现本应对这些人有最大的用处。作为教育知识的低下地位的供给者，因为这些知识是"软"的、高情境依赖的，并且在很大程度上不可普遍化，所以他们不能以那种可能要求尊重和塑造教育政策的语气讲话。总之，他们很容易被忽视。这个机构的教育专家的信誉受到这样的质疑，这使教育改革和教育政策领域受到广泛的其他各方的影响，这些其他人的声音至少被赋予了和专家同样重要的地位。

将教育学转变为一门硬科学的压力

所有这些的一个自然后果是，教育研究者致力于将他们的知识产出的性质从软的转变为硬的，从应用的变为纯的。这是美国教育研究协会过去四十年的使命。我们所要做的是检视该组织关于教育的科学研究日益增多的产出——正如其在每年年度会议上提交论文的爆炸性增长以及其会员中出现的有关教学和教师教育的科学研究的汇编所表明的那样。[1]

随着1986年第一份霍姆斯小组报告(《明日之教师》)的出版，使教育研究更"硬"和更"纯"的这个运动来到紧要关头。在这份报告中，美国一流的研究型教育学院院长们宣称，在过去几十年中，他们机构的研究努力已产生

---

[1] 例如，参见：American Educational Research Association (2002), Gage (1963), Travers (1973), Wittrock (1986), Houston (1990), Sikula (1996), Richardson (2001)。

了一门真正的教学科学(a true science of teaching)——具有坚如磐石的有效性和广阔的理论视野——它现在能为教学专业化提供知识基础。在最近的一篇文章中,《教育研究者》前 AERA 主席盖奇(N. L. Gage)重述了这个信念:"在过去 20 年……元分析得出了有关行为科学中许多概括得令人印象深刻的规模、一致性和有效性的知识,以及用于量化和分析研究结果的普遍性的富有前途的方法。这些论点、发现和方法使……继续建构行为科学的努力合法化。"[1]

努力使教育知识更加量化更具普遍性,是有价值的。因为它促使研究者不再满足于最软和最模棱两可的发现。如果研究者在这个领域回答每个重要问题都说"看情况而定",这没有什么帮助,因而努力建立和支持更硬的主张是一个有价值的目标,但到目前为止,我们才刚开始真正地朝这一方向前进,而这远远达不到盖奇称为一门教育行为科学的条件。为了为关于教育的硬主张创造坚实基础,你可以努力排空使这个机构成为它现在这个样子的人类行为和政治目的的沼泽,但结果却得到一门某种事物的科学而不是教育的科学,正如教师、学生们体验到的那样。如我在其他地方指出的那样,这种努力也许对研究者的地位(对这些人来说,硬科学是一个圣杯(the holy grail))而不是学校中的学习质量有更积极的影响,并且它可能会导致我们按照自己的超理性化和无实体的(hyper-rationalized and disembodied)建构形象,而不是我们对好学校的愿景来重塑教育。[2]

推动教育转变为像硬科学那样东西的努力的另一个标志是,近些年来,

1　Gage, 1996, p.5.
2　第六章(Labaree, 1997a)。在没有承认这一点的情况下,霍姆斯小组在其第二份报告(Holmes Group, 1990)中开始放弃早期对教育研究的自然科学模型的接受,并在第三份报告(Holmes Group, 1995)中完全抛弃了它。参见对这三份报告的论点和修辞的急剧变化的讨论,请参阅 Labaree (1995)。

联邦政府资助的大型教育研究中心的建立。这些中心模仿硬知识领域中都市风格的知识生产组织，这在像教育这样传统上田园型的研究实践中表现得特别明显。但这些中心更多的是源于政府希望提高其研究资助和监督效率（和大学对大量注入软资金的渴望），而非源自教育知识突然开始积累为一种不断上升的认识论结构的任何发现。如果有任何益处的话，那就是这些中心是一种努力，旨在弥补各个研究之间教育知识积累的不足——通过组织大的、松散的整合性研究项目作为这种积累的代理。来自一个研究中心的产出形成了系统建设的印象，但仔细分析，这个结构很快便分解为一系列在该中心保护伞下多样化的完全不同的研究。以此方式，一个教育研究中心并不比一个第三世界城市郊区的棚户区更具都市性。每个都是村庄的汇集而不是一个真正的都市社区。

将教育学院转变为纯粹研究机构的压力

教育知识的独特性通过向教育学院施加压力将其关注点从教师准备转向一个更有声望的使命，对它们造成了另一种相关的负面影响。竭力模仿大学校园中那些学术地位最高的学科性部门，教育学院——尤其是在顶尖大学——经常追求将自身转变为教育学习的研究生院（graduate schools of educational studies）。[1]

克利福德（Geraldine Clifford）和格思里（James Guthrie）在其《教育学院》（*Ed School*）中细致入微地讲述了这种被误导的努力故事。[2] 这个观念是为了摆脱对教学和为学校生产有用知识的过分认同，转而专注于发展一套较教育学院的规范更纯粹的研究体系，聚焦于一般理论探索而不是回应

1　Judge, 1982.
2　Clifford & Guthrie, 1988.

具体的教育实践问题。此外,这种新研究导向将产出更高的交换价值,因为其与学术界更有声望领域的去语境化和理论驱动(而非环境驱动)的探索密切相关。然而,如克利福德和格思里所指出的那样,这些努力并未成功。首先,大学的其他部分并未给予教育研究生院的教员想要的更高学术地位。其次,这些努力已使研究者远离了真实的教育知识生产,没有改变这个领域本身软的、应用的、政治的、行为的和环境驱动的特征。

这个领域永远不会有任何进展的感觉

知识形式为那些生产它的人提出的最后一个问题是,它经常使他们感到好像他们永远努力向前但永远达不到目标。如果西西弗斯(Sisyphus)是一名学者,那么他的领域将是教育。在长期的和杰出的职业生涯结束时,资深教育研究者可能会发现他们仍然在努力解决从一开始就碰到的问题。并且他们训练的新一代研究者也将继续面对这些问题,重构他们的导师曾在整个职业生涯中辛勤工作的领域的基础。

这不仅提出了教育研究者的专业成就和自尊的意义问题,而且也使整个领域向那些局外人的嘲笑和插足敞开大门。如果这些人不能在自己的专业领域中获得成功,那么他们必定不是很优秀。因此,他们应当靠边站,让更有才华的局外人进来,放手一搏。这些局外人会比所谓的专业人士做得更糟吗?(回想一下本书开场白讲述的那位密歇根商人,他跳进来,提出了解决底特律学校问题的对策)既然教育研究者无法确定并证明他们在取得进步,那么他们就使这个领域向那些业余教育家们(amateur educationists)敞开大门,后者没理由对教育话语做出他们自己的贡献保持沉默。

对教育学院的积极影响

我已指出教育知识的独特性对教育学院造成的一系列负面影响,现在转向它们带来的积极影响。

追求生产有用的知识并非坏事

教育学院与使用价值密切关联而远离交换价值有助于发挥其在社会上和政治上的长期优势。毕竟,大学基于外表和声望而不是内容和真正学习来出售文凭的实践很容易受到公众的挑战。这种实践具有信心游戏的所有特征,因为它建立在一套非常不稳定的相互联系的信念之上。这个链条是这样的:对消费者来说,有意义的是投资于一所受人尊重的大学的文凭,因为那里产出的有声望的研究培养能干的毕业生,他们理应优先获得更好的工作机会。然而,这个推理链条的每一部分都更依赖信念而不是事实,并且如果整个体系要证明自己,那么它可能就会崩溃。毕竟,文凭的价值更多与机构的声望相关,而不是学生在那儿学习到的知识。此外,在美国各级政府中,不断上升的财务压力将高等教育越来越多地置于这样的地位,即从可以证实的结果而不是传统或信念的角度使大量公共投资合法化。一个相关问题加剧了这一问题,即为教育系统提供公共补贴的总体社会效率低下,这个系统更多地基于个体社会流动(帮助我得到想要的工作)而不是实质的公共利益(为我们提供需要的能力)。[1]

在这种情况下,教育和有用知识的强烈联系可以是一份有价值的资产。

1　Labaree, 1997 b.

在大多数情况下，教育研究源于应对一个非常重要的机构领域内当前的明显问题。在以结果衡量和讲求成本效益的公共投入的新兴时代，这种时效性、敏感性以及潜在的有用性比大学的许多更具声望但相关性较低的研究工作更容易证明其合理性。当然，对应用知识的这种追求存在若干限制。一个是之前讨论过的，教育研究的发现太"软"，以至于这种应用知识的用处有限。不像那些舒适地得到高交换价值保护的领域，教育研究渴望帮助改进教育实践，但它的工具箱中没有可以在医生的黑袋子里找到的有效疗法。另一个是大部分教育研究都具有无情的——甚至骄傲的——非理论化特质。理论的意义（像经验的有效性一样）是教育研究应当追求的东西，尽管进行这项工作有大量的困难。缺少理论抱负，教育研究常常看起来相当贫乏和无趣。但这种失败更多源于理智上的懒惰而不是教育知识的特征。教育研究者生产的那种实践知识可能在理论上富有煽动性，即使它在理论视野上受到某种限制，在这个背景下，其潜在的社会有用性对生产者而言在政治上是有利的，在职业上是令人满意的，这是应用性较少领域的研究者所无法获得的。

不受消费者压力的影响

教育学院所生产的那种知识对教育的一个相关益处是，它相对而言不受已塑造大学其他部分的消费者压力的影响。一般来说，美国大学被迫迎合消费者对服务于追求社会地位的个人抱负的项目和文凭的需求。但是，教育学院与教师的职业准备和满足实际的教育需要的研究产出的密切联系，意味着这些学院是围绕着实现社会目的而非个人目的建立起来的。它们主要关心社会效率而不是个人流动。这必定会限制研究和项目，因为两者都必须回应最迫切的和当前的社会关切。因此，教育研究者不享有此种奢侈,即理论可能引导他们在任何方向上追求纯粹探索,或者在个人偏好可能推动他们的任何方向上进行独特探索。但同时,他们从介入一个市场支配教学的过程中解放出来,这个过程要求他们为善变的教育消费者提供任何想要的课程和项目。他们很满意地认识到,自己正致力于解决对教育中的个体行动者(像教师和学生)和更大的社会来说都很重要的问题。

不受学科边界限制的自由

教育研究者生产的知识的性质给他们增添的另一个优势是,他们可以自由地从他们认为合适的任何学科视角或方法论路径来处理教育问题。正如之前的例子一样,这些涉及到若干权衡取舍。一个是他们放弃机构关注的自由——既然教育研究者被迫聚焦于教育——换取在选择探索这个主题方式上的大量自由。其他学科的研究者经常要接受一种学科正确性的检验,这种检验可能相当有局限性。"这真的是政治科学(或历史、哲学、生物学)吗?"他们被问道。如果不是,那么从绩效薪酬、职位晋升、专业认可方面衡量,它在内部地位等级秩序中就无足轻重。但教育研究者可以随心所欲地选择融合学科视角或方法论传统的方式。在教育研究中存在一种富有吸引力的实用主义,它更喜欢奖励有效的方法而不是在一个特定的理论亚文化中的典范方法。这里的缺点是,在教育研究者切断与不必要的学科束缚的联系同时,他们也经常失去在一个明确界定的学科研究传统中工作所带来的一些方法论的严谨性,结果是不得不容忍糟糕的研究设计和粗率的思考。然而,在教育知识的性质中,没有什么可以阻止教育研究者创造他们自己的严谨标准并以这些标准来维护自身的地位。

免受等级束缚的自由

教育研究完全的田园性和趋异性特征形成了一种相对平等主义的研究工作的社会组织。资深研究者没有处于一种控制研究过程的强势地位,因为他们的权威依赖于非常不稳固的基础。教育知识的非累积性特征使进入这个领域变得容易,并使新手能做出可以说同那些老手一样有价值的贡献。允许政策制定者忽视它、其他学者嘲笑它的同样特征——也就是它的结构性发展不足及其易受挑战的弱点——使其成为这样的领域:它是高度开放的,在声音的多样性方面充满无穷魅力。没有什么比不确定性更能创造机会。教育研究的田园景观为那些理智的自耕农创造了无限的可能性以主张权利并开始发展他们自己的一小块领地。当然,联邦资助的大型教育研究中心代表了与之相反的重要逆趋势(countertrend),因为它们类似于处在广大乡村地区的都市飞地,不可避免地建立起内部的等级秩序。但与硬知识领域的大型项目相比,这些教育研究中心的不同之处在于,它们最好被理解为松散相关的独立研究计划之间的协作,它们为了获得资金而被拉到一块儿,但没有被整合入一个强有力的社会的或认识的体系。

生产软知识正当其时

在过去十年或二十年间,已有一系列对实证主义和量化研究有效性的强有力的和高效的攻击。[1] 这一过程影响了广泛的领域,从科学哲学开始并最终进入教育领域。所有这些完全为美国教育研究协会的会员熟知,在过去二十年中,他们已在《教育研究者》杂志(*Educational Researcher*)中目睹

---

1 例如,参阅:Howe (1985)。

了这场争论的详细过程。作为这种认识论努力的结果,共识已转向一种立场,即主张硬知识的根本软性和硬科学提出的有效性主张的核心存在根本不确定性。这意味着,像教育这样的软知识领域现在可以松口气了,因为"软"现在是一种普遍状况,不再只是教育研究者的苦恼。

不幸的是,新近对教育知识软性的宽松哲学立场——连同它从学科限制中解放出来和它对新手的开放性——可能(确实经常)会导致教育研究者对方法论严谨性相当漫不经心的态度。作为确证,我们需要做的是浏览一下该领域的学位论文或教育会议论文的断面。对许多教育研究者来说,这些年来对硬科学有效性的成功攻击显然已导向一个立场,即软性不是一个需要处理的问题,而是一个需要庆贺的优点。结果常常是质性方法与其说是一组可选择的方法论,不如说是作为一张无须考虑证据规则或有效形式的许可证。

我提出关于软知识(与先前关于应用知识和非学科研究的危险的观点类似)的危险这一观点,作为对教育研究者的一个警告,反对他们过于热情地拥抱其生产的这类知识强加于他们的必要性。因为在围绕教育知识生产的问题阴影中寻找一线希望时,我们也不应忽视阴影本身的重要性。教育知识的特征给研究者带来优势和劣势。这些要素不能相互抵消,而在联合中定义了一个充满工作可能性和持久困境的宇宙,教育研究者必须在其中开拓自己的道路。

一种面向普通大众讲话的能力

在更"硬"和更"纯"学科中的人看来,教育研究者在用一种可笑的业余的声音讲话。在一个没有真正高级研究领域的深奥语言和口头速记的话语中,他们显然缺乏专业水准。在像数学或生物化学这样的领域中,一篇真正有趣的论文——就是说，处于理论发展的前沿——对这个领域的新手来说应当是完全不可理解的，更不用说外行了。相较之下，教育话语在语言上是透明的，在意义上是广泛可以理解的。所有关于"教育工作者"（"educatorese"）的抱怨只能证明这一点，因为它们往往来自那些完全不属于教育研究共同体的人。他们并不说自己不能理解研究者们在说什么，只是说，他们自己可以说得更好。但这些批评者中没有人会想要尝试阅读数学或生物化学中的前沿研究，或抱怨数学或物理化学家的话，因为这些领域被认为是深奥的，超出了外行人的理解。然而，教育在很大程度上可以为外行理解，并因而容易遭到非专业人士不着边际的批评。

这种情况将教育研究者置于成为公共知识分子的地位；对那些领域内的知识发展难以为普通公众理解的学者而言，这种地位是不可能的。对局外人来说，研究教育很容易——贡献、批评和乱插嘴。但，与此同时，这使教育的局内人很容易直接接触公众，并向他们阐明教育面临的问题以及如何解决这些问题的方法。在此意义上，教育研究者可能没有硬/纯科学的那种权威，但他们拥有现成的修辞手段接触公众，这是更具权威的领域所缺乏的。因此，教育研究者发展的次要知识形式事实上可能为其提供了一个政治的和社会的机会，这种机会在很大程度上是向大学那些更具声望的领域关闭的。

第五章 培养教育研究者的特有问题

教育学院不仅有责任培养教师和从事教育研究,它们也需要培养未来的研究者。[1] 像它们需要扮演的其他两个角色一样,培养研究者也受到特殊问题的困扰。在本章,我将探讨这些困难,特别关注教育学院的博士项目工作,其目的旨在将有经验的教育实践者转变为熟练的教育学者。

框定问题:机构情境和知识空间

教育学院特有的两个问题框定了对其在培养教育研究者方面面临的问题的讨论。在前面章节,两者已得到审视。一个是教育学院的低下地位,另一个是它追求的知识类型提出的特殊问题。让我们依次进行讨论。

---

[1] 本章的早期版本曾于 2000 年 11 月在密歇根州立大学教育学院的一次教员研讨会上宣读。后来的版本于 2002 年 6 月在纽约社会科学研究理事会(Social Science Research Council)与全国教育学会(National Academy of Education)教育研究联合委员会会议上发表。我从两次收到的评论和建议中获益匪浅。其他版本在 2003 年 4 月美国教育研究协会年会和 2003 年 11 月国家研究理事会(National Research Council)的教育研究委员会(the Committee on Research in Education)的工作坊宣读。我很感谢我在密歇根州立大学的博士生,他们比我能在本书写作或在自己的教学实践中教会我更多关于培养教育研究人员的知识。我也很感谢我从《教育研究者》杂志的匿名评审专家那里收到的富有建设性的批判性意见。一个版本曾发表在《教育研究者》上(Labaree, 2003);经许可转载。

在一个低下地位机构中的训练

聚焦教育的大部分研究者是在教育学院接受训练。鉴于此，在这个名声被败坏的机构中，培养教育研究者会受到什么影响呢？首先，在教育学院像在其他次要专业学院一样，教员的声望主要来自他们作为具有专门学术技能的大学教授的地位，而不是作为教师的专业成员的地位。[1] 结果就是在教学专业和教育学院教员之间往往存在相当大的文化鸿沟，这意味着，为了成为教育研究者，那些进入教育领域博士项目的教师经常感到被要求抛弃教师文化来支持一种新的学术文化。这种不协调的不连续性可能损害教育学院将其学生顺利引入教育学者社群的能力。其次，教育学院的低下地位进一步削弱了教员使博士生成为未来教师教育者和教育研究者的地位。法学院和医学院的教授们通常被认为较教育学院的教授更有学问和更受人尊重，这意味着，后者在树立他们对学生的权威并鼓励学生效仿方面面临更大困难。

追求一种独特的知识形式

正如前章所见，教育研究者工作的知识领域特别困难，因为它非常软，应用性很强。那么，对教育学院而言，不得不培养工作于这种软/应用的知识领域的教育研究者有什么影响呢？一个重要的结果是，为了在这个领域进行有效学习，教育研究者需要发展一种高度复杂和灵活的方法论。擅长一种特定的研究方式，满足于在一系列研究中运用这种方法的职业生涯，是不够的。在需要绘制地图的复杂地带，如果研究者想要以多种形式观察这

---

[1] Glazer, 1974.

一主题，就需要带着同样复杂的各种研究方法应用到这个任务中。只有当从多种视角来理解教育时，它才开始变得可以理解。这意味着，教育研究者需要对其探究性质的基本问题有广泛的理解，而不是将这种技能交给科学哲学中的人。[1] 它也意味着，培养教育研究者的项目需要向学生提供接触多样研究范式的机会和能力，除非它想将他们置于这个多维度领域话语的狭隘角落。

最近一期《教育研究者》杂志专刊报道了几所大学提供这种训练的努力，[2] 而《教师教育杂志》（Journal of Teacher Education）则以特刊的形式专门回顾了教师教育中的文献，后来就变成了关于需要多样化研究视角的类似讨论。[3] 这并不必然要求，每个研究者同样精通多种研究方法。然而，他们应当意识到自己方法的局限性和替代性方法的价值，应当能够同运用与他们的方法相当不同的研究者共同工作。2002年，国家研究理事会（National Rese-arch Council）的一个委员会出版了一份名为《教育的科学研究》（Scientific Research in Education）的报告，它认为，由于教育领域中"存在许多合法的研究框架和方法"，因此"可能会得出相互矛盾的结论，从而加剧了有关教育研究的特定主题和价值的争论。教育的多样性领域面临的挑战是整合跨领域和方法的理论和经验发现。因此，来自广泛学科的研究者一起工作特别有价值。"[4] 这份报告继续指出，这种情境向旨在培养有效的教育研究者的项目提出了严峻挑战：

---

[1] Paul & Marfo, 2001.
[2] Young, 2001; Metz, 2001; Page, 2001; Pallas, 2001.
[3] Wilson, Floden, & Ferrini-Mundy, 2002; Florio-Ruane, 2002; Fenstermacher, 2002; Popkewitz, 2002; Popkewitz, 2002.
[4] National Research Council, 2002, p.92.

最后,框架的这种激增连同有助于理解教育的众多领域的广泛性使教育研究者的专业训练的发展特别令人困扰。主题领域的广度和深度以及在认识论和方法论方面的多样性框架几乎不可能充分包含在单一的学位项目中。概念化如何构建教育研究者专业发展的连续性同样充满挑战,特别是因为关于教育领域的学者需要什么知识、需要能够做到什么,很少存在共识。这些悬而未决的问题导致教育研究者的培养质量参差不齐。[1]

总之,在培养研究者方面,教育学院面对一个多维度的困境。首先,它们在高等教育中的低下地位使其处于一种相对弱势的位置,无法为研究准备项目的学生提供所需要的专业知识,并引导他们进入教育研究共同体。其次,教育研究者需要生产的知识的"软"和应用性的性质,连同教育研究工作的分散的和田园型组织,使得设计能充分培养在教育领域有效和可信地工作的毕业生的项目特别困难。第三,这个领域的认识论的和社会的复杂性,使得教育研究者必须牢牢掌握探究的基础,对探索的多样方法有扎实的理解和欣赏,并愿意和有能力与不同类型的研究者工作以综合这个领域的理论和发现——所有这些对研究准备项目施加了更大的压力。因此,发现这些项目往往不能培养出我们要求其培养的研究者,我们也不应感到奇怪。

争论的焦点与根源

下面,我将探讨美国教育学院在努力培养教师成为教育研究者方面所

1　National Research Council, 2002, pp. 92-93.

面临的特殊的机构的和认识论的状况的一些关键影响。为何要关注人和地方的这种特定组合呢？教育学院不是唯一的机构，其中一些人可以接受教育研究方面的训练，教师也不是未来研究者的唯一来源，但在教育学院接受训练的前教师主导了教育研究的世界，因此不可否认，理解源自他们训练过程的问题是重要的。特别地，我聚焦于，当两个独特的专业实践领域的代表（K-12教师和大学研究者）在研究导向的教育博士项目中发生冲突时，经常发生的文化冲突。这个冲突部分是作为一个如何调适教师和研究者之间潜在冲突的世界观以使双方满意的问题，部分也是作为一个在不抛弃教师的价值观和技能的情况下如何就教师成为有效研究者所需的那种教育经验达成共识的问题。

　　本章的论点来自两个相互关联的来源。一是对博士项目在教育学院发挥作用的结构性情境的分析。也就是继续前文的分析，基于学校和大学的机构差异以及教师和研究者之间的工作角色差异，我考察了影响这些博士项目运作方式的各种条件和限制。另一个主要来源是我在一所培养研究者的教育学院的经验。我在密歇根州立大学教育学院深入参与了课程、教学和教育政策的博士项目18年。

从教师向研究者的过渡：什么使它变得容易

　　在许多重要方面，教师向教育研究者的转变是自然的和容易的。作为未来的研究者，教师为这个新角色带来不少理想特质，包括成熟度、专业经验、奉献精神、良好的学术技能。

成熟度

区别教育领域的博士生和他们在学科性院系的同学的一个显著特征是他们是成年人。在艺术和科学院系,学生通常是在完成硕士学位后马上进入博士学习,但在教育领域他们通常只有在作为中小学教师至少服务几年后才到达这个阶段。在全国范围内,全部教育研究生(硕士和博士水平)中有49%超过35岁,而其他领域只有29%。[1] 在教育领域获得博士学位中位数年龄是44岁——商科是36岁,人文学科是35岁,社会科学是34岁,生命科学是32岁。[2]

教育领域博士生已经独立生活了。他们至少花了一些时间,通常是很多时间,来做事情,而不是成为一名好学生。他们通常以教师为职业,并在此过程中已积累了成人生活的经验和责任。他们交税,通常有退休金计划、车贷、房贷。他们通常已婚并有孩子,或在研究生院时开始结婚生子。所有这些情况为其博士学习经历[涂上了一种独特的色彩]。不像他们在文理学院的同学因为惯性或回避自然而然地进入研究生学习,教育领域的博士生选择进入博士学习作为教师职业发展的早期或中期的自觉一步。作为成年人,他们常常与教授的年龄相仿,而不愿仅仅因为是学生被作为孩子来对待。一个结果就是,他们更可能对其博士项目负责,并使之服务于自身的目的,而不是等待项目塑造他们。

专业经验

作为经验丰富的教师和学校管理者,这些学生将丰富的专业知识带入

---

[1] NCES,1998,计算来自表213。
[2] NCES,1998,表299。

到教育博士的学习中。不像他们在大学校园中学科性院系的同学，他们不仅仅是抽象地理解即将在博士项目中的学习主题。他们在项目中的工作建立在对中小学教育的细致深入和广泛参与的基础上，这赋予他们对这一主题有一种比攻读本科专业所能获得的要丰富得多的理解，而后者是攻读学科性博士学位的常见准备。

教师对教育作为一种机构的广度、深度和复杂性有种敏锐的鉴赏力，这是不能通过阅读或观察得到的理解。[1] 这意味着，他们将一个数据库带至博士学习中，他们在评估遇到的理论的有用性和有效性时可以并且确实利用这个数据库。尽管在关于教育的理论化方面是新手，但他们在这种理论化主题的实践方面是老手，即使克龙巴赫（Lee J. Cronhach）和苏佩斯（Patrick Suppes）在其1969年关于教育研究的报告为全国教育学会（National Academy of Education）支持招聘非教师（nonteachers）作为教育研究者，但承认这种招聘人员需通过诸如基于学校的实习（internship）和广泛的课堂观察等方式，掌握一些关于教师的学校知识。[2]

教师和管理者也把一套关于什么使教育有效和无效的可信的和专业上受到检验的理解带入博士学习。他们进来时带着一种在他们即将学习的机构中发生了什么的理解。这意味着，他们不需要博士项目向其解释他们已知道的东西，相反，他们需要它允许他们作为学者继续探索他们作为实践者已经开始探索的问题。[3]

献身于教育

学科中的博士项目的一个主要任务是，使学生确信他们的学习是有价

1　Neumann, Pallas, & Peterson, 1999.
2　Cronbach and Suppes, 1969, p.215.
3　Neumann, Pallas, & Peterson, 1999.

值的。当然,他们已对这个学科感兴趣,因为他们自己选择进入这个领域的博士项目,但他们可能并不必然会将这个领域的理智追求视为不仅仅是好奇的对象或个人表达的一种方式。因此,博士项目需要一个引导进入职业的过程,其中的关键部分是强调这个职业的重要性。与教育中的项目相比,历史或英语项目更难销售,因为进入教育领域的学生已完全投身于这个领域。

教育学院的新博士生最显见的特征是他们对教育的热情投入。这些学生表达一种平静的确信,即他们国家和儿童的未来取决于学校中教与学的质量。因此,他们追求博士学习的目标不是探索一个抽象问题或一时心血来潮。相反,在他们看来,他们作为博士生——以后作为教师教育者和教育学者——的使命绝大多数是改进学校。这种强大的使命感是一个丰富的资源,教育学院的教员可以从中创建一个博士学习项目,其中他们已经得到了学生对学习对象的专注和热情投入。正如我们下面将看到的那样,这对一个旨在使这些富有献身精神的实践者转变为实践性学者的项目也是一个严峻问题。[1]

良好的认知技能

教育领域的博士生通常有良好的认知技能,尽管很可能不如那些社会科学领域的博士生那么高超。考虑一下来自研究生入学资格考试(Graduation Record Examination)(GRE)的证据,1995—1998年,所有参与GRE考试的平均分为文字(verbal)472,数量(quantitative)563,分析(analytical)547,总分1582。[2] 未来的教育专业学生的平均分分别为445/507/533,总分为

---

1 Neumann, Pallas, & Peterson, 1999.
2 GRE Board, 1999,表1。

1485，低于其他所有的主要学术群组（自然科学、物理科学、工程学、人文学、商学），包括最具可比性的社会科学组，它的分数是 481/531/555，总分为 1567。然而，这或许不是恰当的比较。美国教育考试服务中心（ETS）的数据仅显示按领域划分的那些从大学毕业两年内参加考试的学生分数，[1] 但教育领域的博士生往往在这个点之后参加考试，因为他们进入博士项目时较其他博士大了 10 岁左右。幸运的是，多亏了《美国新闻与世界报道》(U. S. News and World Report)，我们知道精英教育学院博士生的 GRE 平均分。每年，该杂志都会以 GRE 平均分作为标准，评选出美国顶尖的 50 所教育学院。在 2000 年的排名中，它们列出 53 所教育学院（有四所并列 50 名）。1999 年，进入这些教育学院的学生平均 GRE 分数是 522（文字），577（数量），583（分析），总分 1682[2]——比那些获得学士学位两年内参加考试的教育专业学生高 200 分，比那时全部参与考试的平均分高 100 分。

然而，这个比较不是很公平，因为它使进入最好教育学院的学生对阵 (pit) 那些申请大量质量参差不齐的研究生项目的学生。问题是，《美国新闻与世界报道》仅仅按照声誉给社会科学项目排名，因而没有记录这些项目的 GRE 分数，因此，没有可比较的社会科学学生的数据。然而，我的观点不是，教育专业的博士生比那些社会学或心理学的学生更聪明，而是他们——尽管教育家的声誉普遍不佳——并不笨。事实上，《美国新闻与世界报道》数据代表的学生是我最感兴趣的群体。53 所顶尖教育学院（全国共有 750 所左右教育学院）培养了每年美国教育领域一半博士（大约 6600 名中的 3100 名）。[3] 较

---

1 GRE Board, 1999，脚注，表 4。
2 计算来自《美国新闻》(U. S. News)(2001)网站的表格。
3 顶尖教育学院的毕业生人数是根据《美国新闻》(2000)网站上的表格计算的，该网站报道了 1999 年的数据；教育博士学位总数来自《高等教育纪事》(Chronicle of Higher Education)(1999)对 1998 年数据的报道。

这些顶尖教育学院培养了与其数量不相称的博士数量更重要的事实是,它们训练了全国大部分教育研究者和教师教育者。它们之所以获得排名靠前的地位是因为它们的研究生产率和专注于教育研究者和教授的培养。

总之,如果说教育领域博士项目中学生面临着重大问题,那么,这不是因为他们缺乏学术能力,也不是因其缺乏信念、经验或成熟度,相反,这些问题源于两种独特专业文化间的潜在冲突。

从教师向研究者的转变:什么使它如此之难

教育领域博士项目的教授和学生可能面临两种文化冲突。一种源于教学实践和教育研究实践性质的世界观的潜在差异。另一种源于围绕着一个人成为有效的教育研究者所需的教育类型的可能斗争。让我们依次考虑每一个潜在冲突的领域。

教师和研究者冲突的世界观问题

如我们在第三章所见,教学是一种困难而独特的专业实践形式,它向旨在为学生进行有效教学作准备的项目提出了严峻的问题。同时,由于一些同样的原因,对于旨在将教师转变为有效研究者的项目而言,教学的性质使事情变得很难,加大了使教育研究已经如此困难的机构的和认识论的问题(如第四章所见)的转变难度。教师和研究者不仅发现自己在两个非常不同的机构情境——公立学校和大学,而且他们也往往携带反差鲜明的世界观,这些世界观来自他们在各自角色中遭遇的独特实践问题。因此,完成从教师向研究者的转变,就需要对学生看待教育和他们作为教育者工作的方式进行潜在的重大改变。

纽曼（Anna Neumann）、帕拉斯（Aaron Pallas）和彼得森（Penelope Peterson）提供了对教师和旨在使其转变为研究者的博士项目之间的这个"认识论冲突"的丰富分析。[1] 利用他们作为博士项目教师的经验和两个实现转变并记录其反应的教师案例，作者们识别了这种冲突具有的三种紧张态势："一是议事日程的紧张，这关乎身份的问题：研究者的还是实践者的。其次是视角紧张，它关乎学术性学科和教育者理解教育现象的方式。第三是对教育事业中主要利益相关者的反应（和责任）的紧张，它考察研究者在研究教育现象中公共的和理智利益的相互作用。"[2]

下面是我梳理出的界定教育研究训练项目的这些紧张态势的基础核心要素，它们源自教学与研究实践的文化冲突。我认为，从 K-12 教学到教育研究的转变要求学生将他们的文化导向从规范的转向分析的，从个人的转向理智的，从特殊的转向普遍的，从经验的转向理论的。在这些变革压力中，蕴含着教学和研究之间关系的斗争，以及一场关于这两种从业者对教育社会结果的道德责任的紧急斗争。由于这种文化冲突，学生们经常感到项目挑战了他们自己基于教师的教育视角的合法性，他们经常通过挑战所提供的基于研究视角的合法性和抵制研究训练过程的关键要素来予以回应。

以这种方式提出这个问题——作为两极对立的世界观之间的一个冲突——多少是件夸张的事情。当你更仔细地考察它们，这些二分法便开始瓦解。正如实际上的实践那样，教育研究在一定程度上也是以其自身的方式具有规范性、实践性、特殊性、经验性。鼓励教育专业的博士生理解这一点——和鼓励教员们明确他们工作的这个方面——是通向处理教育博士项目中文化冲突的一步。近些年来，已经出现了旨在弥合教师和研究者鸿沟

---

[1] Neumann, Pallas, & Peterson, 1999, p.259.
[2] Neumann, Pallas, & Peterson, 1999, p.251.

的主要运动。一方面是,鼓励教师研究他们自己的课堂实践问题,与大学教授进行的研究并行,促进这项工作的合法性。另一方面是,将大学研究聚焦于教师的课堂实践问题(教师思维、教师决策、课堂共同体中的教与学的社会建构)以及学校管理中相应的实践问题的运动,尤其是通过越来越多地借助旨在理解这些实践的全部丰富性和背景特殊性的质性研究。[1]

然而,教师和研究者持有的世界观差异不是那种在仔细分析之下就会消失的学术二元论,它们也不是仅仅通过使教师更具研究导向,研究者更具教学导向就可以被结合在一块的。相反,这些文化差异源于教师和研究者在工作角色上不可化约的差异。这两种角色的扮演者必须学会如何在工作岗位上有效工作,这些岗位向他们提出了极为不同的约束和激励。因此,他们的工作向其提供了不同的专业目的、成功定义、日常工作、时间压力、内在和外在报酬、社会地位、社会期望、工作关系、管理制度、结构性环境等等。这些不同的状况为行动者可能追求的行动和实践模式设定了一定限制和可能性。随时间的推移,每组职位差别的持续性都会导致一种持续性的职业文化,它详细说明了被整合入一种独特世界观的目的和实践的规范。总之,职位很重要,这是那些进入培养研究者项目的教师发现自己横跨于两种冲突的工作文化的原因。下面的讨论是对这两套参与者的工作情境中这种冲突根源的职位分析(positional analysis)(为我自己作为博士教育者的经验所强化)。

从规范性到分析性

课堂教师带着一种强烈的规范性教育视角进入博士学习。这种视角深

---

[1] 因此,对教育博士项目中文化冲突的一个明显回应是,开发更接近双方文化的项目,尊重和加强教师视角,并将研究视角作为理解教育的补充方式,而不是优先的替代方式。这就是 Anna Neumann, Aaron Pallas 和 Penelope Peterson(1999)提出的建议。

植于教学实践,它必然会做最有利于学生的事情,因此,存在一种道德上不可化约的教学要素,它迫使我们将教学作为一种,用汤姆(Alan Tom)的话来说,一种"道德技艺"来思考。[1] 这并不是说,技术不重要。教师花了大量时间检视他们的经验以发现什么是有效的,什么是无效的,在令人眼花缭乱的专业知识的展示中,许多人可以利用经过他们检验的教学技术。但是,道德因素仍处于这项工作的核心。

对此,主要原因在于,不像大多数专业人员那样,教师不是应用专业知识来实现其客户设定的目标。一名律师、医生或会计师是一个受雇的有才能的人,他帮助顾客实现他们设定的目标,如离婚、防止感染或最小化纳税。但教师的职责是在学生身上培养行为方式,使其掌握技能和知识,这些学生并没有要求这种生活干预,他们被认为太小了而无论如何也无法这样选择。通过改变人而非服务其愿望,教师承担着一种巨大的道德责任以确保他们引入的变化真正符合学生的最大利益,而不仅仅是个人心血来潮或方便行事。学生出现在教师课堂中是强制性的,这一事实强化了这种责任。教师不仅将一种特殊课程强加于学生,而且也否认他们有做其他事情的自由。它的道德意义是明确的:如果你要限制学生的自由,就需要有非常充分的理由;你最好能表明,学生最终受益,并且这些益处足以使产生它们的强制手段合法化。[2]

然而,如果教学是一种高度规范性实践,它致力于产生有价值的结果,那么教育研究就是一种独特的更具分析性的实践,它旨在努力产生有效的解释。教育研究的使命是理解学校发挥作用或不能发挥作用的方式。作为学术研究,一次具体的研究尝试的目标不是解决一个教育实践问题,而是更

---

1. Tom, 1984.
2. Cohen, 1988; Fenstermacher, 1990; Tom, 1984.

充分地理解这个问题的本质。这不是说,学者们不关心围绕着他们所探索的问题的道德争论或忽视了他们的工作之于实践的意义。通常一个道德问题(如少数族群学生的高教育失败率)为一名学者追求一个特定的研究计划提供了最初动力,学者们往往鼓励实践者和决策者根据研究发现以一种可能改善教育某方面的方式采取行动。然而,他们作为学者的主要责任是解决教育问题的理智部分:他们致力于澄清和验证关于教育实践的功能和失调、原因和结果的论点。他们作为学者对教育话语的独特贡献是,提出好的命题。他们追求这个目标是基于如下道德理由:你不能解决实践问题,除非对这些问题和产生于其中的背景本质有一种深入和复杂的理解。[1]

然而,学者的分析任务对实践者来说并不容易理解,他们深深地沉浸于道德行动的领域。进入教育领域博士项目的教师发现自己被要求选择一种专业实践方式,它看起来不仅与他们自己的方式完全不同,而且在道德上是可疑的。从教师视角来看,理解教育的学术方式可能看起来冷淡而疏远,对学生的成就漠不关心。中小学课堂是一个环境,其中对教师来说选择学术要求的分析距离既在实践上是不可能的(考虑到行动的即时需要),也在道德上不能得到辩护(考虑到学生需要做正确的事情)。但教育学者摆脱了对K-12学生的直接责任,因此,不像教师,他们有时间和空间来专注于发生了什么,为什么发生,而不是专注于做什么,如何做。同时,他们受制于学者的专业要求,即对课堂的教和学做出有效的解释,与之形成鲜明对比的是,教师专业的要求则是为学生创造美好生活。

因此,进入教育领域博士项目的学生通常带着一种规范性教育视角,这赋予他们勇气以抵御来自教授们将教育视为分析对象的压力。教员们推动

1　Booth, Colomb, & Williams, 1995, sec. 4.1.2.

他们以对正在成长的学者来说至关重要但从教师视角来看高度可疑的方式进行思考和行动：广泛且深入地阅读教育文献，批判与综合其中的观点，就教育问题发展出有说服力的论点，并运用数据和逻辑验证它们。在这些学生看来，所有这些像是在教室着火时玩弄理智。两个学生在教室后面打架，面对这一情境，学者思考这一冲突社会的、心理的、经济的和教育学的原因，而教师想分开打架的两人。在这种情况下，教师常常不愿接受教育学术的分析性实践，这并不奇怪。他们很可能优先在课堂上做正确的事，而不是在头脑中将事情搞清楚。

在我的经验中，这种不情愿经常导致教育博士项目的学生将教育问题的讨论从"是什么"转到"应当是什么"，在解释问题前寻求有用的对策。[1] 最初的动力仍是干预和解决问题，或批判教师的错误行为。这一观念提出承诺改进教育的干预——一项新的教学技术、课程方法、教导技术、改革努力或管理结构——并在实践中研究它。期望的结果是干预相当有效，研究的功能是用文献证明它，并表明如何在未来改进这种方法。这常常导向一种乐观到无情、不切实际、有时滑稽的治学方法（最终形成一类学术文献），这种方法表明，对每个教育问题都存在可行的解答，而且帮助永远在路上。

然而，在主张教师规范地看待事物，研究者分析地看事物时，我并不主

---

[1] 考虑一个例子。在我的教学中，我使用了 Timothy Lensmire 的书《当孩子们写作》（*When Children Write*）(1994)，该书出自作者在密歇根州立大学读书时的学位论文。在书中，他谈到了他在五年级课堂中引入一种写作工作坊的努力，这是一种鼓励教师充当促进者的写作教学形式，鼓励学生写自己选择的问题，并将其作品呈现给同学。当一些学生通过将同学放在故事里并对其进行羞辱，以写作来表明自己的地位高于其他人时，Lensmire 讲述了这种方法是如何适得其反的。这本书探讨了这段经历对教学本质的影响：特别是，教师如何在追求进步原则的过程中平衡以学生为中心的教育学的奉献精神与追求道德原则的课堂上不可避免地行使权力的需要，教师和在研究生课堂上读过这本书的前教师，都谴责作者的糟糕教学。他们说，老师不应该允许这样的事情发生；他应该提前定义可接受的限制，然后这些都不会发生。此外，他们还问，为什么要写这样的教育失败？首先，他应该把这个写作研讨会的事情做好，然后再写下来；那将是一本值得一读的书。

张教师没有思考,研究者漠不关心。教师在不断地评估其教学实践的有效性,并适当地做出调整,而且正在采取行动来形式化和扩展这一分析性成分。在教育学术领域,教师研究[1]和行动研究[2]共同构成了一种新兴的研究类型。它致力于在教师和其他实践者中,通过鼓励他们在自己的实践背景中做系统的研究项目,推进一种更具分析性的理解教育的方式,同时将一种更具规范性的方式(根植于实践者的目的和问题)注入由大学研究者的分析性视角支配的研究文献中。研究者大体上以一种互补的方式,由一种改进学校的道德信念驱动以追求学术。他们常常将研究和开发工作结合起来,其中他们设计课程和教学的形式,希望以此改善学生的前景,并分析这些努力的有效性。毕竟,这是在一个像教育这样的应用领域中做学术的意义所在。

然而,教师和研究者所做工作的性质方面的差异在如下方面设定了限制:每一方在多大程度上能并应当走向另一方的视角;在培养研究者方面,教育领域的博士项目在多大程度上能并应当整合两种视角。最近在《教育研究者》的一个讨论中,安德森(Gary L. Anderson)主张将教师研究作为教育博士学习的核心部分以弥合教师和研究者之间的鸿沟,[3]然而梅茨(Mary Haywood Metz)和佩奇(Reba N. Page)则通过指出两种工作角色之间的根本差别告诫道,不要采用这种方法。[4] 问题是研究被界定为教授工作而非教师工作的核心部分。一个大学教员的职位为教授提供从事研究的时间和场所,设定期望研究产出的数量和质量,并且通过薪酬和晋升的激励来实现这些期望。所有这些条件没有出现在课堂教师的职位中。教师的工作是在适

---

1 Cochran-Smith & Lytle, 1990;1999.
2 Mills, 2002; Stringer & Guba, 1999.
3 Anderson, 2002.
4 Metz & Page, 2002.

当的有效性水平上向指定的学生教授所需的课程,这没有为他留下做研究的时间。在这些条件下,教师只有将研究置于其现存工作的优先位置,才能做研究,这将为其增加不公平的负担,因为他们的负担已经很繁重,或者如果他们需要牺牲教学职责为代价进行研究,在教育上这将不公平地损害学生的利益。实际上,道德的和职业的约束限制了教师投入研究的时间和理智努力。因此,梅茨和佩奇认为,"主张那些学生[教育博士生是全职教师]能够充分完成两项任务而不损害其质量,而大部分其他人发现做好其中的任何一项都具有挑战性,这既是对K-12学校教学和管理的努力和专业质量的不尊重,也是对研究所需要的努力和特殊技能的不尊重。"[1]因此,通过教育博士项目,从教师转变为研究者,构成职业角色方面的重大变化,并需要一种与之相伴的专业优先事项上的改变,这部分地反映在从规范性到分析性(以及下文将讨论的从个人的到理智的、特殊的到普遍的、经验的到理论的)重心的变化。

从个人的到理智的

教学不仅是一种规范性实践,本质上也是高度个人化的。在其核心,教与学关乎一位教师、一名学生和一门科目;使学生对科目进行理智投入的关键通常在于他们与这位教师的个人关系的质量。因此,正如第三章所见,与学生沟通的能力对教师来说是一项根本技能,教学具有被霍克希尔德称为"情感劳动"(emotional labor)[2]的特征。如果教师成功地使你喜欢她,你很可能会喜欢她所教授的科目;或至少你更倾向于赞同她正努力在班级中培育的那种学习氛围,出于一种使她高兴的愿望——如果不是出于对学习的单纯喜欢的话。

1　Metz & Page, 2002, p.26.
2　Hochschild, 1983.

这种专长在培育与学生关系方面的价值是教师带入博士学习中的世界观的重要组成部分,它可能会与他们在那儿碰到的学术世界观产生一定程度的认知失调。教育研究者必须在很大程度上关注作为重要研究对象的关系;鉴于人际关系在学习过程中的重要性,他们几乎无法不这样做。但是,学术的主要通货,即将其与教育中的其他实践区分开并赋予其价值的东西,不是关系而是观念。衡量一项学术工作——一部书、文章、论文或研究报告——质量的尺度在于其表达的观念的质量。我们用来评价学术文本的标准来自这个事实。例如,以下这些问题是我要求我的博士生在批判性地检视他们阅读的文本时使用的问题,也用于评估他们产出的文本:

- 观点是什么?(这是分析/解释问题:作者的角度是什么?)
- 什么是新的?(这是增值问题:作者贡献了什么我们尚未知道的东西?)
- 谁说的?(这是有效性问题:主张是基于什么(数据、文献)之上?)
- 谁关心?(这是重要性问题:这项工作值得做吗? 它能贡献出重要的东西吗?)

当教师进入博士学习,他们会遇到这类分析性表现标准。他们阅读、写作和谈论教育的方式是按照他们依这些标准消化观念和产出观念的能力进行评价。这种专注于解决教育观念的做法通常与他们自己作为教师的丰富经验形成鲜明对比,后者将解决个人关系问题作为重中之重。因为博士学习不仅要求他们将理解教育方式从规范性的转变为分析性的,而且也要让他们实现从个人方式向理智方式的转变。所有那些对教学至关重要的以个人为中心的技能在博士学习中似乎无足轻重:建立与学生的融洽关系,调节学生间的冲突,解决使学生快乐和鼓励他们学习之间的紧张关系,将教师个人的情感导入一种有效的、自然的教师形象。在博士项目的不自然的以观念为中心的世界中,所有使一位优秀教师能够建立一个可独立成长和舒适的学习共同体的专业能力似乎无关紧要。

在这些冲突的世界观的条件下,许多前教师抗拒他们在博士学习中遇到的反常的理智化视角,这并不奇怪。他们发现对教育的学术理解方式是冷淡而缺乏人情味的,与他们回想起的在 K-12 教室中充满情感互动的鲜活世界没有什么联系,他们常常(在我的经验中)不愿接受成为教育学者所需要的理智技能。选择一种理智视角似乎损害了教师的教学观,将教师和学生变成被囚禁在不是由人而是由抽象观念支配的世界中的行动者。

从特殊的到普遍的

与教学实践的规范性和个人特质密切关联的是它对特殊性的强调。如每个优秀教师都知道的那样,除非你考虑到个别学生的特殊学习需要,否则你不可能有效地教学。教学的普遍法则是普遍规则,作用不大。例外是常态,因为每种情况都不同。一些差别来自学生带入到学习任务中的特质:他们的习性、社会背景、经济状况、种族、性别、文化资本、社会资本、家庭中的角色等等。一些来自教师带入到工作中的特质:普通教育、专业教育、学科内容知识、教育学知识、教学内容知识,以及所有刚刚提到的个人特质,它像影响学生那样影响教师。一些来自学习背景:学校周边的社区、学校文化、校长、年级水平、科目领域、课程、课堂中的群体、一天中的时间、一年中的哪天、天气等等。

因此,对教师而言,教育总是归结为特殊事例。但对教育学者来说,重点在于超越事例的概括的发展。通常他们旨在理论化。这意味着,发展关于教育有效工作的方式,可以应用于多个学生,或课堂或学校。当然,并非所有的教育研究都这样。许多研究——特别是那些运用质性方法的研究——聚焦于描述和解释一个特定背景中的教育过程、关系和系统。这类工作不利于一般化,但正如佩什金指出的那样,尽管如此,我们"还是欣赏对所有研究来说良好描述的基本特征。"[1]原因在于,描述研究能够精确地捕捉教师了解到的时间、空间和人的那些特殊性,它们对理解教育如何运作不可或缺。事实上,在过去的二三十年,推动教育领域质性研究迅速发展的主要因素之一是教师和研究者同样——对那些忽视背景重要性的误解教育的研究越来越失望——发现,质性方法总体上很好地适应了教育的情境敏感性。但大多数质性研究,尽管仍然对特殊性保持敏感,旨在超越描述、追求佩什金称之为解释、确证和评价的分析形式。在这些模式中,教育的质性研究者正在超越单一背景,其目的包括解释和概括,建构新概念,发展和检验理论。[2]

考虑到教学实践的特殊性质,这种对理论和概括理解未必是博士项目中的教师想要的,但这可能正是教育所需要的那种额外视角。教师发展的关于教育独特性的理解对他们帮助学生学习的成功至关重要,但他们实践场所的独特性也可能使其陷入困境。除非他们在一个不同寻常的学院文化中工作,否则他们可能会被限制在有一群学生的教室内,无法随时了解其他教师和学生教室的情况,这意味着,他们经常不能把自身的实践建立在对自己之外的情境中"什么有效"的集体理解的基础上。他们经常在另一个方面陷入困境,以其自身的经验为基础将教学理解为一种极为特殊的实践,这意味着,他们可能深深怀疑,关于教学不存在对他们处理自己独特的教学问题有任何用处的通则(没有教学理念或理论或模式)。

正如布里茨曼和劳丹等人已指出的那样,将教师视为独行侠(Lone

1　Peshkin, 1993, p.24.
2　Peshkin, 1993, p.24.

Ranger)的理解是教学专业独特自我形象的一部分。[1] 但这个形象可能是拖累性的和错误的,说其是拖累性的是因为它可以迫使教师工作在专业孤立中,重新发明教学的轮子。指出其是错误性的是因为,它忽视了一个课堂的实践问题往往与其他课堂的那些问题相类似的方式,这可能在一些细节上不同(任何两个社会情境都是如此),但在其他方面却是类似的。相似性存在的地方,便有发现教师为了满足自己的教学需要可以进行选择或调整实践的可能性。

这是教育学术可以发挥的专业功能:发展研究成果——概念、概括、理论——理解跨情境的教育过程,并将它们提供给教师和其他实践者。这个观念不是假装对教和学提出字面上普遍的主张,而是提供一面理论镜子,教师能够用它来正视自己的实践问题,以理解他们的问题与其他情境下教师所面对问题的相似与差别的方式。因此,在这个意义上,理论允许教师进入一个实践群体,而自足的课堂专制常常将他们拒于这个实践群体之外。

从经验的到理论的

隐含在前述分析中的教师世界观的最后一个特征是,它赋予专业经验以优先地位。这可以自然地从我们关于教学实践所知道的东西中推论而出。如果我们像教师那样思考教学——在很大程度上是一种特殊道德实践,涉及到指向课程目标的管理密切的个人关系——那么,教师自身的实践经验就自然地作为他们专业知识的主要宝库。只有他们的经验适合他们实践的细节,同时他们的经验也根植于他们自己的道德目的观念以及他们与学生的个人交往方式。

这个立场鼓励教育领域的博士与他们在理论的和实证的文献中碰到的

1　Britzman, 1986; Lortie, 1975.

观点保持距离。为什么呢？因为在讨论学术论文的任何时候，学生都能（并且根据我的经验，经常这样做）从他的或她的实践经验引出一个例子，它会自动击败作者的任何主张。无论作者带来了多少数据，或他们提出的论点如何有效，个人经验仍然能够获胜。正如教师在她的教室中是至高无上的存在一样，她的经验作为理解那个领域中所发生事情的知识支配着其他类型的知识。从教师的视角看，研究者可以说一般地就教和学的本质发表自己的看法，但只有教师有能力权威地谈论她们自己学生的教和学。

在使教师适应研究者角色的努力中，这个视角引发了明显的问题。对教育研究者来说，教师的经验是教育知识的重要来源，但这并不意味着，它是规范的。从课堂上的局内人和主要行动者的观点来看，这种知识形式有其优点和不足。由于它关于特定背景、个体学习者的特征和教师意图的丰富知识，它具有独特的洞察力。但它在视野上也是狭隘的，受限于这些同样的背景、学习者和意图。尽管像研究者这样的局外人对课堂特征的了解不如教师，但通过将它们和其他的行动者、环境比较，通过理论视角规范化地观察，他们处于更好的位置，能够恰当地看待这些特征。因此，教育博士项目面临的问题不是说服学生相信教育是值得研究的（他们已相信这一点），而是使其确信，他们可以通过以局外人的身份作为研究者来研究教育（对此他们是怀疑的），从而学到一些关于教育的有价值的东西。

处理文化鸿沟

解决教师和研究者的文化鸿沟的一种方式是，明确地承认它，并向教师和学生宣传采用研究者视角的价值——将它作为教师视角的补充，而非取代教师视角。另一种方式则是表明，这个鸿沟并不像它看起来的那么宽，两者的差异更多是专业实践中的侧重点问题，而不是完全对立的问题。像教师一样，研究者承担着教育后果的道德责任，他们努力理解这种机构的工作在很大程度上是由其渴望矫正不良教育造成的伤害所驱动的。像教师一样，研究者与其学生发展亲密的个人关系，与他们的学科也是这样。在博士教育中，导师-学生关系特别亲密，管理这种关系的复杂性是研究者作为导师的重要技能。像教师一样，研究者必须处理教育的所有与背景相关的特殊问题，这意味着，在设计研究和解释研究结果时，对他们来说，一个核心问题是如何平衡概括的冲动和验证那些关于特定时间、地点和人的社会现象的概括。最后，与教师一样，研究者以重要方式建立自己的经验，这些经验逐渐累积到个人的专业传记中，这些传记对他们从事工作的类型产生了强大的个人影响。

第三种方式是通过设计研究训练项目，以缩小教师和研究者的文化鸿沟，这些项目有意识地表明对教师的技能和导向的尊重，自觉地邀请这些新手发展作为整合其教师认同的研究者角色。这意味着，建构一种理论和实践联姻的混合项目，是唯一适合专业学院的研究准备。不是推动教师为一个理论方面的新职业而放弃实践，而是致力于将他们引入一种研究实践，这种实践在启发实践的同时，高度依赖教学实践知识，这是帕拉斯和彼得森提出的培养教育研究者的模式。[1]

但是，让我回到一个早先的观点：尽管缩小教师和研究者的文化鸿沟是可能的，甚至是有用的，但这绝不意味着可以使这个鸿沟消失。教学与研究在价值、技能和导向方面有重叠，但它们在侧重点上的差异是真实的和实质性的，因为这种差异根植于这两种工作形式可能的制约、激励和实践。

---

[1] Neumann, Pallas & Peterson, 1999.

错配的教育期待问题

将教师培养为教育研究者的另一个紧张源头来自冲突的教育期待。通常教师进入教育博士项目，拥有一个教育或学科性专业的本科学位和教师资格，也具有教育硕士学位。他们在其高等教育经历中表现出色，取得好成绩，并以优异的GRE分数证明了自己。有了成功的教育经历，在该领域获得高级学位，并在同样领域拥有丰富的专业经验，他们觉得可以直接进入博士项目学习。

但是，在教育学院，他们博士项目的教员通常不同意这一点。从教员的观点来看，新来的学生普遍缺乏有效从事博士学习所需的教育准备。学生们被认为是聪明的、能干的和专业上熟练的，但他们很少接触和理解自由艺术，在作为学术领域的教育理论和文献方面几乎没有基础。学生们听到老师告诉他们，他们不会分析性写作，不会合乎逻辑地建构论点，或批判性阅读；不了解任何关于美国历史、文化和社会理论的东西，甚至不知道他们自己领域中根本问题和基本文献时，他们感到震惊和被冒犯。他们被告知，所有这些学术知识和技能形式对一名有效的教育研究者来说至关重要。负面的评论、糟糕的分数、不良情绪很快堆积起来，学生们开始怀疑自己的能力，退出博士项目，或抱怨自己受到不公正的对待。

怎么办呢？一种看待该问题的方式是将其视为专业人员与学术人士之间的冲突。教员们抱怨学生的准备主要是在被狭隘理解的专业项目中进行，这些项目严重缺乏基本学术内容，而这些内容对于未来教育研究者在学术博士项目中的成功必不可少。学生们则抱怨，教员们对专业教育学院博士项目的设想在那个术语最贬义的意义上都是荒诞地学术化：理论深奥，不切实际的，拘泥于书本，与教育实践的真实世界隔绝。看待这种情况的另一种方式是不将其视为专业人员和学术人士之间的冲突,而是培养教师和研究者这两种根本上不太相容的专业教育形式的冲突。这两种项目可能(也可能不)有助于学生为各自的专业角色做好准备,但——正如目前设置的这两种项目那样——前者不能为从事后者提供良好的基础。

无论以何种方式看待它,在教师接受的教育和这些教师后来为了成为教育研究者被期待获得和加强的教育之间都存在着错配。因此,让我们从这些项目教员的视角,稍微详细地考察教师的教育在培养教育研究者的项目中存在哪些问题。对于理解研究导向教育博士项目的教学问题,这是一个有缺陷的模型。从这个角度回顾该问题后,我们将回到——这个问题是教师教育不足,还是对教育研究者的教育不当造成的?

从培养教师成为教育研究者的教员的角度来看,美国的教师教育被普遍认为缺乏理智严谨性和学术丰富性。在他们的每个教育阶段都是如此,包括他们在高中和大学接受的普通自由教育,他们在教师认证项目中接受的专业教育,以及在教育硕士项目中获得的高级专业准备。我们应当考虑三个阶段中每个阶段的教师教育向研究者教育提出的潜在问题。

普通自由教育

大部分教师在自由艺术方面没有接受丰富的教育,但大部分美国大学毕业生都是这样。正如我之前表明,未来教师既不是大学毕业生中最优秀的,也不是最差的。对教师巨大的持续性需求吸引了如此高比例的大学本科生,以至于普通教师(无论好坏)看起来很像普通的大学毕业生。学术能力水平是这样,学习质量也是如此。

一般来说,美国教育体系最重视的不是学生的学习。在一篇经典论文中,特纳(Ralph Turner)认为,美国教育是围绕着被他称为"竞争流动"的原则(contest mobility)被结构化的,该原则强调为学生提供广泛的学校教育机会,以支持对社会地位的开放性竞争。结果之一是,"在竞争流动下,美国教育被视为一种获得成功的手段,但教育内容本身的价值并不高。"[1]另一个结果是,"学校教育往往根据其实际效益来估价,并且在初级水平之外,主要是职业教育的角度。"[2]第三个结果是这一系统倾向于形式主义。通过学分制(the metric of the credit hour),它运用座位时间(seat time)作为教育成就的指标,这个系统不保证,学生知道关于特定科目的一些东西,仅仅保证他或她有学习的机会。这鼓励学生专注于学习的代币(成绩、学分和学位)而非学习内容。[3] 因此,获得大学毕业证不能确保一位教师或任何其他美国大学毕业生接受了一种自由教育。

最初的专业训练

如果教师像大部分学生一样没有在高中和大学掌握一般学术知识的坚实核心,那么他们通常不能在教师准备课程中弥补这一缺陷。如第三章所见,考虑到有效地完成这种实践所需要的技能和知识的复杂性,为职前教师提供专业准备异常困难。教师教育者既无时间亦没有学术专长为学生提供各门科目的深入理解,更不用说对文化、语言、历史和理论的广泛理解。相反,教师教育充其量提供对教学实践的丰富介绍,将自由学习的责任留给大学的学科性院系。最糟糕的情况是,它提供一种如此狭隘讲究实用的训练模式,以至于实际上取代和削弱了学生可能在他处获得的自由学习。

长期以来,批评家们在书中以嘲笑教师教育为乐事,这些书的标题道出了全部——像科纳尔的《美国教师的错误教育》[4]和克拉默的《教育学院的蠢

---

[1] Turner, 1960, p.83.
[2] Turner, 1960, p.85.
[3] 我在别处对这些问题有详细讨论,参阅:Labaree (1997a, 2000b).
[4] Koerner, 1963.

行》[1]——并且它们特别关注教师教育课程的理智缺陷。回想一下科纳尔关于这个主题所说的:"教育方面的课程工作理应获得它的坏名声。它往往是幼稚的、重复的、枯燥乏味的和含混不清的——这是毋庸置疑的。"[2] 但即使是冷静和富有同情心的观察家也很难将教师教育项目描述为理智上丰富的和有益的。在对全国 29 个教师教育项目的综合性学术研究中,古德莱得(一位前教育学院院长)总结道:"教师教育中的课程开发大体上是缺失的,不充分的,原始的,或兼而有之。在缺乏易于获得的相关知识和强有力的课程情况下,教师教育者和教师都只能依靠他们的直觉和实用解释。由于直觉变化无常,而且在人类中相当缺乏,因此教师教育者和教师都受到那些对他们或他人似乎有效的东西的过度影响,这些东西是他们作为学生时自身经验的一部分,是经过精心包装和市场化的,或是被授权的监管机构所要求的,这不足为奇。"[3]

　　进入学科性博士项目的学生在本科时期也可能没有接受过一种扎实的自由教育;在此意义上,与开始攻读教育研究生的学校教师相比,他们没有获得任何教育优势。但这些学生的确有好运以避免由许多教师准备项目提供的理智上令人沮丧的经验。在小学教师身上,这种反差特别明显,他们很可能主修教育专业,这意味着,他们修习了为数更少的自由艺术课程,并且对这些科目的投入较他们学科中的同学更缺乏深度。职前初中教师的情况在这方面处于中间地位。这些学生通常在本科阶段修习了一个学科性专业,更大的学科深度可能是他们为何较小学教师更可能追求博士学习的关键原因。

105

1　Kramer, 1991.
2　Koerner, 1963, p.18.
3　Goodlad, 1990, pp.267-68.

高级专业教育

然而，最后可能也是最能说明教育领域博士生的教育准备与学科领域博士生的差别在于他们的硕士项目。进入学科领域的博士项目通常取决于成功地完成那个领域的一个学术性硕士项目。在这些领域，研究生工作往往将硕士和博士的学习整合入单一的课程序列，其中从硕士生向博士生的过渡是以成功地完成一篇论文或预先审查或两者兼而有之为标志。

但是，在教育领域，硕士项目有一个非常不同的形式和功能。大多数教师攻读课程教学或教育管理方面的硕士项目，它们并不是为那个领域追求高级学术研究的学者设计的预备项目，而是作为计划留在学校的教育实践者设计的终端项目。不像学科性项目，它们的目的不是使学生沉浸于该领域的理论和实证的文献中，而是提供专业发展以改进K-12教师和管理者的实践。在最好的教育硕士项目中，学生们可以获得提升其专业实践的重要帮助，但无助于发展他们对这个领域的学术理解。在最糟糕的项目中，他们除了形成低学术期望导致的不良理智习惯外，什么也学不到。正如格雷欣法则（Gresham's Law）规定的那样，最差的硕士项目如同劣质货币，有可能将其他货币逐出市场。对许多（也许是大多数）K-12的教育实践者而言，攻读硕士项目的主要原因是简单的职业主义。学位有助于他们满足州对继续认证的要求，并为其增加薪水（因为工会合同部分地将薪水建立在研究生学分数量之上）。在这些条件下，教育学院有强大的动力提供具有理智要求很少的硕士项目，因为担心客户会去隔壁的机构以更便宜的价格购买学分。现在，用于学习课程的在线技术意味着，全国范围内的机构可以使一个项目在学术上贬值，就像全镇范围内的机构使其贬值一样容易。[1]

---

[1] 即使在没有这种技术的情况下，教育学院也一直在创造性地降低其竞争对手的学术标准，以赚取学费。例如，密歇根州至少有一所机构（大峡谷州立大学教育学院）向学区提出拒绝（转下页）

这种差异会产生很大的不同。一旦学生完成学科中的博士候选人资格，项目教员便可假定，他们已掌握该领域的学术基础——在本科专业和学术硕士项目中获得，并由一篇学位论文和(或)综合性考试予以确认。因此，为了专注于特定专业领域的高级课程、研究方法训练和学位论文，博士学习可以不再开设那些调查该领域和传授基础知识的课程。

教育领域则并非如此。在教育领域，教员发现，必须建构对先前已有知识不作假设的博士项目。在这些项目执教的人不能假定他们的学生在自由艺术领域有扎实的基础。相反，他们必须想办法将那种广泛的和基础的学习注入到本应是专门的和高级的学习项目中。他们也不能假定，他们的学生在其初级和高级专业准备项目中获得了教育学术文献方面的强大背景。相反，我们不得不想办法提供那种学术准备作为博士学习的一部分。两种教学形式共存于同样的项目，为学生提供职业领域的高级专业知识；在学术研究技艺方面训练他们，支持他们做出一份对这个领域有所贡献的原创性研究。为了使博士学习对一个考虑职业转变的职中教师(mid-career teacher)来说似乎可行，所有这些都不得不在一个相对短的时期内——共有5年——完成。鉴于这些使博士准备在教育领域如此困难的因素，发现如此多教育学位论文在学术上都很薄弱，如此多青年教育学者都在努力建立研究议程，如此多的教育研究过于简单和无趣，也就不足为奇了。

搭建教学和研究鸿沟桥梁的限度

认为教师缺乏培养教育研究者项目所需要的许多主要学术知识和技能形式，对教师教育的这种描述是极为负面的。既然从这个视角对问题的诊

(接上页)的建议.学区为教师提供专业发展课程,这些课程由学区工作人员设计和教授,教育学院为这些课程提供硕士学分,收取学费,并根据招生情况与学区分享部分收入.(School of Education, n.d., ca. 1998).

断是教育缺陷,至少短期来看,合乎逻辑的对策就是教育补救:使博士项目在短时间内尽可能多地注入缺失的技能和知识。正如我已表明的那样,这并不容易,特别是因为这些项目不能延长学生在其中花费的时间。

另一个对这种缺陷诊断的回应是可以更普遍地改进美国大学生的自由教育,为教师教育项目提供学术丰富性,提高教育硕士项目的学术严谨性和深度。然而,改进本科教育的质量是一项艰巨的任务,远远超出了饱受批评的和不受尊重的教育学院教员的影响力。并且在教师准备和教育硕士项目中注入更学术性的内容可能会威胁这些项目的专业目标。

第三种方式是抛弃对这一问题的缺陷诊断,严肃地看待学生对研究准备项目学术要求的抱怨。这种方式要求项目走近学生而不是相反——围绕实践中的核心知识重新设计课程和调整教员期待,将研究引向实践中产生的问题,并淡化学术技能和内容的重要性。

但是,在项目开始削弱其作为一个与教学相关但又不同的专业实践项目有效运作之前,它们目前只能朝这个方向发展。在相当大的程度上,教育研究专业中取得成功所需要的核心知识和技能是学术性的。为了对教、学和学校教育的运作作出有效和可靠的研究,研究者需要掌握丰富的概念框架,需要对他们社会中的社会机构的历史、过程、目的和功能有广泛和深入的了解;需要能够严谨和准确地阅读、写作和论证。

因此,博士项目不能回避向其身为教师的学生(teacher-students)提供一种高度学术性学习课程的责任。但是,正如我们已看到的那样,它们在努力追求这种课程中遭到学生的大量抵制。此外,正如我们在下章将看到的,为这些项目提供服务的教育学教授通常不能胜任这项工作。

第六章　教育学教授的地位困境

迄今为止的分析提供了教育学院所处的结构性处境的轮廓,包括强加于它的社会需要以及它因满足和未能满足这些需要而招致的社会鄙视。[1] 这有助于理解教育学院面临的可能性和限制:它所承担的责任,塑造其行为的激励和抑制因素。但所有这些结构性要素并不构成教育学院,它们只是规定了其发挥功能于其中的框架。为理解这个机构所做之事以及为何而做,我们需要了解在教育学院工作的人和在专业工作中引导他们的目的。因此,在本章中,我将考察教育学院教授的特征,源于我们的处境并干扰我们工作的地位困境,以及大体上无效的应对这些困境的方式。在下一章,我将探讨引导教育学院教授们的信念系统,大体上将之视为我们地位的自然表达以及对它的反应。

1998年,美国的1300所左右教育学院中约有4万名全职教员,其中女性占58%,少数族裔占16%。在高等教育所有56万全职教员中,两者的比例分别为31%和15%。教育领域的教员约35%参与师资培养,在这个群体中女性占比为64%,少数族裔为14%。[2] 教育领域的平均工资为4.8万美元,相比于总体教员的5.7万美元薪水相当低。在十个学术领域中,只有两

1　感谢 Tom Bird, Jeff Mirel, Lynn Fendler 和 Barbara Beatty 对本章早期版本进行的有益评论。
2　NCES, 2002,由表 235 计算而来。

个在薪水方面与教育领域持平或低于它：人文（4.8万）和美术（fine arts）（4.6万）。[1]

低下地位的源头

对一个职业群体来说，低薪水和高比例的女性是低下地位的两个社会学标志——在本例中，这表明与我们大学校园的同事相比，教育学院教授的地位较低。几种因素导致了这种情况，包括社会出身、教育、专业知识、研究产出率。与其他领域的教授相比，教育学教授更可能来自工人阶级和下层中产阶级家庭。[2] 根据迪沙尔姆和昂内的概述性研究，仅有13%的教育学教授的父亲有大学学位，其中有一半是教师。[3] 教育学教授很可能上的是离家近的非选拔性的州立学院，然后开始从事教学。在受调查的群体中，71%曾在小学和初中任职（一般是教师），其中87%的人会工作3年或更久。他们通常在职获得教育硕士学位，然后也以兼职方式获得教育领域的博士学位。

既然研究表明，教育学教授与高等教育的联系主要是与地位较低的机构有关，我们的学位项目几乎全部在教育领域，我们的研究生学习涉及学术生活的外围联系，那么我们成为"学术界的不安居民"，[4] 也就不足为怪。重视研究的高等教育学术文化对我们来说既不熟悉，也不舒服，并且因此我们通常最终不会研究或做得很糟糕。一项1970年代的全面研究表明，美国1367所教育院系中仅19%会做些研究（研究被定义为2年内在26份核心

1　NCES, 2002, 表236。
2　Lanier & Little, 1986.
3　Ducharme & Agne, 1989.
4　Ducharme & Agne, 1989, p.67.

杂志上发表超过一篇经鉴定的文章);那是这种*机构*的总数,不是每个教员的平均数。仅有7%的教育学院在研究上是适度活跃的,这被界定为两年内发表至少15篇期刊论文。这些教育学院几乎都是提供博士学位的少数教育学院(占全部的11%);但即使在这个精英群体中,44%没有满足被认为是研究活跃的最低标准。[1] 当然,过去30年中研究压力在高等教育的各个层面都提高了,教育学院亦不例外。在古德莱得对教育学院的新近调查中,所有机构的教员均报告了对研究的稳步增加的需要,[2]但教育学教授仍落后于他们的大学同事。1993年对中学后教员的全国性调查(National Survey of Postsecondary Faculty)(NSOPF)表明,平均每位教育学教授在过去两年发表的经鉴定的出版物(所有类型)数量为2.8,四年制机构的所有教员是3.9,社会科学领域是4.1,仅有的与其相当或较低的产出水平的项目领域是商科(2.8)和美术(1.5)。[3] NSOPF 从1988年开始的数据表明,教育学教授整个职业生涯平均出版数为17.5,相比于所有教授的25.1,社会科学领域是24.7,仍然只有商科和美术较低。[4]

说教育学教授的坏话

在一件事上,教育学院的朋友和对手似乎都同意:教育学教授在高等教育领域中占据一个很低的地位。在《教师教育杂志》[5]的一篇评论中,一位朋友这样说:"教育学教授是最受诟病的学者。他们的研究通常被认为缺乏学

---

1 Guba & Clark, 1978,表1和表2。
2 Goodlad, 1990。
3 Fairweather, 2002,表1和2。
4 Fairweather, 1996,表2.5和2.6。
5 Lasley, 1986,内封面。

术性,他们的课堂被认为缺乏实质性内容,其理智关注过于以学校为基础。那些拥有'教育学教授'头衔的人被认为比大学自由艺术院系和专业学院的教员同事有更低的标准。考虑到学术生活的现实,这些和其他的(错误)观念通常难以反驳。"[1] 另一对教育学院的朋友,塞泽(Theodore Sizer)和鲍威尔(Arthur Powell),他们写作时作为哈佛教育研究生院的院长和副院长,以几乎相同的方式捕捉到了同样的形象:

> 鲜有学术刻板印象像教育学教授那样可悲。他(或她)是温柔的,不聪慧的,过分情感化的和好心的,是无法诊断的疾病的笨拙医生,虽有忧郁的防御心理,但是无害的。他要么是一名机械师(或厨师,正如这幅图景通常描绘的那样,他提供教育学的"烹饪食谱"(cook-book recipes)),要么是无关紧要的琐事的虚夸鼓吹者。从弗莱克斯纳(Abraham Flexner)到里弗科(Hyman Rickover)都清楚地表明了,"教育学教授"(educationalist professoriate)愚蠢的行话和怪诞的过分行为。许多当代批评家发现,教育学教授如此无能以至于提出最残酷的种族灭绝形式:完全无视教育学教授。客气一点儿说,教育学教授的形象处于低谷。[2]

正如你可能从第一章回想起的那样,科纳尔(一位激烈的批评家)在《美国教师的错误教育》的开场白中,给出的判断甚至更为直率,也更不友好:

> 说起来令人难堪的是——并且对大多数教育家显然是种冒犯,但

---

1 引自 Ducharme, 1993, p.4.
2 Sizer & Powell, 1969, p.61.

这是事实——应当说:教育学教员低劣的素质正是这个领域的根本缺陷所在,在我看来,在未来一段时间仍然如此。如我已说过的那样,尽管在教育领域有不少能干的人(特别在年轻人中),但他们的数量与总体相比微不足道。此外,在典型的教育学教员中,还存在一种强大的反理智主义倾向,尽管他们越来越多地重视学术质量。除非直面教育领域中教员的准备和理智资格问题,否则根本改革的前景并不会光明。[1]

对教育学教授的研究

尽管对教育学教授的负面观点很多,但可靠的数据很少。这并不令人奇怪,因为高等教育的研究倾向于关注教育地位等级的顶端。有大量关于常春藤盟校而不是社区学院的研究;医学院是比护理学院更流行的研究主题。对教育学教授的学术性考察很少,它们通常来自教育学院社区内部。按照时间顺序,大型工作包括:教育荣誉协会(Phi Delta Kappa)出版的论文集《成为一只长生鸟:教育学教授》(*To Be a Phoenix*:*The Education Professoriate*);[2]另一部论文集是由教育学教授协会(the Society of Professors of Education)出版的《教育学教授:一种状况评估》(*The Professors of Education*:*An Assessment of Conditions*);[3]美国大学教师教育协会(American Association of Colleges for Teacher Education)出版的教师教育研究(the Research About Teacher Education)(RATE)所做的调查《教教师:事

---

1 Koerner, 1963, pp.17-18.
2 Counelis, 1969.
3 Bagley, 1975.

实与数据》(*Teaching Teachers：Facts and Figures*)；[1]维斯涅斯基(Richard Wisniewski)和迪沙尔姆编辑的一卷论文集《教学教授：一种探索》(*The Professors of Teaching：An Inquiry*)；[2]师范学院出版社出版的迪沙尔姆的《教师教育者的生活》(*The Lives of Teacher Educators*)；[3]沈剑平的《教育学院：它的使命、教员和奖励结构》(*The School of Education：Its mission, faculty, and Reward structure*)。[4] 关于这个主题的仅有的主要文献回顾来自豪伊(Kenneth R. Howey)和齐默(Nancy L. Zimpher)，但他们没有为可用的概述信息增添多少分析价值。[5]

鉴于有关这个主题的少量数据，我认为，更仔细地检视迪沙尔姆在1993年书中的发现是有用的，这本书是该领域最新的主要研究，它由对该主题做了最多工作的学者完成。这项研究通过它的经验证据和它的不经意的例子，揭示了许多关于教育学教授本质的东西。迪沙尔姆访谈了34位教师教育者样本，他/她们来自不同类型机构的11所教育学院(系)："4所私立自由艺术学院，3所前州立教师学院……2所私立大学，2所'旗舰'州立大学。"[6]所有对象在其职业生涯早期都曾是 K-12 教师。他们告诉他，他们因为多种理由进入教学：机会(男性)、缺少选择(女性)、容易进入(两者兼有)。没人提及对儿童或对教一门科目的热情。他们虽然喜欢当教师，但他们离开学校成为教育学教授是因为孤立、缺乏自主以及教师角色不能给他们提供机会，他们喜欢自己的新岗位，因为教学来自与学生关系的内在回

---

1 AACTE, 1987, 1988.
2 Wisniewski & Ducharme, 1989.
3 Ducharme, 1993.
4 Shen, 1999.
5 Howey & Zimpher, 1990.
6 Ducharme, 1993, p.13.

报,它给予他们自由,但不是因为他们将它视为一种改革教育的机制。迪沙尔姆发现,"没有教员……表明任何持续的努力以改变学生身处于其中的学校,而是处理怎样让学生为在学校工作和生存做好准备的问题。"[1]

所有的受访者都说,他们感受到研究压力,但他们难以解释其研究工作的基本原理和实质性价值。一个说:"噢,我写过一点儿东西,做一些演讲,经常在 ATE 做些事情等等。这似乎很成功。但至于实质性工作,我什么都没做过。"[2] 另一个说道:"好吧,我是一个强迫性的研究者、作家……我发表了约 250 份出版物;简历约有 25 页长。"[3] 如迪沙尔姆曾指出,受访者对研究的评论太接近"更广泛的学术界对教育研究和著述的一些看法。仓促地完成,缺乏真正的说服力,它能有多大的价值呢?"[4] 迪沙尔姆通过让他们说出三本"想让学生阅读以使他们成为更好的教师和更好的人"的书[5],试图理解受访者的理智兴趣。他们的回应反映了在其作为教育学教授的工作中令人沮丧的缺乏理智的取向。一人提到《麦克白》(Macbeth),但大多数书名类似于《桃李满天下》(Up the Down Staircase)、《未来冲击》(Future Shock)和《黑板风云》(Blackboard Jungle)。一位教授说,"我读关于(about)书的东西多于我读的书。"[6] "也有一些很模糊的回答,其中提到一本不知名的书;还有包括'埃里克森(Eric Erickson)的一些东西','布鲁姆之书'(the Bloom book),'一本很棒的历史书',和'手册',经询问,这是维特洛克(Merlin C. Wittrock)的《教学研究手册》(Handbook of Research on Teaching)。有五位受访者,在考虑了几分钟和谈论这个问题后,没有说出任何书或作者

1　Ducharme, 1993, p.52.
2　Ducharme, 1993, p.57.
3　Ducharme, 1993, p.58.
4　Ducharme, 1993, p.64.
5　Ducharme, 1993, p.105.
6　Ducharme, 1993, p.106.

的名字。"[1]

当你看到这项研究的最后,难免会对教育学教授的状态感到沮丧。这本书在两个分析层面强化了这一印象。在一个层面上,数据刻画了一群教员,正如贾奇(Harry Judge)在该书前言中冷静准确地概括的那样,他们"在缺少高准入标准或激烈竞争的情况下,以一种有点随意的(如果不是心不在焉的话)方式进入教学",他们离开教学行业,成为教育学教授,因为大学"给他们更多的闲暇,更少的监督",他们做研究只是为这种特权付出的"小小代价"而已,没有"关于在这样的机构中研究可能是或应该是什么样的任何洞见,无论是理智的还是道德的"。[2]

在另一个层面,这本书通过它自己的例子提出了关于教育学教员弱点的观点。拙劣的设计,粗糙的分析,这项研究是人们通常指责教育学教授产出的那种浅薄研究的一个范本。事实证明,迪沙尔姆的34个研究对象是一个特殊的方便样本,信息员推荐他们代表了"从'星级'质量到合格的范围"以"反映教育学教授的范围而不过度建构这个过程",[3] 作者向每个受访者问了11个开放问题——譬如,"告诉我你对低年级教学的介绍,你是如何做出教学决定的?"——并且在一个持续40—65分钟访谈中,他"通常允许完全交由受访者控制"。[4] 这就是他的整个方法论。他分析数据的方法同样简单,缺乏系统性。他只是告诉我们,他们说了什么。然而,即使是这样一项并不复杂的研究,迪沙尔姆也未能抓住自己研究的要点。尽管他的样本是非随机的,缺乏代表性,但数据仍是令人印象深刻的,因为它们提供的无情

---

1 Ducharme, 1993, p.106.
2 Ducharme, 1993, p.vii.
3 Ducharme, 1993, p.13.
4 Ducharme, 1993, p.17.

的反面证据表明,受访者缺乏专业精神、目标以及对学科的理智承诺。但迪沙尔姆仍然能看到积极的一面,得出与他自己的证据相抵触的结论:"我仍对这些教员的得体、正直和价值观印象深刻。哦,他们可能使我失望,因为他们'未能'满足我对未来教师应当阅读的、丰富的、富有想象力的文献名称的期望。但他们对工作的兴趣、对质量的关心、对学生的高期望、他们的思想性以及他们对生活的热情超过了实现人们对那些和年轻人一块工作以帮助他们准备成为教师的标准的希望。"[1]

在他具有讽刺性意味的前言中,贾奇指出了作者解释的"乐观"品质,然后提出一种替代性解读。通过一个假想的"成功的法国女性学者",她的"比较性视角(我怀疑)将缓和这种乐观主义。"[2]我早先介绍了这个令人印象深刻的证据摘录。他总结道:"[对这些教育学教授来说]真正的满意在于工作在温和无忧的环境中——在那里同事们对彼此是非批判性的,在于体验到一种做好事的温暖而美好的感觉。"[3]贾奇以指出这本书的一个主要价值——"在于激起读者对提供的丰富证据做出个人的解释"——作为结束。[4] 的确如此。

对教育学教授的批评都公正吗?

至此,读者可能会认为:所有这些对教育学教授的贬低有点不公正。对此,我的看法是:当然不公正。本章旨在探讨教育学教授的地位问题,关于地位没有什么是公正的。地位等级是社会权力的一种表达,因为有权力这样做的群体建立了将给人们带来更高或更低社会尊重的特定特征。用不着

---

1 Ducharme, 1993, p. 112.
2 Ducharme, 1993, p. viii.
3 Ducharme, 1993, p. viii.
4 Ducharme, 1993, p. ix.

奇怪的是,拥有最多尊重的特征是与那些最有权力的群体相联系的,并且这种权力通常来自于先到那里的人。

如第二章所见,教育学院是美国高等教育的后来者。首先是18世纪建立的私立机构,其次是19世纪早期和中期的旗舰州立大学。19世纪晚期,教育学才开始作为一个大学科目出现;直到20世纪中叶,师范学校才完成从独立的职业学校向综合性(full-service)区域州立大学的演进。待教育学教授到达大学时,教授中的地位等级已牢固地由他们的前辈们建立起来了。如我早先所示,这种等级制度将最高地位授予最先到达那里的机构和学术专业力量的因素,同时惩罚教育学院的后来者。教授因其教那些本身就处于高地位的学生而获得地位奖励,这有利于像常春藤这样的机构,从一开始它们就吸引上层男性学生,也有利于为高地位专业培养人才。但教育学教授发现自己身处大学和教育学院,这些学院在大学地位秩序中处于次等地位,它们训练工人阶级女性来承担被认为是半专业的教学角色。此外,高等教育的地位秩序不是因为教学而是因为做研究来奖励教授,尤其是产出表现为硬知识纯知识的研究,它们具有更多交换价值而不是使用价值。

因此,在大学地位秩序演进中,教育学教授最终抓住了这个秩序的短端。这没有什么公平可言,只是事情的结果而已。仅仅因为其他教授较高地位的学生,产出更多的研究,更具学术威望,他们就胜过教育学教授——即使教育学教授教未来教师可以说是更重要的,即使他们的研究可以说与社会需要更相关。在第三章,我们看到,与大学中更有声望的项目教员面对的教学挑战相比,运作一个有效的教师教育项目有多么困难。由于教师影响大量的学生,教育学院教师教育角色的倍增效应使其教学项目产生了一种高地位学术院系只能梦想的社会影响。在第四章,我们看到,相较于更硬、更纯的知识领域所在院系做的研究,在教育领域产出可靠的研究多么复杂和艰难。并且,这种研究的应用特征使其具有真实世界相关性,而学科性院系教授的研究成果大多缺乏这种相关性。如果本章聚焦于后者而不是低地位的教育学教授,我们可能会像其他人那样嘲笑他们的工作过于晦涩、具有倾向性和无用性,从而大做文章。[1]

如我已表明的那样,尽管在某些方面教育学教授可能招致极大的不尊重(迪沙尔姆访谈对象的表现和抱负的低水平以及他自己研究的低质量就是证据),我们在高等教育地位等级中地位低下的事实也像餐后甜点一样具有历史偶然性。无论起源是什么,结果都是灾难性的。作为高等教育群体中低人一等的成员,教育学教授是其他人肆意攻击的对象。

教育学教授内部的地位差异

事实上,在教育学院之间和内部也存在地位等级。考虑四个将教育学教授分层的相关标准,其中两个是与其他项目领域的教授共有,两个是教育领域特有的。像高等教育领域中的其他教员一样,教育学教授的地位按照他们的项目及其所处大学的*学位层次*(degree level)确定,也按照他们与*研究*的关系来确定。但在教育学院内,有另外两个区分:参与*教师教育*和没有参与的教员,在一所前*师范学校*工作的和在另一所机构中工作的教员。

与那些提供硕士学位或仅提供学士学位的项目和大学相比,颁发博士学位的项目和大学为其教员提供更高的地位。衡量这种差异的一个简单尺度就是教员薪水:2001—2002年,美国博士学位层次的机构中全职教员的平均薪水为72,000美元,而那些综合性机构的教员为58,000美元,在学士

---

1 E.g., C. Sykes, 1988.

层次机构的为52,000美元。[1] 另一个与之密切相连的尺度是,项目和机构的相对研究导向。研究导向越高,教授的地位越高。同样,薪水提供了这种区分的一个粗略尺度。1998—1999年,公立研究型大学的全职教育学教授的平均薪水为53,000美元,公立博士机构的为46,000美元。[2] 在项目内部,研究产出率也为教员划分等级提供了一个手段,这也表现在薪水方面。一项利用NSOPF数据的研究表明,在公立研究型大学中,教员职业生涯的出版物数量达到30或更多的所得薪水较那些出版物数量少于2的教员高出27%,在私立研究型大学薪水的优势则高出70%。[3]

考虑一下这对教育学教授意味着什么。1999—2000年,美国仅有245所教育学院授予博士学位,1146所教育学院授予学士学位,两者比例1:5。[4] 古巴(Egon Guba)和克拉克(David Clark)的研究表明,仅有一半多一点的博士层次教育学院在研究方面表现活跃。[5] 因此,仅有一小部分教育学教授在研究型和博士学位授权的教育学院工作,这些教授享有比他们在其他教育学院的同行明显更高的地位。与这种地位差异相伴的是在收入、工作条件、时间分配方面的巨大差异。

与围绕项目水平和研究导向的区分紧密相联的是教师教育在教育学教授内部被赋予的地位。拉尼尔与利特尔(Judith Warren Little)以值得赞扬的清晰方式解释了它:

> 教授的声望和参与教师正规教育的强调之间存在一种反比关系……

1　*Chronicle of Higher Education*, 2002, p.31.
2　NCES, 2002,表236。
3　Fairweather, 1994,来自表5的计算。
4　NCES, 2002,表262。
5　Guba & Clark, 1978,表2。

如果艺术和科学领域的教授对教师教育有明确兴趣或承担教师教育责任,他们便面临着丧失包括升迁和终身教职在内的学术尊重的风险。这是人所共知的。在教育院系,拥有学术头衔的教授甚至面临失去他们的大学学术同行尊重的更大危险,因为他们与教师教育近在咫尺,更可能与之产生联系。最后,那些实际上承担监管中小学的职前教师或实习教师的教育学教授的确处于这个分层阶梯的底部。[1]

在教育学院的相关文献中,与教师教育相联所导致的教育学教授地位的丧失是老生常谈。[2] 如早先指出,35%的教育学教授的工作是培养师资,但这个比例根据机构的层次差别很大。在强调博士学习和研究的机构的教育学院地位序列中,地位越高的机构花费在教师教育上精力的比例就越低。

在没有参与教师教育的教育学院教员中,另外两个地位区分也发挥作用。由于历史原因,在教育学院,支配性权力地位由管理系把控,教育心理学系占据了支配性的理智地位。在20世纪上半叶进步主义教育改革时期,一个被称为管理进步主义者(administrative progressives)的群体成为这一运动的主导力量。他们这一翼的进步主义对学校影响最大,部分原因是它的领导人处于强势地位,很容易在学校的管理角色和教育学院的教员角色之间变换。这一时期,教育学院管理系充满了经验丰富的和通常知名度很高的学校管理者(我将在下一章更详细地讨论这一运动)。领导经验、与学校世界中权力的联系,同作为进步改革者的突出地位相结合,使他们也处于控制教育学院的有利地位。直到最近,当教师教育成为一个主要政策议题,教育学院的院长们通常都来自管理系。

1　Lanier & Little, 1986, p.530.
2　Judge, 1982; Goodlad, 1990; Clifford & Guthrie, 1988.

然而,同时,教育心理学系通常在教育学院发挥理智领导的作用。教育作为学术研究领域从心理学中产生,在这个领域最有影响的早期研究者如桑代克(Edward L. Thorndike)和霍尔(G. Stanley Hall)皆为教育心理学家,甚至杜威最早有关教育的工作也是在心理学中完成的。今天教育期刊继续采用美国心理学会的格式规范。心理学(关注个体特征、儿童发展和学习理论)仍是这个领域的基础学科范式。作为教育领域最早的研究者和教育中最接近诸学科的领域,教育心理学仍是所有教育领域最具学术性和最少专业学院导向的,与教育的其他领域相比,它的学术性持续赢得大学社区同事们更多的尊重。因而,教师教育教授常常发现自己被切断了与教育学院中的制度权力和学术尊重的联系。

教育学教授的低下地位不仅仅与教师教育相关,而且也与这个机构和师范学校的历史联系有关。如第二章所见,美国正规的教师准备始于19世纪下半叶的师范学校。这些机构处于消费者的强大市场压力之下,这些人需要师范学校提供更广泛的教育机会和更高交换价值的学位,而不是一种教学资格证书。结果,师范学校逐渐演变为授予完整的学士学位的州立教师学院,然后成为具有大量项目选择的州立学院,最终变为综合性区域大学。在每一个阶段,随着其他项目逐步进入课堂,教师教育从其在这个机构的核心角色进一步退到更边缘的地位,但是这些新兴大学仍保留了它们源于师范学校的印记。在美国高等教育历史上,它们不仅是新机构进程中的后来者,而且继续承担培养教师的重担,而更具声望的大学尽可能最小化对这个领域的投入。

因此,教育学教授有基本等级。地位最低为数最多的教育学教授专注于前师范学校的教师教育,他们很少或完全不重视高级研究生项目或教育研究。同时,少数高地位的教育学教授在教育学院工作,这些教育学院位于产生更早、并独立于师范学校的机构(私立的,旗舰公立的,或赠地的),他们更少参与教师教育,更专注于博士生培养和研究工作。

第二类教育学教授是本章关注的重点,因为研究型教育学院是本书探讨的主要对象。鉴于区分这些教授与处于教育地位秩序底端的其他同行的巨大差别,以用来抹黑前师范学校中地位低下的教师教育者名字的相同刷子,将那些不太幸运的同事的蔑称用于他们身上,这公平吗?一句话,是的。毕竟,每个其他人都是这样。如我先前指出的那样,地位不是一个公平问题,这是社会事实的作用。这个简单的事实是在决策者、大学教员、教育者和公众看来,一所教育学院与另一所差别不大。教育学教授之间的地位差异对身处于这个被围困的群体内的我们来说意义重大,但对局外人来说,我们与教师教育的联系清除了大量出版物和使用顶级名校的信头的大部分差别。毕竟低下的地位是一个巨大的社会均质器。社会地位的作用之一是,允许一个社会的成员聚焦于那些社会上最突出的事物,忽视那些不突出的。因此,他们花了很长时间理清自身的层次与以上层次的区别,但他们倾向于将那些低于自己的人视为差不多一样的。楼下的服务员之间的区分对楼上的雇主来说并不那么重要。

高地位教育学院的教授不能运用他们在教育学院社区的影响力来获得外界的大量尊重。事实上,与那些在不那么显赫环境中的教育学院相比,精英大学教育学院通常更容易受到校园中同事傲慢和歧视的伤害,只是因为在一个高贵显赫的地位是常态的地方,教育作为学术领域的卑贱之地显得特别扎眼。一个差大学的强教育学院可以使这所大学看起来很好,但一所精英大学的强教育学院至多能避免成为一种尴尬。在这样的环境中,一个问题会长期存在:"我们为什么要有一所这样的学院?"而人们的回答往往是"也许我们不应该有。"耶鲁在20世纪50年代早期裁撤了教育学院,约翰·霍普金斯大学在50年代晚期,杜克在80年代,芝加哥大学在90年代。加州伯克利在80年代早期差点儿也这样做，而与此同时，密歇根大学的教育学院受到严重削弱的威胁。哈佛大学的教育学院虽被容忍，但它无权提供哲学博士学位，哥大的师范学院只有与文理学院联合才可以提供哲学博士学位。

解决地位问题的策略

在处理他们的地位问题方面，研究型教育学院的教育学教授能选择的策略在数量和有效性上是有限的。两种策略尤其值得一提：拥抱大学教授的角色，背向教学和教师教育；或者拥抱与教学专业的联系，背向大学。让我们对两者依次进行考察。

其中一种建议由霍姆斯小组——一个由顶尖教育学院院长组成的改革组织，它存在于20世纪80年代中期到90年代中期——在其第一份报告《明日之教师》(*Tomorrow's Teachers*)[1]中提出，另一个是由克利福德和格思里在《教育学院：专业化教育概要》(*Ed School: a Brief for Profess-ional Education*)[2]中提出。两份文本均将教师教育的低下地位作为影响教师教育有效发挥其功能的能力、因而需要加以解决的重要问题。两者都把专业化作为解决该问题的任何措施的关键要素。但是，它们分别采取了非常不同的专业化路径：霍姆斯小组鼓吹一种将教师教育更密切地与大学相联系的策略，格思里则主张一种使项目更紧密地与教学专业结盟的策略。[3] 鉴于

1　Holmes Group, 1986.
2　Clifford & Guthrie, 1988.
3　为了让事情更加混乱，霍姆斯小组在1995年发布了另一份报告（《明日之教育学院》），其中它实际上放弃了《明日之教师》中定义的以大学为基础的改革策略，并采用一种以学校为基础、以教师为导向的方式，这与《教育学院》提出的主张非常相似。请参阅我对这一戏剧性转变的分析(Labaree, 1995b)。尽管立场发生了逆转，霍姆斯小组的第一份报告仍然是关于如何利用大学资源来解决教师教育地位问题的一份重要而有影响力的声明。

这些建议提出的相似目标,以及实现目标的不同策略,这两种建议可以同时进行评估。[1]

《明日之教师》

在报告一开始,霍姆斯小组就瞄准已困扰教师教育多年的地位问题,并将其与也影响教学的地位问题联系起来。"不幸的是,教学和教师教育有一个相互削弱的长期历史。教师教育长久以来在理智上是薄弱的;这进一步侵蚀了一个本就不受尊敬的专业的声望,并且它鼓励许多准备不足的人进入教学。但是,教学长期以来就是一个报酬低且任务重的职业,对大学来说招收优秀学生进入教师教育很难,或者使大学像对待更有声望的专业的教育那样认真对待教师教育很难。"[2]这份报告承认,"自从世纪之交以来,美国教师教育的出了名的难题一直令人唏嘘",它指责说,通常为这些问题提出的对策大体上是无效的,因为"没有理解教师教育在多大程度上是作为教学的创造者而演变的。"[3]如果相互削弱是问题所在,那么相互改进就是治疗方法。因此,如拉尼尔在这份报告的前言中指出,霍姆斯小组"是围绕教师教育改革和教学专业改革的双重目标组织起来的",其中后者指的是"将教学从一个职业转变为一个真正的专业"。[4]

使教学专业化需要在学校的教师角色和教师奖励结构方面作出重大改变。但是,在撰写报告时,像霍姆斯小组成员那样的机构——约有100所顶

1　近年来,关于教师教育改革,古德莱得教授在《我们国家的学校教师》(*Teachers for Our Nation's Schools*)(1990)中提出了一项引人注目的建议,并附有两卷支持性的书(Goodlad, Soder & Sirotnik, 1990a, 1990b)。在区分《明日之教师》和《教育学院》的问题上,古德莱得倾向于中间路线。因此,与其他两本书相比,他的书在这场讨论中用处不大,因为它们提供了一整套明确的替代性方案。
2　Holmes Group, 1986, p. 6.
3　Holmes Group, 1986, pp. 25–26.
4　Holmes Group, 1986, p. ix.

尖研究型大学教育学院——对这些领域几乎没有控制权，它们掌握在地方学校委员会手中。因此，这份报告的作者关注这些机构可以利用其作为研究型、以大学为基础的教育学院的优势以推动专业化进程的方式。"因此，我们提议的工作是大学独特的领域：学习、研究和教学。我们建议中的新东西是这样的观念：这些独特的学术资源集中在教师教育问题上，大学将解决这些问题作为首要任务。"[1]

教育学院能做的是创造一种专业教育项目，效仿用于为像医学和法律这样专业作准备的项目："随时间推移，这些既有专业已发展出一套专业知识，通过专业教育和临床实践编码和传递。它们对专业地位的主张权利有赖于此。对教学职业而言，最近才出现对这种独有知识的辩护主张。因而，改革教师准备和教学专业的努力必须从阐明这个专业的知识基础和开发可以传授知识的手段这一严肃工作开始。"[2] 幸运的是，如早先该报告所指出的那样，"在过去二十年间……杜威、桑代克和其他人在世纪之交承诺的教育科学已变得更加触手可及。"[3]

总之，《明日之教师》的论证逻辑是这样的：教师教育声誉很差，部分原因是它在理智上是薄弱的，部分是因为教学本身的低下地位。教师教育的提升需要教学专业化。从有利于教育学院所处大学的角度看，推进后一目标的最有力和最容易的方式就是围绕一个以研究为基础的专业知识核心重构教师教育。这个策略充分利用历史偶然性事件，它们将教师教育从低地位师范学校带入大学。教师教育者是大学教授，他们（可以或确定）以典型的大学方式从事有关教学的科学研究。那么，为什么不用一些高地位、学术

1　Holmes Group, 1986, p.20.
2　Holmes Group, 1986, pp.62–63.
3　Holmes Group, 1986. p.52.

上经过验证的知识来支撑教师教育（它的庸俗的实践性，它的非理论性）的理智弱点？实际上，这意味着呼吁教师教育者在大学自己的游戏中胜过大学，从事学术上可信的关于教学的研究，然后将这种知识传授给未来教师。然后这种知识的高交换价值将传递给教师教育者和教师，将两者提升到一个更高地位。这是一个纯粹以市场为基础的策略，它利用大学的氛围来推进两个群体的事业。

该策略存在两个主要问题，这使人们怀疑其作为提升教师或教师教育者地位机制的有效性。首先，没有什么理由认为，霍姆斯小组提出改进的那种专业教育将对教师地位有重大提升。只有当使用价值是职业地位的关键，情况才会如此；如果是这样，那么一个人的声望的确将取决于他所知道的东西。然而，在职业地位市场中，交换价值才是最重要的。我认为，医学和法律是高地位专业，并非因其有严格的专业教育项目，而是相反。它们之所以有高度选拔性的专业教育项目，因为专业有丰厚的回报，从而吸引的候选人比所能容纳的人多得多。

提高一个从属性职业群体的文凭要求提高了入门的成本，但它无助于提高该职业本身的权力、声望或薪水。近些年来，护理专业一直在尝试这一策略，朝着每个注册护士（registered nurse）都必须持有学士学位的方向发展。但这丝毫不改变护士从属于医生的支配方式；至多，它将有助于在注册护士和执业的实践护士（licensed practical nurse）之间画一条更牢固的界线，保护前者免于向下流动而非推动专业进步。[1] 如果专业教育是关键因素，那么药剂师将是一个高贵专业的成员。他们追求药理学的高级学习，以完成一项通常只需要将药丸从一个瓶子装到另一个瓶子的工作。通过寻求

---

1 Witz（1992）讨论了半专业职业所采用的各种防御性策略，这些策略旨在阻止来自下方的竞争。

提高教育要求的策略,教学和护理同样可能冒着过度认证(overcredentialing)人们的风险,而这份工作不会发生改变以满足新的专业准备水平。

事实上,霍姆斯小组在《明日之教师》中的策略也许是被设计用来更好地提升教师教育者的专业地位而不是教师的地位的。[1] 将学术研究置于专业课程中心的努力有助于取代实践者的临床知识,确立教师教育者而非教师作为正确专业实践的主要权威。实际上,这一策略可能以教师为代价来提升教师教育者的地位。此外,通过强调教师教育者作为学术研究者和知识生产者的资格,它被设计来加强他们在大学中的地位。但它引发了该策略的第二个问题:没有理由认为,效仿大学中其他教授的努力事实上将使教师教育者获得我们追求的那种尊重。正是这一点处于克利福德和格思里在《教育学院》分析的中心,它形成了他们自己对改革教师教育建议的基础。

《教育学院》

克利福德与格思里在其书中以一位哈佛大学校长的引文开篇,这位校长远溯自 1865 年具有与《明日之学校》的作者们同样的观念。像他们一样,他认为,通过充分利用大学的声望来投资教师教育,教学将会提升为真正的专业。用他的话来说,"在一所大学建立师范学院,在师范学院建立专门的艺术学士课程,将是为了提高所需的卓越教师的标准而采取的措施,并将使崇高的专业提升到应有的尊严。"[2] 但作者对这个结论极不赞同,并宣称,他们书的主要观点就是认为,这位大学校长 130 年前建议的方法已被尝试过,并被证明失败了:

---

1 我对该问题的详细分析,参阅:Labaree, 1997a, chap. 6。
2 Clifford & Guthrie, 1988, p.3。

这本书关注美国那些"大学中的师范学校":关于它们的起源、历史演变、持续存在的问题和未来前景。我们的观点是教育学院,尤其是那些有声望的研究型大学的教育学院,已过于轻率地陷入其机构的学术和政治文化中,并忽视了它们的专业忠诚。它们像边缘人,是自己世界中的异类。它们很少成功地满足它们大学的文理科同事的学术规范,同时也疏远了务实的专业同行。它们愈是有力划向学术研究的方向,就越远离其责无旁贷地应当服务的公共学校。反过来,解决公共学校应用问题的系统努力将教育学院置于它们自己校园的危险之中。[1]

如我们所见,将师范学校带入大学的不是大学居民对教学专业的仁慈,而是追求高级学位的教育消费者的强大压力。但是,按照克利福德和格思里的观点,一旦教师教育在这种高贵的环境中安下身来,教师教育者便开始遭遇"'地位焦虑'(status of anxiety)的美国病",这迫使他们在这种新的学术环境中寻找办法以建立自己的专业资格。不幸的是,这些方法没有成功:"一条被认为获得更多尊重的途径是鼓励抛弃课堂……另一条老路是尽可能地学术化,这条路使他们远离自己的使命。通常和意料外的回报是其他学者的拒绝,理由是这种工作极少像学科院系所做的相同工作那样有价值。"[2]

在克利福德与格思里的分析中,有两个要点与我讨论的《明日之教师》和教育学教授的地位有关。第一,正是对他们自己的专业地位而不是教学专业化的担忧,促使教师教育者全力投入到建构教育学术体系的任务中。因而,"教学的科学",第一份霍姆斯小组报告将之视为教师专业化的基础,

---

1　Clifford & Guthrie, 1988, p.3.
2　Clifford & Guthrie. 1988, p.325.

实际上是作为教育学教授使自身专业化努力的附带产物,这种努力更符合学术规范而非教师实践。[1]

第二,这些努力最终惨败。"尽可能地学术化"——通过参与受资助的研究,运用科学的方法论,为学术听众严肃写作,产出大量鉴定过的期刊论文——不能从教育学教授的额头擦除师范学校的耻辱印记。教师教育者的地位由超出我们控制的因素决定。作为大学主要教员的后来者,我们注定要玩一场持续的地位追逐游戏。由于我们中的大部分集中在最近由教师学院演变而来的新区域性大学,我们与这些机构在既定学术等级中的低地位联系在一起。我们不可避免地要在一个轻视这些东西的环境中同实践知识和教师准备项目的职业导向相联系。并且,我们也同教学的低下地位密不可分。

由于这些原因,克利福德和格思里主张,对教育学院来说,改进教师教育的最好策略就是抛弃他们对学术地位的徒劳追求,专注于服务教学专业。这要求一个彻底的转变(同《明日之教师》的核心主张直接相反),要求教育学院背向大学,拥抱学校:

> "教育学院必须将教育专业而不是学术界作为他们的主要参考点。说教育学院的最大长处是它们是可以从各种学科视角考察根本问题的唯一地方,这是不够的。它们半个多世纪以来都是这样做的,但对专业实践没有显著影响。对许多教育学院来说,是时候改弦易辙了。
> ……它们最主要的导向应当是教育实践者,为了实现这一点,必须使教育学院教员更多地认识到学校教育的技术或经验的文化。要求更

---

[1] 我对这一问题的更详细讨论,参见:Labaree, 1997a, chap. 6。

少将会继续使研究和训练活动受挫。我们认为,这是一个合理的政策:教育学院的教员任命通过在教员评估的指导方针和过程中纳入实质性专业标准,纠正了存在于许多教育研究生院教员中存在的不平衡。这种评估应当包括任命和升迁的决定。"[1]

尽管克利福德和格思里对霍姆斯小组基于大学的改革教师教育的策略提出了强有力的批评,但他们以专业为基础的策略存在自身的问题。关键的问题再次与地位问题相关。要求教育学院教授背向我们当前所处大学中的高地位(无论多么不舒服),将我们自己投入一个市场地位很低的职业的怀抱,这似乎完全不切实际,甚至适得其反。即使教育学院教员在大学内部不受待见,但据有大学教授的地位带给它广泛的外部地位好处。然而,教育学教授没有为大学增添多少光环,但我们喜欢被它的荣光照亮。相反,正如《明日之教师》准确指出的那样,教学地位往往会拉低教师教育的公共地位。这种向下的拉力正是《教育学院》所忽视的,在此过程中,它削弱了其改革教师教育努力的潜在有效性因素。

在产出研究和提供博士项目的这类教育学院中,个别教育学院倾向于选择其中一种策略来解决它们的地位问题,这首先取决于它们在机构等级中的地位。精英大学的教育学院倾向于认同大学而非专业,将自身定义为教育研究生院。它们同教师教育保持距离,并或将(and/or)其局限于一种小而边缘的项目内,它们专注于开展研究和训练教育研究者,其职能更近于学科性院系而不是专业学院。追求这种课程的教育学院为数有限,包括哈佛大学、斯坦福大学、西北大学、加州伯克利分校、加州洛杉矶分校、密歇根

---

[1] Clifford & Guthrie, 1988, pp.349-350.

大学、威斯康星大学、宾夕法尼亚大学和哥大师范学院。那些低于这个层次的教育学院通过同时聚焦于研究产出和教师教育试图平衡学术和专业角色。这包括像密歇根州立大学、俄亥俄州立大学、路易斯安娜州立大学。提供博士学位为数最多的250所左右教育学院处于第三梯队,专业学院的精神在这些机构中是主要的,教师教育是核心的计划工作,研究和博士学习起次要作用。在各个级别中,你都可以在各个教育学院内的教员之间发现同样的区分。一些教授专注于研究和博士项目,其他的则关注教师、管理者和其他教育专业人员的准备,每个群体的比例随教育学院的级别而有所不同。

  问题是,没有可以摆脱我们研究型教育学院教授面临的地位困境的捷径。霍姆斯小组和克利福德与格思里提出的两种策略均不是很奏效。一所与其专业隔绝的专业学院,仅仅提供对学科性学术的苍白反映,不能为其继续存在提供任何理由,这是高端教育学院经常一败涂地的原因之一。追求专业角色的教育学院,同时承担一些研究工作和博士学习,最终在大学中显得很粗鄙,在教学专业上显得自命不凡。为数不多的几所认真努力在教育学院的两个主要支持者中保持信誉的教育学院发现自己的处境特别困难。对它们来说,很难说服任何一方教育学院忠诚的支持者,因为与一方的关系在另一方看来削弱了它们的主张,这意味着,它们需要加倍学术化和加倍专业化来克服这种怀疑。在这种处境中难以维持中间地位,因为两极拖拽着教育学院,要么选择大学,要么选择学校,但不能同时选择两者。因此,默认的立场使教育学院的教授远离了两个支持者中的一方,并且又遭到另一方的怀疑。

第七章　教育学院与进步主义的浪漫

尽管教育学教授处境不妙，但我们并非没有资源。[1] 我们的工作是艰难的（作为教师教育者、研究者、研究者的教育者），我们没有很多专业的或学术的信誉，也没有得到多少尊重，这些都是事实。但我们的确有一种愿景。我们大多数人都确信，我们知道教育怎么了、如何处理它，我们迫切地向那些塑造学校的团体——教师、管理者、父母、决策者、立法者、课程开发者、教科书编写者、测验设计者和媒体——说明我们的理由。我们提出的教育愿景已经存在一百年了，它通常被称为"进步教育"。

在当前的教育政治中，教育学教授和我们的信念之间的关系特别重要，因为许多批评家将困扰美国学校教育的诸多弊病归罪于教育学教授和我们的进步意识形态。教育学教授的低地位使我们成为寻人担责的批评家易于攻击的目标，我们如此无反思地赞成的进步信条的关键成分提高了对我们指控的可信度。如我们将在末章表明的那样，它的确可以对学校造成伤害，如果教育学院的进步主义愿景落入一个强大到足以实施它的机构之手，但

---

[1] 我非常感谢以下同事对本章早期版本所作的富有洞察力的批判性解读：Tom Bird，Jeff Mirel，Lynn Fendler，Barbara Beatty，E. D. Hirsch 和 Diane Ravitch。2003 年 5 月，我在华盛顿特区布鲁金斯学会教育政策年会上介绍了本章和第八章的简短版本。这篇文章发表在 2004 年布鲁金斯教育政策论文（Labaree, 2004），并得到了转载许可；2003 年 8 月，在圣保罗举行的国际教育史常设会议年会上发表了一篇主题演讲，提供了一个更简短的版本。我感谢两次会议的与会者提出了有益的意见。

教育学院太弱而无力这么做。然而,我在本章的目的是,通过分析这种愿景的本质及其在进步教育运动和教育学院相互交织的历史中的结构性根源,发展一种对进步主义如何和为何成为教育学院主导观念的理解。

教与学的两种愿景

从19世纪晚期至今,两种迥然有别的教和学的愿景在争夺美国学校的首要地位。它们有各种各样的名字,一些为人熟知,一些更模糊些,它们包括:旧教育与新教育[1]、以课程为基础的与以儿童为基础的[2]、形式的与非形式的[3]、模仿的与转变性的[4]、理智的与反理智的[5]、习得的隐喻与参与隐喻[6]、直接的与间接的教学、外在的与内在的动机、课本导向的(text-oriented)与项目导向的。然而,最常用的标签(它捕捉到了各种分类体系的大部分含义)是教师中心的与儿童中心的(或学生中心的)、传统的与进步的,在当前教育学院中最流行的术语是传统的与建构主义的教学。考虑到简便性、常用性和历史共鸣,我采用传统的和进步的名字指称这些愿景。

让我们考虑这两种方式的基本差别。在杜威的《儿童与课程》(*The Child and the Curriculum*)中找到一个经典比较:

> 一种学派把注意力放在课程的内容上,而不是儿童自身经验的内容上……

1　Dewey, 1902/1990.
2　Dewey, 1902/1990.
3　Silberman, 1970.
4　Jackson, 1986.
5　Stevenson & Stigler, 1992.
6　Sfard, 1998.

……内容提供目的,同时也决定方法。儿童只不过是有待成熟的不成熟的存在;他是见识浅陋而有待深化的存在;他是经验狭隘而有待拓展的存在。这就是他要接受、并承认的现实。当他顺从听话时,他的职责就完成了。

另一派说,不是这样。儿童是起点、中心和目的。他的发展,他的生长,是理想。所有的标准皆源于此。所有的学习都从属于儿童的生长;它们具有工具性价值,因为它们服务于生长的需要。个性、品格不仅仅是内容。目标不是知识或信息而是自我实现……此外,内容从来不能从外部进入到儿童身上。学习是主动的,它关涉到触及儿童的心灵,涉及从心灵内部开始的有机内化作用。[1]

与他反对二元论的哲学立场一致(这反映在小册子的标题上:《儿童与课程》不是《儿童或课程》),杜威继续解构这两种愿景的差异。使这些差异模糊化也是一种有用的修辞活动,这在两种立场的持续争论中相当常见,因为它将这个作者描绘为一个通情达理的人,一个持温和观点的人,他不会赞同一种黑白分明的教育世界观。然而,这种妥协态度一旦得到认可,讨论参与者会习惯性地匆忙回到争论中,将一方推向另一方。像在其他地方一样,杜威遵循这种模式,用一个对"三种典型的弊端"的攻击来结束这篇论文:这三种弊端源于追求教授课程的传统方法——缺乏与儿童的有机联系、缺少学习动机、将知识化约为无意义的事实[2]——这反过来迫使人们"求助于偶然的影响来把它推进去,诉诸于人为的训练来把它打进去,借助于人为的贿

1　Dewey, 1902/1990, pp.185–87.
2　Dewey, 1902/1990, pp.202–5.

赂来将它引诱进去。"[1]

为了详细阐述这两个愿景对课堂教学的意义,我利用查尔(Jeanne Chall)的《学业成就的挑战》(*The Academic Achievement Challenge*),这是对进步方法的尖锐批评,它为教学过程的每个主要要素在传统的和进步的教学之间的差异提供了有用的比较。[2] 下表7.1是对她书中的一个图表略作修改和删节的版本,[3]该表反过来借鉴了附录中更详尽的比较。[4] 这份教学差异目录为本章和下章对两种立场的后续讨论,提供了有用的基础。

教育学院对进步主义的承诺

从20世纪起并一直延续至今,对美国教育学院来说,进步愿景已成为典范的、良好教学的定义。在这些机构中,教师教育项目(为职前教师)和教师专业发展项目(为在职教师的目的)劝阻教师选择传统方式,争取他们坚定地加入进步事业。在教育学院中有像查尔这样没有选择进步修辞甚至反对它的人,但他们为数很少,并且知道自己的立场是非正统。

在这一点上,没有任何严重分歧:

---

1 Dewey, 1902/1990, p.205. Diane Ravitch 很好地捕捉到杜威修辞的这一方面:"从时间角度来看,令人吃惊的是杜威被锁定在二元论中,即他经常论及的'非此即彼'。他常常描述教育中的对立倾向(学校与社会、儿童与课程、兴趣与努力、经验与教育),并声称他想要调和这些二元论。然而,他从未将它们视为同样令人信服的选择,因此他的追随者总是选择社会而非学校,儿童而非课程,兴趣而非努力,经验而非内容。"(Ravitch, 2000, p.309).
2 Chall, 2000.
3 Chall, 2000, p.29.
4 Chall, 2000, PP.187-92.

表 7.1 传统的与进步的教学

特征	传统的教学	进步的教学
课程	为每个年级水平确定标准;具体科目领域进行不同的教学	根据学生的兴趣;跨科目领域整合材料
教师角色	教师作为班级领导者:负责内容,引导课堂、背诵、技能培养、课堂作业,布置家庭作业	教师作为学习的引导者:提供资源,帮助学生计划,记录学习者的活动
材料	教师利用商业性的教科书	教师利用丰富多样的学习资料,包括教具
活动范围	小范围的,主要由教师规定	基于个人兴趣的广泛范围
学生分组	整个班级以大体同样的步调学习同样的课程,偶尔有小组和个别作业	学生以小组工作,个体性的和/或基于他们自身主动性的教师指导
教学目标	整个班级	个别儿童
活动	儿童间的互动受到限制	允许学生自由走动,与他人合作
时间	一天被划分为不同的时段以用来教授不同科目	时间的利用是灵活的,允许不间断的工作进程,主要由学习者决定
评价	常模参照测验和年级标准;非正式的和正式的测验	基于个体进步而不是同学或年级标准;偏爱诊断性评价;淡化正式测验的重要性
进阶	学生按年龄分年级	学生以不同速度前进

来源:根据查尔(2000,table 1,p.29)修改和简化

教育学教授及其批评者都认可这一点。然而,教育学院与进步主义的浪漫关系,像一场高中时的热恋,充其量是表面的。如我将在本章和下章表明的那样,美国教育研究和教师教育的主要动力不是进步的而是工具主义的,旨在满足现存学校系统的管理需要,该系统的教学和课程大体上是传统的。尽管教育研究者的实践和教师教育者的实践是由传统教育结构塑造

的，但两者的语言几乎一致是进步性的，因此研究论文和教师教育项目的概念框架和语言风格带有一种持久的进步色彩。如克雷明（Lawrence Cremin）在他的美国教育进步主义史的结尾处指出的那样，至20世纪50年代，进步主义已成为"空话"，"教师们（the pedagoges）特有的行话"。[1]

发现清晰陈述教育学院的进步信条的一个好地方就是在其机构使命的声明中，其中它专注于原则而非实践。近年来，也许最广泛可见的此类声明可以在《初任教师许可和发展的模型标准》（*Model Standard for Beginning Teacher Licensing and Development*）中找到，该标准在1992年由《州际新教师评估和支持联合会》（Interstate New Teacher Assessment and Support Consortium）（INTASC）提出。该组织是在教育学院和教师工会的帮助下，为了建立教师准备和认证标准，由州立学校主管理事会（Council of Chief State School Officers）（CCSSO）设立的，这份报告由一位杰出的教育学教授达琳-哈蒙德（Linda Darling-Hammond）领导的委员会起草。报告前言的开篇段落是一个进步信念的强力声明：

> 为了满足一种知识经济的要求，重构美国学校的努力正在重新定义学校的使命和教学工作。不仅仅是"提供教育"，学校如今被期待确保所有学生的高水平学习和表现，不是仅仅"包含课程"，教师被期待发现、支持和联系所有学习者需要的方法。这一新使命根本上要求教师更多的知识和技能，更多以学生为中心的方法来组织学校。这些以学习者为中心的方式理解教学和学校教育反过来要求对培养、许可、鉴定教育者和管理，以及授权学校提供支持性政策。[2]

---

1 Cremin, 1961, p.328.
2 INTASC, 1992, 前言。

这份报告随后主张十条原则,它们明确了教师资格的建议标准,每条标准均有教师为满足该标准所需展现的知识、性向和表现种类的详细说明。这些原则本身对进步价值做出了明确陈述。

原则#1:教师理解他或她教授的学科的核心概念、探究工具和结构,能创造出使内容的这些方面对学生有意义的学习经验。

原则#2:教师理解儿童如何学习和发展,能提供学习机会以支持他们理智的、社会的和个人的发展。

原则#3:教师理解学生在学习方式上的差异,并创造教学机会以适应不同的学习者。

原则#4:教师理解和运用多种教学策略,鼓励学生的批判性思维、问题解决能力和表现技能的发展。

原则#5:教师运用对个体和群体动机和行为的理解,以创造一种激励积极的社会交往、主动参与学习和自我驱动的学习环境。

原则#6:教师运用有效的语言的、非语言的和媒体交流技术,在课堂中培育积极探索、合作和支持性交往。

原则#7:教师基于学习内容、学生、社区和课程目标的知识进行计划教学。

原则#8:教师理解和运用正式和非正式的评估策略来评价和确保学习者持续的、理智的、社会的和身体的发展。

原则#9:教师是反思性实践者,他/她持续评估自身的选择和行动对他人(学生、家长以及学习共同体中的其他专业人员)的影响,积极追求专业成长的机会。

原则#10：教师培育与学校同事、家长以及更大的社区机构的关系，以促进学生的学习和福利（well-being）。[1]

请注意，这些原则中只有两条（#1和#7）聚焦于内容知识。其他原则都集中在于典型的进步关切：创造"学习经验"（#1），理解儿童发展（#2）和学生差异（#3），运用"教学策略"（#4），促进"个体和群体动机"和"积极参与"（#5），培育"积极探究、合作和支持性交往"（#6），了解学生和社区（#7），为了"学习者的发展"运用评估（#8），参与反思性实践（#9），培育与所有相关行动者的关系"以支持学生的学习和福利"（#10）。

由于教育学院和进步修辞之间的密切联系，大部分身处教育学院文化的局内人缺乏动力审视这种文化对进步主义的依恋，或根据可能的替代性方案分析这种依恋所需的角度。然而，美国教育学院的批评家们——特别是那些来自保守视角的人——两者都有。作为进步议程的政治反对者，他们能发现一英里外的进步观念，他们极力主张传统方法是更可取的选择。因此，在缺少教育学院内部对进步立场批评文献的情况下，利用外部观察者的文献是有用的——其中，许多（但并非全部）是政治保守主义者。既然这些批评家过分强调教育学院的消极面正像教育学教授过分强调其积极面一样，那么如同任何其他来源的文本，这些文本的分析价值不是来自它们对教育学院描述的真实性，而是来自它们能够提出问题和数据的能力，否则这些问题和数据将是看不见的。就像我们在美国拥有的辩护式司法体系中的律师一样，可以利用这些批评家来挖出另一方的肮脏东西，并为自己的一方提出最有力的论据。这不能提供一个对教育学院的平衡的或公正的描述，但

1　INTASC, 1992.

它必定会呈现许多教育学教授看不到或不愿透露的东西。

例如,教育学院的局内人不会想到要对教育学教授进行民意调查,以证明他们的教育信念的进步性和这些信念与普通美国人信念的鸿沟。但这正是福特汉姆基金会(Thomas B. Fordham Foundation)在 1997 年委托民意研究组织公共议程(Public Agenda)所做的事情。该基金会由里根政府前教育部助理部长芬恩(Chester Finn Jr.)主持,他是教育机构的长期批评者。民意调查人员通过电话随机调查了 900 名教育学教授,然后举行 40 人参与的焦点小组讨论。最终的报告标题是《不同的鼓手:教师的教师如何看待公共教育》(*Different Drummers: How Teachers of Teachers view Public Education*)。[1]《教育周刊》(*Education Week*)[2] 的一篇文章对这项研究和由同样的民意调查小组的两项早先研究做了恰当的总结。[3] 下面的摘录为教育学院教员的进步信念提供了精确的描绘:

> 教育学教授对公共教育持有一种理想主义观点,它如此明显不同于父母、纳税人、教师和学生的关切,以至于这相当于"一种罕见的失明",上周发布的一份报告说……
>
> 教育学教授相信的东西与家长、教师、学生表达的关切之间的断裂"常常令人吃惊",这项调查发现该研究描绘了为一个理想化世界培养教师的教授画像,他赞赏"学会如何学习",但鄙视掌握知识的核心,漠视像课堂管理这样的基本事务。
>
> 相反,早先的公共议程研究已发现,公众想要学校重视基础:在有

---

1 Public Agenda, 1997b.
2 Bradley, 1997.
3 Public Agenda, 1994,1997a.

秩序的和有纪律的课堂上教授读、写、算。这份报告说,尽管公共议程习惯于在各种问题上发现普通美国人和领导人之间的分歧,但"在如此基本的目标上发现这么巨大的分歧是不正常的,而且是涉及到一个如此贴近公众内心的议题——公共教育……"

这份报告说,教育学教授规定教学的本质是向学生展示如何学习。为了这个目标,他们表达了对过程而非内容的压倒性偏好。

当问及数学或历史的教学时,86%的教育学教授说,对学生而言,"努力寻找正确答案的过程"更重要,而只有12%的认为,对学生来说,最终知道正确答案更重要。

一位波士顿的教授在焦点小组中说,"给人们工具可能比他们现在可以在电脑上获取的所有信息更为重要"。

这项调查发现,受访者也强调积极学习,有六成人说,面对难以驾驭的课堂,教师很可能无力使其课堂富有足够的吸引力。

近60%的受访者说,应当由对学习发自内心的热爱,而不是课程不及格或留级的威胁来驱动学生。他们同样对将学术竞争作为激励学生方式的评价很低;仅33%的人认为,像荣誉榜等奖励是一种培育学习的有价值的激励,而64%的人认为,学校应避免竞争。一位芝加哥的教授说,"我不喜欢听到,一个孩子成绩优异,在教室里为了获得星星而做事。"

在教授们那里记住事实信息和标准化测验也得到低分,78%的人呼吁更少依赖学校中的多选测试。近80%的人支持使用档案袋和其他的评价,这些被认为是对学生能做什么的更真实的测量。

当要求评价教师身上"绝对必要的"品质时,84%的人说,教师应当是终身学习者并常常更新他们的技能。一个小得多的比例(57%)的人则认同,教师应当对其教授的科目内容有深入的理解。[1]

教育学教授与公众的观点反差在这份报告中多少被夸大了。这些民意调查的确表明,公众比教育学教授更关心基本技能、标准、安全和训练。但,它们也表明,92%的公众认为,"学校应当更多重视让学习对小学生变得愉快和有趣"(高中生为86%),84%的人认为,"学校应当更重视树立小学生的自尊,帮助他们形成自我良好的感觉"(高中生为81%)——两者都是进步教育的典型关切。[2] 这仅仅表明,如果你是福特汉姆基金会所属的党派人士,你可以在民意调查中写出要提问的问题,并在你的调查报告中选择要强调的答案,这些答案会让目标群体看起来很糟糕。但是,这里报道民意调查结果的目的只是确认显而易见的事实:教育学教授的确拥护进步主义原则。

进步愿景的本质和根源

在公共议程的研究中,教育学教授表达的信念对进步愿景提供了一个简要概括,希尔施称此愿景是教育学院的"思想世界"(thought world)。他说,"在教育社群中","当前不存在*可想象的*(*thinkable*)替代性方案……其基本前提是进步原则是对的。"[3] 在《我们需要的学校,以及我们为何没有》[4]中,希尔施对这种愿景的本质和理智根源进行了深入分析,这建立在他早先著作《文化素养》(*Cultural Literacy*)的基础上。该书选择了一种他将之界

---

1 Bradley, 1997.
2 Public Agenda, 1994, P.43.
3 Hirsch, 1996, p.69;原文着重强调。
4 Hirsch, 1996.

定为政治自由主义和教育进步主义的视角。[1] 这种分析为我们探索进步主义和教育学院之间密切联系的原因提供了有用的出发点。我首先将进步主义视为一种教和学的理论，然后将其作为一套社会改革的价值观来考虑。

作为教与学理论的进步主义

在一定程度上，进步主义构成了一个关于教与学本质的争论，它被表达为一种课程理论以及相应的教学理论。希尔施认为，进步课程的最佳特征是形式主义（formalism），而其教学方式则是自然主义的。让我们依次进行考察。

课程形式主义

希尔施称进步课程是"形式主义"的，根据是它专注于学习的形式而非内容。证据表明，他在这里发现了什么东西。如杜威在早先被引用的《儿童与课程》部分中注意到的那样，进步教学不是从课程而是从儿童开始："目标不是知识或信息而是自我实现。"它的意思是避免传统的方式，它将教育看作向学生传递课程知识，取而代之的是专注于（用INTASC原则♯4的话来说）培养"学生的批判性思维、问题解决和表现技能的发展"。它不是让学生积累实质性知识，而是专注于使他们积累可用于获取未来需要的知识的学习技能；简言之，目标就是学会学习。正如我们在教育学教授的民意调查中所见，这意味着，过程凌驾于内容之上，比如更倾向于努力寻找答案而不是知道正确答案。像一位教授指出的那样，"给人们工具可能比他们现在可以在电脑上获取的所有信息更为重要。"这正是拉维奇（Diane Ravitch）最近在《代达罗斯》（*Daedalus*）的讨论中抱怨的方式，在那里她认为，进步主义已经

1　Hirsch, 1988.

造成"没有内容的课程。"[1] 另一位讨论参与者,加德纳(Howard Gardner)提供了典型的过程导向的进步主义回应:"与拉维奇、希尔施(毫无疑问还有本书的许多撰稿人)等人不同,我认为:特定的主题或课程与这些课程中被(或未被)教授的思维方式几乎没有多大关系。一旦掌握了这些思维方式,学生们可以继续掌握他们希望学习的任何东西;没有受到训练的心灵,他们只能继续增加怀特海(Alfred North Whitehead)称之为'惰性知识'(inert knowledge)的东西。"[2] 至此,你可以简明扼要地描述这两种课程观——进步主义者认为传统课程充满了"惰性知识",而他们的反对者则声称进步主义课程是"无内容的"。

教学的自然主义

希尔施称进步教学的方式是"自然主义的",因为他认为它基于"这样的信念,即教育是一个具有自身内在形式和节奏的自然过程,这个过程可能因每个儿童而不同,并且当教育与自然的、现实的生活目标和环境相联时,它是最有效的。"[3] 这一信念的核心是执着于儿童对学习有着天然的兴趣。因此,为了激励学生自主学习,进步教学的目的是培育和激发这种兴趣。而对传统的课程驱动和以教师为中心的教学的最主要的进步主义批评就是,它扼杀学生的兴趣,促使学生远离学习。关于进步主义观点,杜威这样说:"学校中任何僵死的、机械的和形式的东西的源头都可以完全在儿童的生活和经验对课程的从属中找到。因此,'学习'变成了令人厌烦的东西的同义语,上课等同于一项任务。"[4] 因而教师需要成为学生的教练而不是训练师,运用

1　Ravitch, 2002, p.15.
2　Gardner, 2002, p.24.
3　Hirsch, 1996, p.218.
4　Dewey, 1902/1990, p.187.

引导兴趣的内在激励物而不是诸如成绩、竞争之类的外在手段和外在的奖惩(杜威的"偶然的影响""人为的训练"和"人为的贿赂"),并且学生需要被视为积极的学习者而不是被动的知识接受器。这些观念根植于 INTASC 原则♯1,4,5 和 6。

按照希尔施的观点,内在于进步教学的自然主义的两个重要因素,是发展主义和整体学习。如果学习是自然的,那么教学需要使自身适应学习者自然发展的能力,这需要认真努力以便仅在适合学生的发展阶段时提供特定的内容和技能。"适合发展的"实践和课程是进步愿景的核心,这至少反映在三条 INTASC 原则(♯2,4,和8)中。与此密切相关的是关注使教学适应个别学生的具体发展(原则♯3)。自然主义教学方式的第二个重要扩展是如下观念:当学习以整体形式发生时,它是最自然的,在这种形式上多个技能和知识领域被整合入主题单元和项目而不是作为孤立的科目被教授。因而进步主义者对跨学科的学习、主题单元、项目方法充满热情。

值得注意的是,进步主义者将自然主义教学视为对他们眼中传统教学的形式主义的攻击,因而当希尔施用形式主义这一术语来概括进步主义课程的特征时,这是有意的讽刺。进步主义者用形式主义指称传统教育严格因循的形式教学模式的方式:直接通过讲授和教科书向被动的学生传递高度结构化的知识,不考虑这些学生的自然学习风格和兴趣。因此,在上述引用的段落中,杜威将"形式的"等同于学校中"僵死的"和"机械的"东西。换言之,对进步主义者而言,形式主义是非自然的教学;对希尔施来说,形式主义是没有实质内容的课程。在使用这一术语方式上的差异反映了希尔施和进步主义者对教学的两个组成部分之一的重视程度不同,前者强调课程内容的重要性,后者强调教学技术的重要性。

浪漫主义的根源

希尔施在欧洲浪漫主义及其美国的继承人那里发现了进步教育愿景的根源。他看到两个浪漫主义信念尤其处于教育进步主义的核心:"首先,浪漫主义相信人性本善,因而应当鼓励人性顺其自然,以免受到人为施加的社会偏见和习俗的败坏。第二,浪漫主义认为,儿童不是成人缩小的、无知的版本,也不是需要塑造的无定型的黏土,相反,儿童本身就是一种独特存在,具有独特的、值得依赖的——实际上是神圣的冲动,应当允许它们顺其自然地发展。"[1] 与这些信念密切相关的是"文明对儿童有种腐蚀性而非良性的、令人振奋的、增进美德作用的观念。"[2] 从这个角度来看,传统教育不仅是一种无效的教学方法,而且也是具有误导性的和破坏性的方法,它试图按照教师的意志将固定的知识体系强加于儿童。浪漫主义的选择是一种自然主义教学(它源于儿童的需要、兴趣和能力,以及对儿童的意愿作出回应)和一种以技能为基础的课程(它聚焦于为儿童提供学习技能,可以用来掌握任何他或她想学习的东西)。

希尔施不是唯一将浪漫主义视为进步教育根源的学者。柯享分析了美国进步主义中强烈的浪漫主义传统,它反映在对正规学校教育及其所有伴随物(教师、课本、课桌和纪律)的根深蒂固的厌恶,以及对更自发的、自然的和自我指导的教育形式的深深热爱之中——柯享论文的标题"威廉·华勒:论仇恨学校与热爱教育"(Willard Waller: On Hating School and Loving Education)很好地捕捉到这种组合。[3] 历史学家里斯(William Reese)在"进步教育的起源"(The Origins of Progressive Education)中看到了由卢梭

---

[1] Hirsch, 1996, p.74.
[2] Hirsch, 1996, p.75.
[3] Cohen, 1989.

(Jean-Jacques Rousseau)和华兹华斯(William Wordsworth)等欧洲浪漫主义者及其美国继承人爱默生(Ralph Waldo Emerson)和梭罗(Henry David Thoreau)等产生的以儿童为中心的进步主义,渗透了裴斯泰洛齐(Heinrich Pestalozzi)和福禄贝尔(Friedrich Frobel)等欧洲教育家的浪漫主义观念,并注入了从曼(Horace Mann)和巴纳德(Henry Bernard)到帕克(Francis W. Parker)、谢尔顿(Edward Sheldon)和杜威等美国教育改革家的思想:"尽管他们存在许多差异,'新教育'的倡导者们坚持认为,应当以友善的和自然的方式教育幼儿,最好的学习方式不是通过课本,而是通过感官体验和与真实物体的接触。"[1]

深嵌入教育进步愿景的另一项浪漫主义遗产是一种反理智主义倾向(anti-intellectualism)。里斯认为,"反智是许多以儿童为中心的教育者的基本特征,他们将广泛的感官体验作为教育的基础,经常强调超越、直觉和情感。他们能够娴熟地引用欧洲浪漫主义者著作中的重要段落,它们质疑书本、教科书、文法和问答教学法在教导年轻人中的重要性。"[2] 在对进步主义教育的批评中,这是一种常见的抱怨——例如在希尔施[3]和拉维奇[4]那里可以见到——但它也可以在像里斯和霍夫施塔特(Richard Hofstadter)这样学者的工作中找到。[5] 当然,如我们在上章所见,将教育学院缺少理智投入完全归咎于进步主义是不公正的。回想一下那位教授告诉迪沙尔姆的:"我读关于书的东西多于我读的书。"[6] 塞泽和鲍威尔更倾向于把教育学教授中的这个问题视为"非理智主义(un-intellectualism)而非反理智主义

---

1 Reese, 2001, p.411.
2 Reese, 2001, p.19.
3 Hirsch, 1996.
4 Ravitch, 2000.
5 Hofstadter, 1962.
6 Ducharme, 1993, p.106

(anti-intellectualism),因为后者假定了恶意……唉,非反思性的、不加怀疑的(如果是善意的话)教授仍然是常态。"[1]

作为一套社会价值观的进步主义

然而,一些批评家集中批评教与学的进步主义理论,另一些人则聚焦于它所表达的社会价值观。例如,在对教师教育认证国家理事会(the National Council for Accreditation of Teacher Education)(NCATE)采用的教师教育项目标准的一项批评中,斯通(J. E. Stone)(一位东田纳西州立大学的教育学教授,在福特汉姆基金会的一份出版物中写道)把这些标准视为融入了作为进步愿景一部分的社会价值观:"NCATE 的标准没有明确要求以学习者为中心的教学,但它们坚持一种学习者中心的教育愿景。根据这种观点,若没有美国社会更大的平等性、多样性和社会公正性,就不能期待学校教育的成功,因此教师训练必须融入正确的社会和政治价值观。"[2] 他列举了要求"全球视野"和"多元文化视角"的标准作为例子。[3]

从一个更同情的角度来看,纽塞姆(Peter Newsam)爵士(伦敦大学教育学院前院长和伦敦内城教育局的教育官员)在《恩卡塔百科全书 2000》(*Encarta Encyclopedia 2000*)的教和学条目中,对内在于进步教育愿景的社会价值观提供了简洁的概括:

> 说到价值观,进步方法倾向于认为,直接教授或改进这些价值观的尝试不如创建体现与年轻人最相关的价值观的学校有效。因此,不论

1　Sizer & Powell, 1969, p.73.
2　Stone, 1999, p.209.
3　Stone, 1999, p.203.

是成年人还是学习者,鼓励他们彼此友好相处都很重要。一个有纪律的环境是这个过程的直接结果,而不是外部强加的。重视社会价值观,即合作而非竞争,以及赋予最弱势和最有能力者的努力以同等的价值。最后,作为一个原则,它假定所有人都可以在学习的某些方面取得某种程度的成功。正如19世纪的一位教育家坚持的那样:"每个人都能与天才走上一段路。"无论如何评估,差别很大的教育形式,即孩子上学或上课仅限于具有特定才能水平的人,都被认为与这一原则相背。通过让被分配到他人和自己认为标准较低的学校或班级的孩子们产生一种挫败感,一般的成就水平被认为是令人沮丧的,从而不必要地造就了一群缺乏动力、成绩不佳的孩子。[1]

因此,根植于进步愿景的价值观包含了一套超越旨在促进有效学习所需的导向和理念。它们包括在社会关系中合作优于竞争、民主决策、社会平等、所有学生的教育成功、多元文化主义和国际主义的信念。在其最宽泛的意义上,进步主义将学校想象为一个模范的民主社区,该理念包含使教育改革成为围绕社会公正和民主平等原则进行社会整体改革的手段的可能性。保守的批评家特别注意到进步主义内部的这些政治倾向。

进步主义如何成为教育学教授的意识形态

教育学教授对进步愿景有一个长期的、根深蒂固的、广泛认同的修辞承诺。为什么会这样?答案可以在教育学院的历史与20世纪早期以儿童为

---

[1] Newsam, 1999.

中心的进步主义的历史汇聚处找到。历史情境将它们紧紧结合在一起以至于无法分离。结果,进步主义就成为教育学教授的意识形态。

教育学院有自己关于此事的传说,这是一个关于天作之合的激动人心的故事,一个拯救教育的理想和一个坚定的拥护者之间的婚姻,它将与传统主义的愚昧势力作斗争,实现这一理想。像大多数传说一样,在这种描述中存在某种真实的成分。

但是,这里我想讲述一个不同的故事,它源于教育学院的历史以及这个历史对教育学院机构地位和角色的影响。在这个故事中,进步主义和教育学院之间的联盟不是相互吸引的结果,而是某种更持久东西的产物:相互需要。它不是一桩强者的联姻,而是一场弱者的婚礼。在各自的竞技场中,两者都是失败者:在争夺美国学校控制权的斗争中,以儿童为中心的进步主义失败了;在争取美国高等教育尊重的斗争中,教育学院失败了。它们彼此需要,一个寻求安全的天堂,另一个寻求一种正义的使命。因此,教育学院开始对进步主义做出一种修辞承诺,这种承诺在这些机构中的存在是如此广泛以至于它在很大程度上是不可挑战的。然而,与此同时这种进步愿景从未支配过学校教与学的实践——或甚至深入教育学院自身的教师教育者或研究者的实践。

为了考察教育学院对一种特定进步主义形式的承诺的根源,我们首先需要探讨美国进步教育运动在20世纪上半叶的历史。只有到那时,我们才能理解教育学院和这种意识形态彼此拥抱的方式。

杜威是怎么输的:进步教育简史

当我们试图解释进步主义和教育学院之间的联系时,需要认识到的第一件事是,美国进步教育运动并非铁板一块。克雷明撰写了权威的进步主义历史,他在序言中警告:"这场运动从其兴起时就明显地表现出一种多元的、经常是矛盾的特征。读者想通过仔细查阅本书以获得进步教育的任何简洁定义将是徒劳的。不存在这样的定义,并且永远不会存在,因为在它的整个历史中,进步教育对不同的人意味着不同的东西。"[1] 克拉巴德(Herbert Kliebard)在对这个主题的研究(它为本章大部分后续内容提供了基础)中,称那种单一的进步运动观念"不仅仅是空洞的,而且是恶意的"。[2] 历史学家已运用各种方案理清这一运动中的各种倾向。泰克(David Tyack)探讨了管理的和教学的进步主义者;[3] 丘奇(Robert Church)和塞德拉克(Michael Sedlak)运用保守的和自由进步主义者术语(*conservative* and *liberal progressives*);[4] 克拉巴德界定了三个群组,他称为社会效率、儿童发展和社会重建。[5] 我将使用看起来最通用的管理的和教学的标签,[6]将保守的和社会效率的群组或多或少地归入管理范畴,自由的和社会重建主义群组大体归于教学范畴,儿童发展群组横跨这两个范畴。

关于进步主义和教育学院的联系,我们需要认识到的第二件事是管理进步主义者击败了教学进步主义者。拉格曼(Ellen Lagemann)以令人钦佩的准确度解释这一点:

> 我经常向学生论证,仅仅部分地是由于我的执拗,一个人不能理解20世纪美国教育史,除非他认识到桑代克赢了,约翰·杜威输了。当然,这种表述过分简单了,然而,由于几个原因,它比不真实更真实、更

1　Cremin, 1961, p. x.
2　Kliebard, 1986, p. xi.
3　Tyack, 1974.
4　Church & Sedlak, 1976.
5　Kliebard, 1986.
6　例子,参见:Rury, 2002.

有用。首先，它表明，即使桑代克和杜威都用"进步的"术语来说话和写作，将两人区别开的观念差异是巨大的，重要的。除此之外，它还要求注意到人们对每个人的观念接受方式的差异。如果杜威在一些教育家中受到尊重，他的思想已影响到更广大学术领域——哲学、社会学、政治学、社会心理学等——桑代克的思想在教育中更具影响力。它帮助塑造了公共学校实践和教育学术的形态。[1]

对我们的目的来说，这意味着，教学的进步主义者对教育修辞最有影响，而管理进步主义者对学校教育的结构和实践影响最大。教学群体施加理智影响的一个标志是，他们的语言已经界定了我们如今称为进步主义的东西，当代教育学院的进步主义意识形态是他们的遗产。然而，与此同时正是管理进步主义者最有效地将其改革付诸于学校的日常生活。

教学进步主义者

从对教育学院进步愿景的仔细考察中，我们已经知道教学群体的目的与理想。[2] 这支进步主义聚焦于课堂中的教与学的过程。如我们所见，教学进步主义想将教学建立在儿童的需要、兴趣和发展阶段的基础上；开发一种聚焦于教学生学习任何科目所需要的技能而不是专注于传递特定知识体系的课程；通过学生的积极参与，促进发现和自我导向的学习；使学生从事体现其目的以及围绕社会相关主题整合学科的项目；促进社区的合作、宽容、公正、民主、平等的价值观。作为一场由思想驱动并对教育思想产生了最大影响的运动，它在很大程度上借鉴大量理智先驱，包括卢梭、福禄贝尔、裴斯

1　Lagemann, 1989, p.185.
2　这篇关于美国进步教育两个主要派别的历史的简要概括参考了关于该主题的大量历史文献，主要来源是 Kliebard (1986)，也有 Tyack (1974)、Cremin (1961) 和 Rury (2002)。

泰洛齐、赫尔巴特(Johann Herbart)、曼、谢尔顿和詹姆士(William James)。

这个运动的主要行动者包括帕克、杜威、霍尔、克伯屈、康茨(George S. Counts)、拉格(Harold O. Rugg)和波特(Boyd H. Bode)。霍尔的贡献是在心理学中运用科学方法发展儿童研究领域,这赋予使教育适应儿童需要的观念的可靠性,聚焦于发展阶段,建立基于儿童的冲动和兴趣的教育。克伯屈率先推广了项目方法,该方法体现了教学进步信条的许多要素,在这个过程中他帮助师范学院成为进步运动的主要推动者。康茨强烈认同被克拉巴德称为社会重建主义(social reconstructionism)的教学进步主义的这一支,他为教育改革在促进围绕民主和社会公正价值观的社会改革中的角色进行强有力的辩护。拉格在支持社会重建主义和儿童中心学校方面进行有效著述。波德像杜威一样,发现进步主义的两个分支(包括批评教学进步主义者对发展主义和项目方法过分热情的拥抱)的不足,但对管理进步主义者的提议保留了最详尽的和强有力的批评。[1]

管理进步主义者

将教学进步主义者联合起来的是一种共同的浪漫愿景,而将管理进步主义者团结起来的完全是功利主义的。前者侧重于课堂中的教与学,后者侧重于管理和课程的结构与目的。由于其功利主义导向,管理进步主义者没有像教学进步主义者那样借用大量的理智先驱者。这些人是行动者,他们投入到改革派斗争中的行动者在数量上远多于杜威那一派动员的人。除桑代克外,20世纪上半叶这个群体中最知名的成员包括斯奈登(David Snedden)、芬尼(Ross L. Finney)、罗斯(Edward A. Ross)、艾尔(Leonard Ayres)、埃尔伍德(Charles Ellwood)、贾德(Charles H. Judd)、克伯莱

---

1 Kliebard, 1986.

(Ellwood P. Cubberley)、彼得斯(Charles C. Peters)、查特斯(W. W. Charters)、博比特(John Franklin Bobbitt)、普罗瑟(Charles Prosser)以及与教学进步主义者相联的霍尔。

这个群体多样化的改革努力的组织原则是社会效率(social efficiency)。在一种意义上，这意味着，为使学校教育运行得更有效率，符合商业管理实践(这是效率专家的时代)和对公共资金的审慎投入的要求，重构学校教育的管理和组织。根据这些原则，一个主要的推动力是使学校管理免受政治压力的影响，他们提议这样做，即学校董事会由大范围而非地区选举产生，并将控制权集中在一小撮专业管理人员手中。他们致力于实现后者，将区级学校董事会合并入人数较少的单一全市董事会，并将乡村学区合并入更大的实体，然后新董事会聘请一名主管负责学校运营。另一个相关的推动力是努力解决新定义的"落后(retardation)"问题，即反复留级的大量超龄学生。管理进步主义者主张，以学业失败为由像这样拖着学生是极其无效的，因为在许多学区普通学生要花十年时间来完成学校教育的八个年级。他们的建议是社会性升级(social promotion)，允许学生依年龄而不是学业成绩来通过年级。

在另一种意义上，社会效率意味着，为使教育更有效地满足经济和社会的需要，通过使学生为有效地扮演成年人在工作、家庭和社区中的角色做好准备而重组教育。这种功利主义愿景明显与教学进步主义者的浪漫观点截然不同，后者想要学校专注于当前学生的学习需要和经验而非将来，将学生作为儿童而不是作为学徒期的成年人。它带来管理进步主义者对美国教育的最独特贡献：科学课程的形成。这种课程观念根植于差异化(*differentiation*)原则。它从学生在社会的、理智的成长不同阶段的发展差异(正如霍尔等心理学家的著作所阐述的那样)，以及同龄学生的理智能力差异（如新 IQ 测量运动用显然客观的方法测量的那样）开始。然后，这一观念就是将个别学生的能力差异与复杂的工业社会所需的大量职业角色的不同精神要求匹配起来。并且，联结两者的课程方法来自心理学家桑代克影响巨大的学习理论。

按照桑代克的说法，在一种学习任务中习得的技能不能很好运用于其他类型的任务。这与作为传统学术性学科学习的支配性理论——19 世纪官能心理学直接对立，后者认为，这些学科可以有效地训练人的心理官能（mental faculties），然后这些官能可以应用于广泛的实质性领域。这也与教学进步主义者的心理学理论矛盾，他们将重点放在学生学会学习上，将科目内容视为次要的，主要作为掌握技能的媒介而非学习的实质性重点。（在支持传统学术科目学习的官能心理学和教学进步主义者的技能导向学习理论之间存在明显的相似之处——这是很具讽刺意味的，因为官能心理学正是教学的和管理的进步主义者强烈反对的古典课程的基础。）

桑代克的观点对课程产生了重大影响。如克拉巴德指出的那样，"如果从一种任务到另一种任务的迁移比人们曾经普遍相信的要少得多，那么课程的设计必须明确和直接地教给人们生活中面临的任务所需要的确切技能。"[1] 因而用桑代克的话来说，"没有一所高中是成功的，因为它没有明确地考虑到学生将要完成的生活中的工作，并努力让他们适应它。"[2] 这意味着，专注于少数学术性学科的核心课程对学校而言没有意义，尤其是在初中阶段，这一阶段的学生越来越接近于他们的成人角色。相反，你需要一系列广泛的课程选择，根据学生的能力和未来职业的不同而有所区别，并专注于学生能掌握的和工作需要的明确的知识和技能。那么从这个视角来看，所有

1　Kliebard, 1986, p.108.
2　引自：Kliebard, 1986, p.109.

教育都具有职业性。

尽管这两种形式的进步主义有不同之处,但有若干关键的共同点,允许它们偶尔联合,或至少彼此容忍。一是它们分享了对发展主义的信念,这引导它们要求教育适应处于理智的和社会成长的特定阶段的学生能力,尽管它们在不同的方向上离开了这个基本立场。管理进步主义者将发展差异与同年龄的能力差异结合起来为一种高度差异化课程提供理论基础,而教学进步主义者将发展主义用作反对标准化课程与支持由个别学生兴趣和主动性塑造的学习过程的基础。然而,两种进步主义之间最强的纽带是它们对传统学术性课程的共同不满和积极敌意。在对以学科为基础的学校科目的攻击中,两者站在一处,尽管他们攻击的理由相当不同。管理进步主义者把学术科目视为掌握扮演成人社会经济角色所需的有用知识的障碍,但教学进步主义者将这些科目视为强加的成人知识结构,这将妨碍学生的兴趣且阻碍自我导向学习。

《中等教育的基本原则》报告设定的改革议程

1918年,美国联邦教育局发布了由中等教育改造委员会(Commission on the Reorganization of Secondary Education)(由全国教育协会任命,NEA)起草的报告,该报告构成管理进步主义者课程改革原则的最全面、最权威的表述。这份以《中等教育的基本原则》(*Cardinal Principles of Secondary Education*)而闻名的报告,多年来是进步主义的批评家们最喜欢的出气筒。不难理解为何其所建议的课程在视野上极为广泛。委员会宣布"教育的主要目标"如下:"1. 健康。2. 掌握基本技能。3. 值得尊敬的家庭成员。4. 职业。5. 公民的责任感。6. 善于利用闲暇。7. 伦理品格。"[1] 只有其

1　Commission on Reorganization, 1918, pp.10-11.

中第2项指向学术性学科。建议的课程也是高度差异化和职业导向的:"这种课程的范围应当尽可能地广泛,学校可以有效地提供。差异化的基础(在这个术语宽泛的含义上)应当是职业的,因而合理化了通常赋予它们的名字,如农业的、商业的、文秘的、工业的、美术的和家政艺术的课程。也应该提供给那些有独特学术兴趣和需求的人。"[1] 由于显而易见的理由,批评家喜欢引用最后一句话,因为它不愿将学术学习作为这种课程的附加要素加以承认。[2] 此外,委员会报告支持学生的社会性升级,将所有学生留在学校直到18岁,建立初级中学。后一类机构的吸引力在于,它允许学校早在7年级便开展差异化课程以及围绕未来社会角色对学生进行分类。

《基本原则》报告表明两个进步主义群体对发展主义的偏爱以及他们对传统科目的敌意,但在这份报告中教学进步主义者的观点仅以最边缘的方式显现。克伯屈作为进步主义浪漫派冉冉升起的新星领袖,是28位委员会成员中8位教育学教授之一,但该委员会由金斯利(Clarence Kingsley)领导,他是管理进步主义者领袖斯奈登的门徒。"兴趣"或复数"兴趣"术语(教学进步主义者的最爱)在这份报告中出现了不下34次。但该术语常常以一种强化这份报告使学生为有用的成人角色作准备的基本关切的方式,用于联结社会兴趣和个人兴趣。因此,压倒一切的是,这份报告的支配性主题是社会效率。[3]

至1940年,管理进步主义者对学校的影响

如果说,《基本原则》代表了管理进步主义者在为进步运动设定改革议程上的胜利,那么在实施该议程上,这一群体在多大程度上取得了成功呢?

---

1 Commission on Reorganization, 1918, p.22.
2 E.g., Hofstadter, 1962, p.336.
3 Kliebard, 1986. p.114; Ravitch, 2000, p.128.

为了聚焦于这个运动在全盛时期的影响,让我们将1940年作为截止点——这一时期与教育学院的形成及其对教学进步主义信条的承诺最为相关。在大城市,在使学校控制权集中于一个小的、免受政治影响的精英学校董事会手里这一方面,管理进步主义者取得了巨大成功,而且在把学校的日常管理置于由专业管理者组成的官僚机构之下这一方面,他们也大获成功。在农村地区,朝这个方向的运动进展缓慢得多,但在这里合并入更大学区的趋势持续了整个20世纪。从1932年联邦政府开始收集关于这类信息到1940年,美国学区的数量减少了10000个。[1] 管理进步主义者影响的另一个标志是社会性升级的增长。如,在费城,学生在第一个八年级内被迫留级的年平均比率从1908年的18％下降到1945年的2％,而高中生的非升级率从23％降至15％。[2]

管理进步主义者对课程的影响较对管理和升级的影响而言更具混合性,但它仍是重大的。影响的一个领域是努力将传统学科性科目(数学、科学、历史和英语)转变为一种不那么狭隘的具有学术性和更广泛地符合《基本原则》渗透着的社会效率目的的形式。按照这些原则,最成功的变革是将历史重构为社会学习,但其他成功包括普通数学和普通科学的创设与推广。社会效率议程影响的其他标志是古典语言急剧下降,现代语言注册人数更温和但仍显著的下降。[3]

但是,最大的影响在于向一种目的上职业性和结构上分化的课程的转变。正如安格斯(David Angus)和梅里尔(Jeffery Mirel)在其对20世纪高中课程注册人数的研究中表明,20世纪30年代学生们修习的大多数课程

1　Bureau of the Census, 1975,表H 412.
2　Board of Public Education (Philadelphia), 1908-1945.
3　Krug, 1964, 1972.

名义上仍是在传统学术科目上而不是新的职业性、健康和家庭经济课程。[1]但这些学术课程本身已转变为一种社会效率形式,如社会学习和普通科学,并且整个课程的目的现在越来越倾向于被重新定义为努力让学生为其作为工人和家庭主妇的职业角色做好准备,无论具体课程的名称是什么。最重要的是,安格斯和梅里尔发现,课程越来越多地被扩展为在多种能力水平上提供广泛的学术性和非学术性课程,这些课程旨在满足极为不同的职业轨道上和需求不同学术技能的学生的需要。伴随着因性别和社会阶级的学习隔离而来的课程差异化,是社会效率议程对学校产生的最显著和持久的影响。

其中的一些变化受到教学进步主义者的欢迎。社会性升级正符合他们对排名、竞争和外在奖励的担忧;努力拓展学术科目超越狭隘的学科界限,放宽了这些科目对教师自由裁量权的限制,因而潜在地允许教师为学生的兴趣和能动性开放课堂。

但是,强调职业训练和差异化结果的社会效率课程的要旨,与教学进步主义者的核心原则完全相反。它强制规定了后者深恶痛绝的那种自上而下(top-down)的课程,强加给学生以满足社会对特定技能和知识的需要,并迫使他们在学校花时间,为他们将扮演的成人社会角色而社会化。它将重点放在学习特定的主题而不是学会学习上;它将社会和学校管理者的利益凌驾于学生的兴趣之上;它使课堂成为成年期的准备,而不是童年期的探索;并且,在这些社会利益的名义下,它冒着扼杀儿童对学习投入和对世界好奇的危险。总之,它完全是杜威强烈反对的那种课程,"从外部提供的材料,是在远离儿童的立场和态度中构思和产生的,并是在与他格格不入的动机中

---

1 Angus & Mirel, 1999.

发展起来的。"[1]

社会效率课程不仅威胁教学进步主义者珍视的那种自然学习过程，而且也威胁着对他们信念至关重要的社会公正和平等共同体的价值观。就其对学术教育的传统观念的挑战而言，这种课程是激进的，但就其拥抱现存社会秩序，热切地使学生为那种秩序内预先决定的位置作准备而言，它根本上是保守的。[2] 它将分轨(tracking)和能力分组(ability grouping)引入美国学校，将能力测验和就业指导作为把学生分流到适当班级的方式；它通过创造一种体系使社会不平等的教育再生产制度化，其中教育差异来自阶级、性别和种族方面的差异，并反过来强化了这些方面的差别。

教学进步主义者对学校的影响

尽管管理进步主义者在实施他们的计划方面获得重大和持久的成功，但教学进步主义者没有。库班(Larry Cuban)和西尔弗斯特(Arthur Zilversmit)是两位历史学家，他们考察了二战前有关教学实践的数据，发现以儿童为中心的教育对课堂的影响充其量是微弱的。库班考察了多个地区的教学数据，包括丹佛、华盛顿特区和纽约城，[3] 西尔弗斯特考察了芝加哥地区的学区。[4]

库班对进步（他和西尔弗斯特用它来指以儿童为中心的）教学的操作性界定是宽泛的，因为它允许将一个教师的实践归入这类，只要它在一定时间内符合进步教学的一个或多个行为指标。这些包括班级安排（学生分组坐）、分组（学生工作的小组）、讨论（学生发起的互动）、活动（学生从事的项

1　Dewey, 1902 /1990, p, 205.
2　Cremin, 1961; Church & Sedlak, 1976; Ravitch, 2000; Rury, 2002.
3　Cuban, 1993.
4　Zilversmit, 1993.

目或其他活动)和走动(学生离开课桌走动)。¹ 根据这些标准,他发现,例如从 1920 至 1940 年间纽约城"估计不超过 1/4 的小学教师、更少比例的高中教师选择宽泛意义上的进步教学实践,并在课堂上不同程度地运用。"² 进步教学最常见的标志是活动和走动。³

西尔弗斯特概述了早年研究的发现:"尽管 20 世纪 20 年代和 30 年代对进步教育进行了热烈讨论,尽管少数学区有明显的进步主义倾向与进步观念在州教育部门和教师学院不断增加的重要性,但明确的是,至 1940 年,进步教育并未显著改变美国教育的大格局。建立以儿童为中心的学校的呼吁在很大程度上被忽视了。"⁴ 总的来说,他的结论与杜威自己从 20 世纪 50 年代的视角对进步运动回顾时所表达的观点一致,即"进步主义的最终失败是因为其许多显见的成功在很大程度上是修辞性的。尽管一些学校和个别教师已响应杜威建立更以儿童为中心的学校的呼吁,但大部分在继续更陈旧实践的同时,只是口头上支持这些观念。"⁵ 采用任何深度和严肃的进步教学的学校很少,并且这些努力通常难以持续。私立进步学校突然涌现,繁荣一阵,然后当创始人去世或离开,通常又恢复老样子。随时间推移,冒险参与的公立学校系统同样滑回到一种更加传统的学术课程。

解释桑代克的胜利

为何在 20 世纪上半叶管理进步主义者较他们的教学进步主义者同行对学校有更大影响呢?首先,他们的改革讯息吸引了有权势的人。商业和政治领袖被一种教育改革模式所吸引,它许诺消除浪费,更有效地组织和管

---

1 Cuban, 1993, 表 2.1。
2 Cuban, 1993, p.75。
3 Cuban, 1993, 图 2.1 和 2.2。
4 Zilversmit, 1993, p.34。
5 Zilversmit, 1993, p.168。

理学校，调整教学以适应雇主的需要，使移民儿童美国化，为学生提供他们所需要的技能和态度以接受和扮演未来在社会中的角色。对那些可能实现这些改革的人来说，这是在恰当的时间发出的恰当信息。

其次，管理进步主义者议程的功利主义特质使其比他们的教学进步主义同行的浪漫愿景更容易兜售。他们提供了一种使学校更好地服务于社会需要的方式，而教学进步主义者提供了一种使学习更自然、更具内在吸引力、更真实的方式。在功利和浪漫的竞争中，功利往往会获胜：它承诺给我们某种我们需要的东西，而不仅仅是我们可能喜欢的东西。

第三，管理进步主义者认为，他们的议程基于科学的权威。教学进步主义者在提出他们的主张时也利用科学（例如，杜威在1929年出版了一本《一门教育科学的资源》(The Sources of a Science of Education)），但他们很难证明像以儿童为中心的教学和项目教学法这样弥散性观念的经验是有效的。与此同时，社会效率的领导者娴熟地利用了大量的测验和统计、学校调查的数据以"证明"其改革的价值。

第四，正如拉格曼指出的那样，杜威在学校争夺战中的失败部分是因为他早已退出了这个战场。[1] 他直接参与学校教学只有8年，从1890年创办实验学校(the Laboratory School)到他1904年离开芝加哥，进入哥伦比亚大学哲学系。此后，他的教育作品就是从记忆中提取出来，并被编织成理论，这使它给人一种抽象的和学术的感觉，这些特质成为对教学进步主义者的一种恒久遗产。相反，作为管理者、政策制订者、课程开发者、教育研究者和教师教育者，管理进步主义者深深地参与到学校中。基于经验、个人参与、坚定的实践，他们在推进其改革议程中享有极大的信誉。在这些情况

1　Lagemann, 1989.

下,杜威的主要影响在教育修辞方面,而桑代克的主要影响在教育实践,这应该不足为奇。

最后,管理进步主义者聚焦于学校管理和课程结构,这给予他们相对于教学进步主义者的重要权力优势,后者聚焦于教师及其课堂实践。在那些作为学校管理者和教育决策者的竞争者面前,教师处于影响变革的弱势地位。特别是当前者已定义了教师不得不工作于其中的管理和课程结构时,尤其如此。即使那些真正想要在课堂中实施以儿童为中心的教学的教师发现自身被限制在一个官僚学校系统中,这一系统已经规定了不利于这种教学的差异化和职业导向的课程。在这些情况下,教师更可能从教学进步主义中选择某些修辞,并将一些象征性活动和运动注入课堂,而不是实施完全的杜威式议程(Deweyan agenda),这并不奇怪。

教学进步主义的修辞如何栖息于教育学院

如果说管理进步主义赢得了对学校控制权的斗争,那么教学进步主义如何赢得教育学院心灵的斗争呢?教育事业在20世纪早期蒸蒸日上,当时将成为教育学院的各种机构处于迅速扩张状态。如第二章所见,师范学校处于向教师学院的转型中。这意味着,它们从一个不规范的机构——半高中、半中等职业学校、半初级学院——转变为一个效仿文理学院的机构,设有学科性部门和授予学士学位的权利,但拥有一个作为专业教师学院的使命。然而,两种形式的市场压力损害了新学院作为专业学院的身份——学区和国家要求以高速度低成本培养越来越多教师的压力,以及学生消费者为了打开社会机会而要求提供超越教师准备的教育项目的压力——并且,这些压力拉低了它们的专业项目质量,分散了它们机构的使命。

与此同时,大学院系和(后来的)教育学院也正在扩张。这些单位最初作为哲学部门的扩展出现在 19 世纪末,提供那些"通常一般的和常常是理论性"[1]的课程。它们强调以学科视角探讨广泛的教育议题,包括哲学、历史、社会学和心理学。大约在二十世纪之交,它们开始为高中教师(他们不愿上专注于小学教学的师范学校)提供系统的专业准备项目,并且它们逐渐增加了两个其他功能,即培养学校管理者和从事教育研究。[2] 这些新功能的增长受到管理进步主义者教育改革努力的强烈刺激,他们中的许多人都是这些学院的教授(包括桑代克、斯奈登、博比特、贾德和克伯莱)。

教育学院新的社会效率角色

卡茨(Michael Katz)认为,随着教育学院从"理论转向调查",这些转变对其身份施加了巨大的压力。[3] 不是寻求建立对教育的理论解释,取而代之的是,这些机构的教授们转而进行一系列的学校调查。这些调查作为管理进步主义运动的一个主要手段,是对个别学校系统内的实践进行详细的统计描述,其目的在于证明这些系统的社会无效性,从而为改革它们的努力提供依据。这种变化反映了一种方向性的转变:从将教育作为一门具有其自身理论立场的理智性学科(这种立场赋予其能够置身事外并将教育作为整体加以理解的能力)转向将其视为一个机构责任领域(这要求教授们调查该领域并对各部分和实践进行分类)。与这种理智变化相应的是组织上的变化,因为"项目开发和课程设置的参考框架已变成教育官僚机构独立的职业部门,而不是一个包含教育事业整体及其诸部分关联的理论性概念。"[4]

结果,20 世纪 20 年代教育逐渐脱离学科,并将自身定位于一个专业学院,与大学结构中的医学、法学并列。这种结果对今天的我们来说,似乎是

---

1 Katz, 1966, p.326.
2 Powell, 1976.
3 Katz, 1966.
4 Katz, 1966, p.328.

显而易见,自然而然。除了成为一个围绕着教育领域的职业角色组织起来的专业学院外,一个教育学院还可能是什么呢?但康茨指出,教育学院性质的这种变化造成了巨大的损失,因为它抛弃了其作为教育体系的良心地位,成为这一体系的仆从,放弃了它作为教育知识综合者的角色,成为一名事实收集员。"首要的是,规范导向的丧失。参考点成为教育领域,因为它存在而非因为它应当存在。其次,丧失了创造一个融贯的或统一的教育世界概念的一切机会。教育成为一系列缺乏内在逻辑的碎片化专业。"[1]

教育学院摸索着试图抓回某种形式的批判性视角和理智的连贯性,结果就是创设了教育的"基础"(foundations)(教育的历史、哲学、社会学)。然而,事实证明,这是一个不充分的解决方案。作为新的专业领域,基础没有提升理智的和计划的融贯性,反而加剧了碎片化;作为理智的回水(在学科性或专业性领域均缺乏信誉),基础没有为发展一种有效的批判性视角提供基础。如卡茨总结的那样:"事实上,职业性的参考框架只是强化了现状。教育学院与现存教育结构变得如此紧密地啮合在一起,以至于它们强化了那种结构,无力主动发起变革。"[2]

因而,至20世纪20年代教师学院和以大学为基础的教育学院正开始趋向于共同的组织模式。它们的教学项目和教员的理智努力围绕着教育官僚机构的职业角色(学校教师、管理者、咨询师、心理学家、大学管理者)组织起来,而学科和大问题则被局限于基础的贫民区。在大学,这些组织单元通常以教育学院(schools or colleges of Education)为人所知。随着教师学院在随后的几十年间演变为普通目的州立学院和区域性大学(all-purpose state colleges and regional universities),那里的教育也只是成为诸多项目

---

[1] Katz, 1966, p.332.
[2] Katz, 1966, p.334.

领域中的一个，并且越来越多地被包含在同一类专业学院结构类型中。

杜威对教育学教授的吸引力

作为所有这些变化的结果，在更大的进步主义改革运动和教育学院的演进中，20世纪30年代美国教育学教授发现自己处于一种越来越不舒服的位置。管理进步主义者在转变学校组织和课程方面已取得了成功，在这个过程中他们也重构了教育学院的组织和课程。结果是，教育学教授扮演的角色现在已得到清晰界定，但不是特别有吸引力：为新的学校教育结构中的各种角色培养教师和其他教育者，以及（对那些大学中的教育学教授来说）从事研究和开发活动以支持同样的结构。不可否认，它是一项工作，但它不是什么使命。它将教育学教授视为一名工作人员，作为新的社会效率教育机器的齿轮，但这让教育学教授没有什么可说的。管理进步主义许诺了一种冷冰冰的和科学的教育效率。对一些教授来说，这就已经足够了；回想一下，许多管理进步主义者本人就是教育学教授，其中大部分人可以在管理、教育心理学、测验之类的项目中找到。然而，对大多数教员而言，特别是那些参与课程、教学和教师教育的教员，这不是那种可以促使他们想要在一大早从床上跳起来，奔向工作的事业。

如卡茨指出的那样，他们的工作不再涉及制定教育整体的总愿景，并且它也不再允许他们发挥社会改革者的作用，推动教育变革作为创造一个更公正世界的方式。在20世纪开始进步主义教育运动的早期，他们曾经能够承担这种突出而重要的使命，这是吸引教师教育者强烈支持这一运动的因素之一。在美国教育学教授更大的历史背景中，他们从未得到多少尊重，早期进步主义给了他们一个引人注目的、但暂时的地位和影响力，这使他们对失去这些好处特别难过。因为在1920年代和30年代新的教育专业学院内，教育学教授的作用仅限于训练学生，使他们能适应并顺从新的具有社会有效性的教育结构。

鉴于教育学院教员的角色缩减和去技能化，不难理解管理进步主义的成功为何强化了它们对教学进步主义的吸引力。这是一种真正能使教育学教授热血沸腾的教育愿景。教学进步主义想要做的不仅仅使学校有效率。它呼吁将教育颠倒过来，让学生的目的和兴趣驱动课程，而不是将课程强加给学生。它提供了一种方式使学校从人为限制和严格纪律中解放出来，并释放学生学习的天然冲动。它提出将课堂再造为一个模范的学习者民主共同体，这可以成为一种在更大社会范围内减少不公正、促进民主平等的方式。

在两次世界大战之间，学校对这种教学愿景的需要似乎比 20 世纪开始时更加强烈，那时进步主义才刚刚开始展翅飞翔。如库班所示，管理进步主义者可能已经转变了美国的教育结构，但旧的传统教学仍在新的科学课程中大体上不受阻碍地运作。课堂教学仍然是以教师为中心的，以课本为基础，旨在向被动的学生传递规定的内容。新的社会效率课程的差异化和职业主义仅仅恶化了使学校接近以儿童为中心、以兴趣为基础、自然主义的和具有内在吸引力的教学的因素。教学进步主义明确反对这种学校教育。它警告，过分关注内容的有效传递将扼杀学生的兴趣，妨碍他们学会学习。它警告，对学生进行分类并差异化他们获取知识的途径将压制所有学生身上的巨大学习潜力。它警告，如果你试图强迫学生适应成人角色而不是处理他们作为儿童的需要和兴趣，那么你将鼓励他们反对而不是拥抱教育。

因此，教授们发现老对手——传统教学——仍旧活着，且活得很好，管理进步主义改革带来了新的教学问题，两者都乞求以儿童为中心的教育提供补救。在美国教育史上，这种情况是最普遍的。每次改革运动都留下了部分未完成的最初使命，同时制造了新的教育问题需要它们自己来解决，因而在一条问题解决和问题制造的无尽链条中，一场改革会引发激起另一场改革。因此，教育改革［用埃尔莫尔（Richard F. Elmore）和麦克劳林（Milbrey W. McLaughlin）的话来说］一直是一项"持续性工作（steady work）"。[1]

因此，教学进步主义也许在塑造学校实践甚至教育学院实践的斗争中失败了；但是那个愿景仍然活着，在教育学院中，它发现了一个意识形态的安全天堂。它为作为教师教育者和教育机器上的工作人员的大多数教育学教授提供了他们所需要的使命，以将意义融入其新近被重新界定的工作。他们在由桑代克界定的结构内从事教学和研究，但他们的心灵和头脑则属于杜威。这么多年来，如此多教育学院办公室的墙上都发现了杜威的照片，并非无因。

在教育学院，教学进步主义这种修辞上的僭越并未对管理进步主义者的成就提出严峻挑战。在早期，这两个进步运动的群体实际上在他们自己之间划分了这个领域，一方占据地面，另一方占据天空：管理进步主义者专注于组织，教育家们则聚焦于修辞。如拉格曼表明的那样，当杜威离开实验学校来到哥大哲学系，这一切可能就已经开始了。管理进步主义者对学校的组织、课堂和实践的控制是如此牢固以至于他们能承受得住教育学院教员大肆宣扬儿童中心的教学信条。教授们可以向教师候选人教授杜威的语言，运用它来装饰他们的学术，在学校的工作坊中大声地谈论它。教师也可以谈论教学进步主义，但像教育学教授一样，他们不得不在由管理进步主义者创设的差异化的和职业导向的学校结构内工作，因此它对学校结构的影响是微不足道的。

---

[1] Elmore & McLaughlin, 1988.

教学进步主义的这种无害的修辞形式在教育学院的持续存在也被证明是有用的,它为学校中新确立的管理进步主义秩序提供了急需的意识形态外衣。当从美国传统的民主平等和个人机会角度仔细审视时,社会效率教育不是有吸引力的景象。作为社会过程,它在一定程度上基于社会出身将学生分为不同的能力小组,只为其提供被认为能力范围内的知识,然后根据他们的学术成就将其分配到工作金字塔的特定职位。作为一个教育过程,它是机械的、疏远的、无趣的,课程是沉闷的,教学是脱节的。这是一个冷冰冰的功利主义的和社会再生产的学校教育愿景。它提供给学生的建议——学一门技能,在劳动力中占据一席之地——难以让人兴奋,很容易遭到拒绝。教学进步主义者的浪漫教育愿景将受欢迎的要素引入到这个高效和无情的环境,如自然学习、以学生为中心的教学、以兴趣为基础的课程、个人实现和社会进步的可能性。让教育学院激发师范生(student teachers)对这种具有吸引力的和乐观的教和学形式的承诺,有助于使社会效率教育的整个前景看起来更有前途和富有吸引力。

进步主义和专业主义

20世纪之交,有一个机构率先定义了教育学院的角色,并在随后的一百年间保持了多年的领导地位:师范学院(Teachers College)。这在很大程度上归功于拉塞尔(James Earl Rusell)院长在1897年到1927年的领导,在克雷明看来,对拉塞尔的教育学院的构想的一个关键是,进步主义和专业主义之间富有成效的联盟:

> 因此,拉塞尔将在师范学院创立过程中发挥了重要作用的专业主义和进步主义,合并为一种成熟的改良主义的教师准备哲学。对美国教育而言,它是一场具有重大意义的合并。因为在进步主义中教师们

很快发现,他们有一种意识形态以最崇高的措辞使其对地位的追求显得高贵,同时在专业主义中,进步主义者拥有满足他们对科学训练的教师(pedagogues)的需要的关键,这些教师可以创造一个"更有价值、更友善和更和谐的"新社会。这种合并为整个进步主义的后续历史增色不少,并且成功地解释了师范学院在拉塞尔领导时期的迅速崛起。[1]

这段话中存在两个有趣的模糊之处对我们的故事来说很重要。第一,克雷明指出了进步主义在建立教师专业主义中的作用,但在我看来,它在建立教师教育者和其他教育学教授的专业主义中发挥了更加实质性的作用。毕竟,师范学院正是在进步主义而非教学专业出现后,经历了"迅速崛起"。那时像现在这样,教育学教授迫切需要某种地位支持,并且进步主义意识形态有助于向它提供支撑。进步主义提供了一种高贵目的与科学方法的神奇组合,它对应于一个真正专业的两种决定性特征:公共服务的崇高理念和临床上有效的方法。师范学院的教授们受到120号大街(因"美国最宽大街"而知名)对面的哥大同事们的蔑视:"难怪曾因没有真正的教学内容而受到攻击的教育学教授们在[进步主义的]科学中看到了他们领域的灵丹妙药。"[2] 教育学教授附身于具有很高公共知名度和专业化潜力的进步主义,过去和现在对他们的专业地位都有极大好处。

被引段落中第二个模糊之处是他谈论的进步主义问题。回想一下,克雷明因"其多元性、往往矛盾的特点"拒绝而界定进步主义,并且师范学院在两个阵营中都有杰出的代表,杜威[3]和克伯屈是一方,桑代克和施耐登是另

---

[1] Cremin, 1961, p.175.
[2] Cremin, 1961, p.200.
[3] 杜威在哥大的主要关注点在哲学系,但他也与师范学院的人保持联系。

一方。这里,克雷明似乎指的是这场运动的两个主要部分,教学进步主义者是为了他们崇高的目的,管理进步主义者是为了科学的方法。这表明,每一方为了自身利益能够以利用另一方优势的方式,尽管是不真诚的,根据情况对进步主义阵营进行广义或狭义的界定。正如我已指出的那样,管理者喜欢利用教师们高尚的以儿童为中心的自然主义为其根本上机械的和社会再生产的教育方式作有用的掩护。但与此同时,教师们喜欢利用管理者的强项——科学权威——时不时地为其根本上浪漫的教育愿景作有用的掩护。以儿童为中心的教和学的方式立足于坚实的科学证据,这一论点是对推进这种观点的教授们可信度的一个支撑,它有助于给他们一种专业主义的氛围,以强化他们在大学同事和公众中的地位。

至此,我想把关注点从 20 世纪最初 40 年(当时进步教育的意义受到热烈的争论)的历史背景转向当前,因而我将放弃多少有些累赘的术语"教学进步主义的"来定义以儿童为中心的教育愿景。尽管进步主义的这支没有产生对学校预期的影响,但它在修辞领域卓有成效,成功地获得了进步标签的全部所有权。这种修辞上的成功在一定程度上归因于它在实践上的失败。至 20 世纪 40 年代,管理进步主义构成美国教育的现实,因而像大多数成功的改革一样,它很快变得不可见了。差异化和职业主义成为泰克和库班称之为"学校教育的文法"[1]的一部分,因此它们不再是一个公开争论或值得评论的主题。同时,教育学院的教学进步主义者继续坚持不懈地推进其愿景,这种模式一直持续至今,并有充分的理由。如果没有持续的重复,这些理念将会消失,因为它们尚未融入学校的组织和实践,而仅仅存在于教育学院饱含激情的华丽辞藻之中。然而,教学进步主义者坚持不懈的唠叨,连

1　Tyack & Cuban, 1995.

同他们的老对手管理进步主义者自鸣得意的沉默,允许前者以对自己有利的方式重新定义争论的语言。现在进步主义意味着以儿童为中心的教学,我将回到以这种方式使用该术语。

教育学院与进步主义联系的其他原因

在前文对进步主义和教育学院历史分析的基础上,让我们考虑其他几个强化两者联系的因素。

内容、过程和进步主义

如我们在第二章所见,教育学院面临的一个长期结构性问题是,学科内容知识的责任已掌握在他人手中;这是强化教育学院对进步意识形态附属的另一个重要因素。教师教学科内容,教师教育者教教师如何教学科内容,但学科内容本身的权威性专业知识是由诸学科的教授们掌握:数学、英语、自然科学、历史、社会科学。既然教育学院没有控制教学内容,那么他们便将精力用于留给他们的领域:教学过程。并且,进步主义是聚焦于过程的教育愿景——事实上,它将过程提升为一门高级艺术和良好教学的本质。

学科内容与教师准备的分离并非一向如此。19 世纪的师范学校,那里所有的学生(或至少说他们曾是)都准备成为教师,所有教员皆是教师教育者,教员们既教授学科内容知识也教授教育学知识。两种形式的知识被整合入单一的课程,它处于师范学校教员的控制之下。但是,随着师范学校在 20 世纪演变为教师学院、州立学院和州立大学,学科性院系与教育学院教员在组织和理智上全面分离。并且,在既有大学内出现的教育学院的地方,这种内容与教师准备的隔绝从一开始便存在。

在某些方面,这两种形式知识的逐渐分离似乎是一组特定历史偶然事件的人为产物,因为师范学校消费者的市场压力导致它放弃了独特的专业使命,将自身转变为综合性大学,教师准备只是诸多课程选择之一。如果政府对这些师范学校有更强的控制,学生的影响力更小,那么政府本可以让师范学校履行其专业使命。例如,考虑一下社区学院的情况。显然,它们从师范学校的例子中汲取了教训,五十个州在很大程度上拒绝通过以大学的模式重构这一最新加入到美国高等教育的部分,使其走赠地学院和师范学校的道路。相反,社区学院通常只限于提供副学士学位(association degrees)。

然而,在其他方面,内容与教学的分离似乎是学院内外知识不断专门化不可避免的结果。在各个学科内,专门化的发展已远远地超过了学者可以在该领域能获得可靠专业知识的程度。在这种情况下,例如,教育学院的一位科学教育者,其工作是为学校培养科学教育教师,同时可以成为在物理学或生物学或化学方面的可靠专家,这是不可能的。即使师范学校作为一个具有纯粹专业使命的独立机构而存在,它的科学、数学、社会学习和英语的教授也绝不会被认为可以同他们在学科中的同行相提并论,而且与今天大学教育学院的毕业生相比,这些机构中毕业的教师会被正确地认为在学科内容知识方面更弱。

教育学教授与学科内容专业知识的这种分离使他们在专业上处于困境,进步主义似乎提供了一个出路。他们在学校科目方面缺乏知识的深度,而他们大学中的学科性同事则有,但进步主义认为他们不需要有深度。对教师来说,掌握权威的知识,并准备好将其传递给学生,这并不重要。这是传统教学的方式,它只能疏远学生,妨碍他们学习。相反,对教师来说,真正重要的是,善于激发学生的好奇心和欲望以实现自己的目的和自主地投身学习。学生需要教师能帮助他们学会如何学习。学科内容被用来作为进步教学的一部分,只是实现那个目的的手段而已。一旦学生掌握了适当的学习技能,他们能够学习所需的任何科目知识而无须依赖教师在那个特定科目中的专业知识。既然教师不需要与传统模式那样要求的程度相同的那种学科内容的专业知识，那么教师教育者也不需要。但是，教师教育者必须在促进学生参与学习过程的理论和实践方面成为专家，进步主义是一个综合性、有哲学根据的甚至可以说是科学的体系，它恰恰提供了这种专业知识。因此，以这种方式，进步主义似乎就是教育学教授长期面临的知识问题的答案。

当然，这不是一个令他们的批评家满意的答案，也不是能为他们赢得学科中同事尊重的答案。他们都嘲笑教育学教授是全过程而无内容的(being all process and no content)，在擦黑板和点名中进行教学。对大部分教育学院之外的人来说，知道如何教意味着，知道你教的那门科目。如我在第三章所言，这种看法只说对了一半。你需要知道你教授的科目，但是，例如，仅仅因为你知道如何阅读，并不意味着你知道如何教一群孩子阅读——特别是面对有广泛不同能力和社会背景的学生时，在一定程度上有效和高效率地完成这项工作。然而，即使你承认知道如何教是一种非常重要的专业知识形式，并且承认能够教这种技能(像教师教育者必须具备的那样)同样构成了一种重要的专业知识形式，也仍然很难说服人们相信，这种过程知识根本上与学科教授们的内容知识同样重要。并且进步主义通常在这方面没有多大帮助，因为它对学科内容轻率的漠视使其太容易被漫画化为一种没有课程的教育系统，一种没有教师的学习系统。

舒尔曼(Lee Shulman)，一位斯坦福大学的教师教育者，填补了这个缺口。他在20世纪80年代的系列论文中巧妙地回答了这个关于教师和教育学教授的长期问题(如有的话，什么是他们的专业知识领域?)：学科教学知识(pedagogical content knowledge)。[1] 在提出建立教学知识库的性质中，

1　Shulman, 1986b, 1987; Wilson, Richert, & Shulman, 1987.

他列举了七种知识：(1)内容知识，(2)一般教学法知识，(3)课程知识，(4)学科教学知识，(5)学习者及其特征的知识，(6)教育背景知识，(7)教育目标、目的和价值的知识。[1] 在一篇较早的论文中，他在这个框架内界定了占据核心地位的知识类型，即学科教学知识，作为"内容知识的特殊形式，它体现与其可教性最密切的内容方面"，换言之，"以使他人理解的方式表征和阐述科目"。[2] 下面是他如何解释这种形式的知识的重要性的："在这些类型中，学科教学知识特别有趣，因为它为教学识别出独特的知识体系。它代表了内容与教学融合以理解特定主题、问题或争议如何组织、表征、调整以适应学习者不同的兴趣和能力，并进行教学呈现。教学内容知识是最可能区分内容专家的理解和教育者的理解的知识类型"。[3]

舒尔曼发展这个概念的明确目的是建立教学知识库的轮廓，但他在主要面向教育学教授的两份杂志和一本书中写到了这一点，而他们可能是这一概念发明的最大受益者。学科教学知识为教育学教授提供了一种对有效教学至关重要的独特的专业知识形式（被定义为知识而不只是技能）——这种专业知识是我们有而学科教授所无的。请注意，他通过同样重视教学和内容，巧妙地回应对进步教育的典型批评——全教学过程而无课程内容。他甚至认为，现代的教育学教授是大学精神的真正继承人，并指出中世纪大学实际上是一所师范学校，其主要功能就是培养教师，其最高学位（硕士和博士学位）是大师级教师（master teachers）的称号，它的口试是候选人能有效地教授其科目的证明。[4] 他这样做没有放弃对进步理想的承诺。在一个脚注中，他警告："分析的修辞……并不意味着，教育被化约为知识传递，从

1　Shulman, 1987, p.8.
2　Shulman, 1986b, p.9.
3　Shulman, 1986b, p.8.
4　Shulman, 1986b.

一个主动的教师到被动的学习者的信息传递,信息被看作产品而不是过程。我的教学概念不限于直接的教导。事实上,我对发现学习和探究学习的喜爱既热情又古老。"[1]

因此,我们教育学教授能坚持进步主义信条,同时获得一种独属于我们的明显可信的知识形式。哪个可以解决教育学教授的专业知识问题——如果,事实上,这种新界定的知识形式真的存在的话。然而,并不清楚的是,它是否存在。当你仔细审视构成教师知识库的七种形式知识,它开始看起来好像教学内容知识实际上只是其他六种知识的组合。如果它是"以使他人理解的方式表征和阐述科目",那么它涉及到将教师对学科内容、背景、课程、学习者、教育目的和一般教育学的知识汇集起来,以实现这一目标。如果是这样,那么学科教学知识对教师来说就不是一种独特的知识形式,而是所有其他知识的总和,所有这些知识如不是为他们所有的话,至少为其他职业群体所共有(像学科教员、心理学家、课程开发者等等)。它本身不是一种新发现的知识形式,可能只是标识涉及有效教学的所有事物的另一个标签而已。那么,在这个意义上,我们也许有理由将舒尔曼对学科教学知识的描述解读为在教学和教师教育的地位政治中的一种巧妙修辞操作:他可能会说,如果存在一种属于教师和教育学教授的独特专业知识形式,那不是很棒吗?如果它存在,它看起来不会像这种东西吗?

因此,进步主义为我们提供一个理由,使我们聚焦于自己知道的过程而不是不知道的内容,满足了教育学教授的一种重要需要。反过来,学科教学知识通过用一种整合了过程和内容的明显是新的和独特的专业知识形式,回应了对进步主义作为过程快乐(process-happy)的批评,满足了我们的一

---

[1] Shulman, 1987, p.7.经与作者沟通、确认,原始文本的引用来源有误,这是更正后的引文出处。——译者注

种重要需要。

然而,存在另一种理解舒尔曼概念的方式,可以把它作为这种修辞性解读的补充。如梅里尔[1]向我表明的那样,对舒尔曼来说学科教学知识可能不仅仅是为教育学教授提供修辞掩护的一种方式,从而使其作为具有实质性专业知识领域的人向世界展示自己,而且也是他们在对进步教学热情的掩护下倡导将学科内容融入教育学教授工作的一种方式。为教育学院严肃对待科目内容作直接辩护会在两方面产生反作用。它通过使他们依赖于拥有各种科目内容的学科削弱教育学教授对专业自主的主张;它通过主张课程内容是必不可少的而不仅仅是掌握学习技能的机制,使他们违背自己的进步原则。但是通过将舒尔曼的提议表述为学科教学知识,可以将其展示为教育学教授的一种独特属性,并作为他们以教学为中心的进步信条的自然延伸。他可以这样做,而似乎不会将任何新东西引入教育学院的世界,因为,毕竟自从中世纪以来它就一直作为教师准备的核心要素而存在。

教育学院对有用学习的重视

如果教育学院依附于进步主义的原因之一是它疏远了教育内容,那么另一个原因则是它疏远了教育的交换价值。在制度上,师范学校是美国高等教育的后来者。最先到来的是创立于殖民地的和国家早期的私立学院,然后是产生于19世纪早期的旗舰州立大学,再后来是19世纪中期的赠地州立大学。到师范学校在20世纪中期时演变为州立学院和大学,高等教育等级体系已建立起来,并且在顶端没有地方留给新来者。学术文凭市场的规则也建立起来,它们很自然地有利于老玩家。消费者追求的和大学出售的是教育的交换价值而非其使用价值。学生们需要一个可以打开社会机会

1　2002年12月14日的电话交谈。

大门的学位,他们能将其变现为一份好工作和舒适的生活;对他们来说,能实现这一目的的那种学位来自具有最高声望的机构。用市场术语来说,正是文凭的相对稀缺而不是获得它所要求的学习质量赋予其价值。

从前的师范学校层次太低,需求旺盛,也太容易进入而又供不应求,因此它们不能为文凭提供高的交换价值。在既有大学中产生的教育学院与同一机构的其他学院相比,也缺乏交换价值。其中部分原因是由于与前师范学校、教学的半专业性以及进入教学的不成比例的女性和工人阶级出身的学生的联系所造成的低地位。在一定程度上,它也是教育研究者产出"软"的和应用性知识的结果,这种知识无法像"硬"的和纯的知识对其他领域的影响那样提高教育学院的机构声望和社会影响。

总之,教育学院的低下地位妨碍其提供具有高交换价值的文凭。同时,它作为专业学院的角色迫使其不能像高等教育中更有声望的部分,严肃地对待其教育的使用价值。在默认和有意的情况下,教育学院历来集中精力为职前的和实习的教师提供有用的知识和技能,以使其能够进行有效教学。它们既需要关心自己师范生的学习的质量与深度,也需要关心这些教师将在其中小学课堂中所形成学习技能的质量和深度。在这些情况下,它们更可能反对那些轻视或阻碍学生真正学习的形式主义学校教育方式。这包括那种我在其他地方已论述过的受交换价值驱动的教育消费主义,其中学生为了它们带来的外在奖励致力于积累成绩、学分和等级,而不是追求教育所提供的学习的内在价值。[1] 这种敌意也指向通过讲授和课本向学生提供一套课程,然后假定学习便会随之而来的那种教学。

替代这种形式主义教和学的是一种课堂,其中学生深度投入到追求自

---

[1] Labaree, 1997a.

己对世界的兴趣中,教师致力于激发内在的学习动机。进步主义就是实现这一愿景的教育方法。这种意识形态完美地回应了强加于教育学教授并为其欣然接受的学习条件。鉴于其所处的位置,他们必须认真对待学习——作为过程,如果不是内容的话——并且进步主义为他们这样做提供了一种教学法;考虑到他们想去的地方,他们需要一种将其工作提升为一项有价值使命的方法,进步主义提供了一种似乎值得追求的教育理想。

教育学院对处境不利者的亲和力

吸引教育学教授转向进步主义的最后一个因素是他们对弱势群体的共同关心。进步主义对教育采取一种改革立场。它将传统教育视为需要颠覆的现状,考虑到迄今为止它未能实现这种变革,主张改革的立场对其追随者来说变得像是一种永久姿态。进步主义选择了学生视角,将其视为深受现存教育体系饱受摧残的对象,受到教师左右摆布,被迫接受令人不快的课程。特别是,它认为自己站在学生这边,他们——因为种族、性别、阶级和文化的原因——不太愿意,也不太能玩转当前的学业游戏,因而在当前制度下失败率最高。这些进步主义的价值观与我们这些教育学院的教员产生了共鸣。我们可能比学校里许多学生的出身更优越,我们在学校可能表现得更优秀。但作为教育学教授,我们同情那些在当前教育体系中失败的学生,我们自己作为受害者的历史使我们成为受压迫者的天然支持者。进步主义提供了一种替代性教育方法的愿景,它似乎回应了我们的和他们的经验。

历史将教育学院和进步主义推向彼此怀抱,因相互伤害而生的相互需要将它们捆绑在一起。社会历史因素的累积如此强化这种纽带的强度以至于教育学教授很难以任何其他方式看待教育。同时,教育学院和进步主义之间纽带的强度,进步修辞在教育话语中的支配地位,以及进步主义作为传统教育支持者的陪衬作用共同导致一些批评家错误地得出结论：教育学院的进步主义破坏了美国的学校。他们在这一点犯了双重错误——相信我们教育学教授的话，而不是审视我们对实践的微弱影响；赋予我们巨大的权力，而不考虑从我们的卑微地位中能产生的力量有多小。在最后一章，我将探讨这些议题和它们的意义。

第八章 教育学院的困扰:没有什么害处,也没有什么帮助

教育学院是各方攻击的对象。[1] 每个人都喜欢找它们的碴儿:教师、管理者、决策者、教育官员、保守派、自由派、学科中的学者,甚至它们自己的教员和学生。并且,如你(本书的读者)所见,本书亦不例外。显然,即使对于像我——一位资深的教育学院局内人,并且深入参与(也许我应该说是牵连其中)其项目和研究工作——这样的人来说,也难以找到关于这个机构的好话。但仅仅因为很难说出教育学院的好话并不意味着,这样的工作是不可能的或毫无价值的。

教育学院的部分困扰是故意刁难它们是最容易不过的事情。作为美国高等教育中只有 97 磅重的瘦弱成员,它们没有进行报复的威胁。它们卑微的地位使其无力防御,这意味着它们要为没有做的事遭受指责,并且这也使它们不招人喜欢,这意味着没有人愿意从它们的角度来看问题。

在本书中,我努力做的就是对我们关于教育学院的理解恢复一点儿平衡。我并不羞于批评我所栖身的机构,事实上,我在教育学院社群的许多同

---

[1] 感谢以下同事对本章早期文稿提出的富有洞察力的批判性评论:Tom Bird, Lynn Fendler, Barbara Beatty, E. D. Hirsch 和 Diane Ravitch。2003 年 5 月,我在华盛顿特区布鲁金斯学会教育政策年度会议上报告了本章和第七章的简短版本。本文发表在 2004 年布鲁金斯教育政策论文集(Labaree, 2004);经许可转载。感谢与会者的有益意见。

事都认为这种描述既不公平,也不友好,只不过是又一次把沙子踢到他们脸上。但与此同时,我努力表明履行教育学院的基本任务涉及到的困难,这些困难远远地超出了大学中有更高学术地位的项目所要求的东西。并且我已表明,教育学院在漫长的历史中如何被市场压力围困,地位政治如何加剧了这些困难。本书的这些部分很可能会使教育学院的批评家们感到震惊,认为这只是又一次努力,以使这个机构合法化并为其失败辩护。

平衡似乎对争论双方来说均不受欢迎。局内人想赞扬教育学院表明其进步愿景是如何治愈困扰美国教育的顽疾;局外人想要诋毁教育学院以表明它和它的意识形态是如何成为感染源的。双方均无兴趣考虑对方的观点,因而都不可能对我处理该问题的方式感到高兴。相反,我不得不接受这样的前景:许多读者将相当有选择性地利用本书,以支持他们自己在这一极或那一极根深蒂固的立场。我为双方都提供了足够的证据。我们在教育学院所做的工作有许多值得尊重的地方,也有很多值得嘲笑之处,这两极的强大拉力使我们很难保持任何一个接近中立的位置。

如你在前些章所见,我自己的立场不是处在这场论争的中间;相反,它在两极之间交替。本书的论点仅在它验证当前关于这一主题的话语两极对教育学院进行描述的要素的意义上是平衡的。因此,我的立场最终与其说是平衡的,不如说是深深矛盾的。作为历史学家和社会学家,我对教育学院的分析连同我作为教育学院的教师和研究者的经验,促使我选择了这一立场,它被写作本书的行为加强而非得到解决。在某些方面,教育学院的工作是必要的,值得追求的,甚至是高尚的,而同时在另一些方面,它会产生相反的效果,应当受到指责,甚至是可笑的。我无意调和这些要素或提出解决教育学院困扰的对策;相反,我致力于复杂化、澄清、解释这些特征,表明为何如此难以找到解决教育学院问题的对策。

分配给教育学院的这个机构领域——教育——难以进行有效管理。首先,它规模巨大。1999 年,美国从幼儿园到研究生院学生总数大约为 6,700,000,占总人口的 1/4。[1] 其次,它伴随着重大的责任和很少的控制。如果教育系统没有实现其社会功能,对个人(他将失去在一个复杂社会结构中健康成长甚至生存的能力)和社会(它将失去再生产自身所需要的有能力的人)来说,后果将是灾难性的。但是,尽管大学的所有部分都有助于维持这个教育系统,但唯有教育学院承担这一责任,将其作为机构使命的核心要素。当教育出问题时,教育学院便受到指责。第三,教育学院被要求扮演的支持教育的角色特别困难。如我在第三、四、五章所表明的那样,这些角色中的每一个——培养教师、从事教育研究、培养教育研究者——均向教育学院的教员们提出了独特的实践问题。教育学院不仅被要求从事特别困难的专业准备和知识产出,而且也被期待在异常恶劣的条件下这样做。正如在第二章教育学院简史中我指出的那样,这些机构长期不得不在高市场压力和卑微地位的处境中工作。

因此,教育学院不得不在困难的条件下做一项艰难的工作。我很想说,它们已经直面挑战,并且做得很好。然而,如我们所见,情况常常并非如此。教育学院确实是脆弱的机构。它们之所以脆弱有充分的理由,这些理由我已在本书中尽力说出来了,但它们仍然很脆弱。尽管如此,与许多批评家所说相反,这种脆弱的原因既不是教育学院失职,亦非它完全无能为力。我会挑战所有教育学院最热心的批评者,尝试在教育学院传统上运作的条件下做这种工作,并在无可非议的水平做。但是,话又说回来,我们这些在饱受批评的机构中工作的人很难对自己的成就感到骄傲。

1　NCES, 2002,统计数据来自表 37、63 和 191。

如我所示，教育学院的不足是真实的。教师教育项目继续在理智上缺乏刺激，学术上要求不高，并且与传统实践强大的惯性和强大的学校文化相比，它们对学校专业实践的影响非常微弱。教育研究者很难达到甚至是适度的融贯性和可信度，因此它不是教育政策制定中的主要因素。教育学教授很难获得尊重，这损害了他们在培养教师、从事研究和培养未来教授方面的有效性。教育学院文化被一种对教学进步主义修辞的不加反思的浪漫依恋所支配，这进一步削弱了其可信度，并凸显了它的无效性。教育学院的项目、研究和意识形态均助长了其长期以来作为大学理智文化中一潭反智回水的名声。

好消息：教育学院太弱而不至于会对美国教育造成多大伤害

鉴于教育学院的诸多失败，批评家们经常将其视为美国学校问题的罪魁祸首，这不足为奇。但是，这里我要报道一个好消息：教育学院实在太弱了，它不可能犯下这样的罪行。在机构层面，它显然与学校工作相关；在修辞上，它为学校中的一些问题提供支持，因此它不能声称对学校的失败是无辜的。但是，如果一个公正的陪审团审查指控教育学院败坏公共教育的证据，它会发现足够的怀疑空间来作出无罪判决。

对许多批评家来说，这种指责在很大程度上基于教育学院对进步观念的深深依恋。他们说，这些观念是危险的错误，教育学院通过将这些观念借由教师教育和教育研究的媒介，强行带入课堂从而对学校造成伤害。他们在两个主要领域看到造成的影响。他们认为，教育学院直接破坏了学校的课程*内容*，将活动和技能训练置于实质性知识掌握之上；它也破坏了课程的*共性*（commonality），促进了知识的差异化获取，因而极大地加剧了社会不平等。在探讨对教育学院的这种控告时,我利用两本杰作,它们有力地说明了这一点,即希尔施的《我们需要的学校,以及为什么我们没有》,拉维奇的《落后:一个世纪失败的学校改革》(Left Back: A Century of Failed School Reforms)。[1]

损害学术内容

关于教育学院在损害内容方面的角色问题,没有人比希尔施更富有成效,如我们在前一章所见,他在其称为进步教育方法的形式主义和自然主义中看到了这一问题的根源。他对进步主义者的形式主义——他们对学习过程的热爱——的回应是主张学习必定是关于某种东西,也就是学校课程的科目内容:"那么,声称学校应当或能教授通用的(all-purpose)阅读、思考和学习技能是一个谬论。但矛盾的是,对广泛的一般知识的传递给予足够的关注实际上的确会发展一般的理智技能。这个悖论相当令人震惊。我们对形式技能的强调导致了学生缺乏形式技能,然而对传递知识的适当强调导致学生实际上掌握了美国教育者追求诸如批判性思考和学会学习的技能。"[2] 在回应自然主义教学的进步愿景时,希尔施认为,关于我们需要孩子在学校进行的那种学习,不存在什么必然自然的东西。他承认,儿童通过与家庭、朋友的非正式交往自己学会口语,但学习阅读是相当不同的事情,因为为了有效地和高效率地掌握它,需要系统的教学。他认为,学习太重要了,不能让未成年人自行决定,发展主义(developmentalism)导致延迟和差异化学生对知识的掌握,并且整体的、基于项目的教学不能为各个学科的学习建立坚实的基础。

1　Hirsch, 1996; Ravitch, 2000.
2　Hirsch, 1996, p.219.

对我来说,这种批评很有意义。进步主义者强调过程而不是内容的方式的确存在某种危险,它将课程视为一个开放的类别,由任何方便的实质性知识来填充,以便教给学生真正重要的东西,即独立学习的技能。诚然,如进步主义者声称的那样,学会如何学习使你能获得任何你想要的知识,但希尔施令人信服地主张,积累广泛形式的知识对获得这些技能至关重要。他还指出,我们想要和需要儿童学习的许多东西不是那种可以轻易通过非正式的方法掌握的东西,并且它们很可能不是儿童在他们生活中的这个时候选择学习的东西。完成此类学习最有效率的方式是对学生进行成人认为必要的内容的系统指导。

如我们跟随进步主义者的指引,试图以弥漫于教育学院华丽辞藻的完全和纯粹的形式实现进步愿景,我们很可能会造成希尔施和其他人警告的对教育的某种伤害。然而,幸运的是,这一信念系统的承担者,教育学教授,缺乏学术信誉或专业影响力来实现这一目标。总之,如果我们能将他们的浪漫意识形态付诸实践的话,那么我们可能对学校做出某种真实的伤害,但我们太脆弱了,无力这样做。

希尔施在解释进步观念可能对课程内容造成的潜在伤害比表明它们实际造成的这种影响上更为有效。问题在于努力表明,教育学院——美国高等教育中的不中用的人(the Sad Sack)——有能力造成如此大的破坏。希尔施承认教育学院的脆弱;事实上,他强调了这一问题。但他试图将教育学院的脆弱转化为一种力量。在详述教育学教授如何被大学同事们轻视之后,他认为:"但是,教育学院在大学的困境被其在教师认证领域的巨大重要性和它们在全国学校中的巨大意识形态影响力所抵消。当受到低尊重的人在一个重要领域行使支配性影响时,这绝不是一种健康的情况。权力与怨恨之间的联结是致命的。教育界把知识等同于'精英主义'……是一种策略,更多的是出于敌意而非理性原则。"[1]他提出了两个因素,它们使教育学院有能力压制美国课堂上的学术学习:它们在教师认证中的结构性作用以及在教育界的意识形态支配地位。让我们依次对它们进行考察。

教育学院对教师认证的控制

教育学院确实在教师认证的结构中占据了核心地位,这潜在地赋予其巨大的权力;它们运用这一地位试图使师范生改信进步的教学观,这种教学是基于探索的、以儿童为中心、活动导向的实践,旨在提高学习技能而不是传授学术课程。然而,如我们所见,有若干因素严重削弱了这种权力。首先,未来教师有几种方式可以进入课堂而无须首先通过教育学院的教师教育项目;这包括参加几种不同的替代性认证项目中的一种,以及通过一种暂时的、临时性、或紧急证书的方式在很少或没有正规训练的情况下受到聘用。[2]

但是,证明教育学院在教师教育中重要是错误的最重要因素,是有关教师教育研究中的一致发现,即这些项目对其毕业生的教学方式没有什么显著影响。在一份关于教师改变的文献评述中,理查德森(Virginia Richardson)和普莱西(Peggy Placier)报告:教师教育项目在让"学生在简答或多选测验中表明他们已获得了关于教和学的学术性知识"方面是更有效的,而不是改变他们关于教学的根本观念:"在当前这些教师教育研究中,我们看到表达的是很难改变深藏在人的存在中的那种缄默的信念和理解。这些认知和信念在当地环境中推动着日常课堂实践。"[3]一项又一项的研究报告表明:"学生们在他们的教师教育项目课程中没有改变他们关于好教学的信念和

---

1 Hirsch, 1996, pp. 115-16.
2 根据一份报告的数据,超过1/4的教师完全没有得到许可(NCTAF, 1996, p. 15)。
3 Richardson & Placier, 2002, p. 915.

假设";相反,研究发现,"新手的观点倾向于在教学实习(the student teaching)进程中固化而不是改变。"[1]

在第三章,我们看到了造成这种情况的一些原因。未来教师从作为学生的 16 或 17 年观察学徒期中学习关于教学的知识,这为他们提供了一种对教学形象的强烈依恋,在教师教育项目中的几年时间几乎无法改变这种形象。[2] 加剧这种对教师教育信息抵制的是,未来教师和广大公众坚信教学是天生的和容易的,因而不需要广泛的专业训练。最后,学生和新手教师很快被学校的实践文化所吸引,对他们来说,这代表了关于教学的不可抗拒的"实用"(practical)故事,与他们在教育学院中获得的不那么有用的"理论的"版本形成鲜明的对比。

因此,与希尔施的主张相反,教育学院作为教师准备和认证渠道的结构性地位没有赋予它那种将学校从学术学习转向进步主义关心的对学会学习所需要的力量。但是,它作为进步信条的大教堂(the mother church)的意识形态地位如何呢?

教育学院对教育修辞的控制

这里,希尔施站在更坚实的基础上。如前一章所示,教育学院教学进步主义者在 20 世纪上半叶的主要成就是获得了美国教育话语的霸权。对此,似乎没有异议。例如,下面是克雷明开启其经典的进步主义史总结章的方式:

> 借用加尔布雷斯(John Kenneth Galbraith)的术语,在教育学如在经济学中一样,存在一种"传统智慧",至二次世界大战结束,进步主义

---

1 Richardson & Placier, 2002, p.915.
2 Lortie, 1975.

已经成为那种传统智慧。教育政策的讨论充满了诸如"承认个体差异""个性发展""整体的儿童""社会的和情感的成长""创造性的自我表达""学习者的需要""内在动机""具有连续性的生活环境""搭建家庭和学校的桥梁""教儿童而不是教科目""调整学校以适应儿童""真实的生活经验""教师—学生关系"和"教师规划"之类的短语。诚然,这些短语是一种陈词滥调,是教育者特有的行话。但它们不只是行话,因为它们标志着,杜威关于进步教育最终会被接受为良好教育的预言现在终于到来了。[1]

这种进步主义行话在教育中的支配地位持续至今。例如,回想一下教师教育的十大 INTASC 原则的语言,它捕捉到克雷明清单中短语的大部分含义并重复了其中的许多短语。如果每个专业都有自己的行话,那么教学进步主义的语言已经成为并仍然是美国教育的行话,教育学院是培育和传播这种语言的地方。因而希尔施正确地指出了教育学院的意识形态支配地位,但这并不意味着,教育学院清除了学校中的学术学习。它试图这样做,但失败了。如果你仔细观察一下,人们对教育学院进步主义对美国教育的支配性地位的大部分主张,会发现这一点最有力的证据是在修辞而不是在实践中。考虑一下克雷明的引文。最后一句话似乎主张,教学进步主义接管了学校,但在书的上下文中,他实际上只是说它掌控了我们关于什么"最终会被接受为良好教育"的观念。如康茨指出的那样,克雷明的书是"一部进步思想的理智史",并不是一项试图"将理论和行动联系起来"[2]的工作。它聚焦于进步观念的出现以及那些发展、推动这些观念的人,但它很少告诉

1　Cremin, 1961, p.328;原文着重强调。
2　Katz, 1975, p.117.

我们这一时期学校中进行的是什么样的教和学。

我们考虑的另一个例子是查尔的《学业成就的挑战》,她连篇累牍地抨击进步主义破坏了学校的学术成就。早期,她断言:"纵观20世纪美国公共教育的历史,直到最近,人们都在从传统的、以教师为中心的方法转向更开放的、以学生为中心的方法。不时有人尝试将教育重新带回到更加以教师为中心的重点,但到目前为止这些尝试大都是徒劳的。"[1] 查尔的书对进步的和传统的教学和课程观念之间的核心差异提供了一个有用分析(我在前一章中利用过这种分析),但它从未表明,前者实际上在学校实践中确立了自身,放弃了后者。

在第七章,标题为"以学生为中心的教育:从理论到实践",查尔直接探讨了这一问题。她开始便注意到,"一些研究者发现进步教育没有像早先被认为的那样在实践中得到广泛实施",特别引用了古德莱得和库班的工作。[2] 然后,她继续说:"然而,似乎大多数学校在某些方面受到进步教育的影响。这种影响表现为它们接受了进步教育的特定概念和信念,并不必然实施了更广泛的项目。"[3] 这几乎不是一个关于进步主义对实践影响的强力主张,不是吗?她谈论进步主义"似乎"如何"在某些方面"产生了影响,特别考虑到这种影响首先是关于"接受特定概念和信念"而非"实施了更广泛的项目"。在该章的其余部分,她没有提供什么东西表明理论对实践的影响,相反呈现了一系列的例子,大部分是表明教育者谈论学校教育的方式,使用诸如"准备性""自然性"和"整个儿童"之类的进步观念。

证明教学进步主义的确对学校实践有一个主要影响的证据是不充分

---

1 Chall, 2000, p.35.
2 Goodlad, 1983; Cuban, 1993.
3 Chall, 2000, p.114.

的。在前一章,我谈到了库班和西尔弗斯特(Authur Zilversmit)的历史研究发现,它们表明直到二十世纪中叶进步观念对教学实践的影响微不足道。[1] 现在,让我们考虑一些更近的有关它对实践影响的证据。

古德莱得(彼时作为加州洛杉矶分校教育研究生院的院长)在20世纪80年代初做了一项大规模的学校研究,它包括观察了美国所有地区的38所中小学学校的超过1000个课堂。它以《一个称作学校的地方》(*A Place Called School*)为题于1983年出版,该书呈现了对教学的描绘,它更符合传统模式而不是进步模式。以下是他对课堂中发生了什么的结论:

第一,课堂组织的主导模式是通常被教师视为整体的一组活动……

第二,每个学生根本上是在班组的环境下孤立地学习并完成任务……

第三,教师是决定课堂活动和营造课堂气氛的中心人物……

第四,教师在教学行为中的支配地位是显而易见的……

第五,教师很少表扬或纠正学生的表现,也没有指导学生怎样在下一次将事情做得更好……

第六,学生通常置身于相当狭隘的课堂活动——听教师讲,写出问题的答案,参加考试和测验……

第七,前面总结的模式更适合描述高年级而不是小学低年级……

第八,我们调查的学生大部分看起来被动地满足于课堂生活……

第九,即使在小学低年级,也有充分的证据表明学生没有时间完成

1　Cuban, 1993; Zilversmit, 1993.

他们的课程,或不理解教师想让他们做什么。[1]

如果你信奉教学进步主义原则——像古德莱得那样——那么对20世纪80年代美国课堂中传统教学模式的这种描述相当令人沮丧,特别是考虑到教育学院长期以来对以儿童为中心的教学的口头承诺。

我们考虑另一个例子,这次转向单个课堂的案例研究。柯亨研究了化名为欧布利尔夫人(Mrs Oublier)的加州二年级教师的实践,她在教学实践中通过选择一个数学教育的改革框架"热切地拥抱变革"。[2] 该框架源于全国数学教师理事会(the National Council of Teachers of Mathematics)阐明的进步原则,这些原则得到州教育官员的强力支持。这项改革旨在实现从依靠做练习题和"记住事实与程序"的传统数学教学方式转向专注于学生参与、联系概念与学生自己的观念和经验、并让他们积极参与数学思考的进步方法。[3] 这场"课堂中的革命"(Revolution in One Classroom)(这篇论文的标题)的结果充其量是好坏参半的。如柯亨指出的那样,"新数学的理念和材料与旧数学知识和教学的混合渗透入O夫人的教学。"[4] 她接受了改革理念,"但是赞同教学信条是一回事,将它融入实践是相当不同的另一回事。"[5] 例如,为了有助于对改革至关重要的合作性学习,她把班级重组为4个小组,"但她所建立起来的教学话语贯穿于这种组织的核心。课堂是以一种高度结构化和传统上以教师为中心的方式进行的。"[6] 柯亨总结道:"当O夫人

---

[1] Goodlad, 1983, pp.123-24.
[2] Cohen, 1990, p.312.
[3] Cohen, 1990, p.311.
[4] Cohen, 1990, p.313.
[5] Cohen, 1990, p.314.
[6] Cohen, 1990, p.320.

彻底改变她的数学教学时,她利用相当传统的材料工作:一个以教师为中心的教学话语概念;严厉的课堂管理方式;以及传统的数学知识概念。"[1]因此,这一个案表明,当传统实践持续存在时,进步修辞如何能茁壮成长。

尽管有证据表明进步修辞和美国学校课堂现实之间存在巨大鸿沟,保守派批评家继续进行研究,意图表明教育者的进步行话的支配地位如何败坏了学校。然而,他们能够表明的是教育学院的教授们已对教师的思维产生了影响,但是表明对教师课堂实践的影响完全是另一回事。

例如,2002年曼哈顿研究所(the Manhattan Institute)(一个保守派智库)出版了一份报告,它介绍了一项关于教师的教育哲学以及他们对教学方法态度的研究结果。[2] 研究者调查了403位四年级教师和806位八年级教师,然后对焦点小组进行了跟踪调查。他们发现,55%的四年级教师和57%的八年级教师倾向于学生主导的学习(student-directed learning),相应地分别有40%和37%的教师倾向于支持以教师为中心的方法。[3] 每个年级教师中,74%和76%认同"对学生而言,学会如何学习是最重要的"哲学,而15%和13%的教师赞同"教给学生具体的信息和技能是最重要的"。[4] 只有四分之一的教师说,他们给学生评分是基于"学生是否得到正确答案",而不是根据"学生是否以一种创造性和深思熟虑的方式完成任务"或"学生的努力程度"来打分;[5]一半多一点的教师赞成合作学习和小组学习,而1/4到1/3的教师则支持整体教学。[6]

在前言中,似乎无处不在的芬恩(福特汉姆基金会主席)正确地将这些

1　Cohen, 1990, p.324.
2　Barnes, 2002.
3　Barnes, 2002, p.4.
4　Barnes, 2002, p.5.
5　Barnes, 2002, p.6.
6　Barnes, 2002, p.7.

观念追溯至教育学院:"我们绝不应因为他们抱持错误的态度或使用了错误的方法而苛责教师,更不应苛责那些配合调查的兢兢业业的教师。他们就是他们自己。他们是昨天训练他们、并在今天监督他们的人要求成为的样子。我相信,教师的态度、期望和优先事项以及在紧闭的教室内采用的方法,在很大程度上反映了他们的教育学院教授和导师、教育专业同行的所有影响。"[1] 为了确认这一点,我们需要做的是观察教师的观点与第七章利用的调查所展示的教育学教授的观念有多接近。这个调查受到芬恩的基金会资助并非偶然。

180

问题是,芬恩和报告的作者想从这项研究中得出如下结论:教师态度(他们有关于教师态度的证据)已转化为教师的实践(对此,他们没有任何证据)。这份报告的标题是《教师教什么?》(*What Do Teacher Teach?*)——至少可以说,它具有误导性,因为这项研究没有告诉我们教师教什么,而只告诉我们教师相信什么。正如我们从古德莱得对实际课堂实践的观察和欧布利尔夫人的例子中看到的,"抱持"特定的"态度"并不必然导致"使用"相应的"方法"。《华盛顿邮报》教育撰稿人马修斯(Jay Mathews)在对这项研究的分析中抓住了这一点。他的评论很能说明问题,因为他是学校强力学术课程的坚定支持者,正如他对标准和测验的支持[2]以及他的书《班级斗争》(*Class Struggle*)[3]中关于围绕大学先修课程(advan-ced placement courses)组织高中的益处所表明的那样:

我们看到过其他调查,反映了大多数人对教育理论家约翰·杜威

---

1 Barnes, 2002, p.v.
2 Mathews, 2002a.
3 Mathews, 1998.

的理想的承诺,对于像芬恩这样的标准拥护者来说,他是一个愚蠢的梦想家。但我开始认为这只是一种反映,可能正如芬恩所说,是教育学院所教内容的结果。它没有说明大多数杜威的粉丝在课堂中如何行事。我还没有看到一位教师不高度重视具体的信息和技能。只是他们在多大程度上取得成功是另外一回事,但如果你了解到一项表明杜威的原则以任何严肃的方式在许多美国课堂中得到贯彻,那么我很想看到它,因为它与我已有的发现相矛盾。[1]

差异化获取知识的途径

与希尔施类似,历史学家拉维奇在《落后》中认为,在过去的 20 世纪,教育学院的进步主义损害了美国学校课程的学术内容。但她强调了它对学习负面影响的另一个相关方面,即进步主义导致了一种不同的知识获取途径,从而破坏了公立学校固有的民主承诺的方式:

> 本书旨在追溯美国关于学校标准、课程和方法似乎永恒的争论源头。特别是,它讲述对学校的学术使命的无情攻击的故事。随着20世纪早期入学人数的增加,在那些相信应当给所有学生提供自由教育(也就是学术课程)的人与那些希望只向大学精英教授这类课程的人之间,存在着明显的分歧。后一个群体主要以教育学院为基地,认同新的进步教育运动,并在其形成时期主导教育专业。
>
> ……课程差异化意味着,为一些人提供学术教育,为另一些人提供

---

[1] Mathews, 2002b.

非学术教育……这些政策,以民主和"满足每个儿童需要"的修辞为包装,鼓励在美国学校种族的和社会的分层。本书将主张这种分层不仅极不民主,而且对所涉儿童和美国社会是有害的。[1]

美国学校的课程的确是差异化的,尤其是在中学水平上;对此有广泛共识。学生们接触不同类的知识,这种差异化采取三种形式:学校内的分轨(tracking)、课堂内的能力分组、学校之间的分轨。中等学校一般实行课程分轨。在一种形式上,像英语这样的单个科目提供给依难度水平分层的不同班级,如大学先修课程(顶端)、大学预课(college prep)、普通课程(general track)和矫正课程(remedial)。分轨也发生在一系列科目之间,如数学,一部分学生从来不会超越前代数而另一些学生则一直学到微积分;或在科学中,其范围从普通科学到物理学。此外,分轨贯穿于整个知识领域,一些学生专注于处在这个等级体系底层的特殊教育或职业教育,而大多数最终都会在学术领域完成某种程度的学习。在各个班级中,特别是在小学年级,学生通常被按照像阅读和数学这样核心科目的能力分组,其中每一分组以不同的节奏工作,并经常使用不同的课程材料。最后,不同学校的学生在同一科目和同一轨道或能力分组中通常面对不同程度的困难。

与希尔施在较早的一本畅销书《文化素养》[2]中的担忧类似,拉维奇担心是这种差异化课程阻碍学生获得他们在民主社会中有效地发挥公民作用所需要的共同知识体系。她说,这种知识体系存在于学术课程中,她将之界定为,"系统地学习语言、文学、科学、数学、历史、艺术和外国语;这些学习在今天通常被称为'自由教育',传递重要的知识和技能,培育美的想象力,并教

1　Ravitch, 2000, pp.14-15.
2　Hirsch, 1988.

学生对生活于其中的世界进行批判的和反思性的思考。"[1] 她认为,教育学院进步主义的问题,不仅在于它总体上削弱了学术课程,有利于职业的和学生自主的学习,而且在于它将获得这些丰富资源的途径局限于少数顶层的(top tracks)和最好的学校的特权学生。对于没有特权的学生来说,课程变得分散、沉闷、职业化以及在社会上受到限制。

在教育领域的研究文献中,这是一个为人熟知的观点,但它通常来自政治左翼。20世纪60年代出现了一套被称为社会再生产理论的工作,它认为,学校教育再现了社会不平等,通过依学生的社会出身将其分类,将他们分轨进入层级化班级让其掌握不同层次的知识,然后引导他们进入在层级化的职业结构中不同水平的工作,结果就是,来自不同社会阶级和种族群体的学生最终所处位置与其父母的位置相似。学校通过学业成就(测验分数、成绩等)标准而不是社会出身公开进行这种分类,这一事实只会使这个过程更糟糕,因为它使获胜者和失败者相信,他们得到了与其学术能力相称的应得之物。这类文献突出的例子包括鲍尔斯(Samuel Bowles)和金蒂斯(Herbert Gintis)的关于社会再生产的总体框架,奥克斯(Jeannie Oakes)关于学校内的分轨结构,安扬(Jean Anyon)关于学校之间的分轨。[2] 拉维奇在《落后》中的不同之处在于,她没有将层级化的学习和分层的社会结果模式描述为美国社会结构基本不平等的结果,而是作为教育学院进步主义者宣扬的受到错误的课程观念影响的产物。在这一点上,我们不同意。她将整个进步主义运动描述为这个问题的原因,然而我主要将之归咎于管理进步主义者。

1　Ravitch, 2000, p.15.
2　Bowles & Gintis, 1976; Oakes, 1985; Anyon, 1981.

管理进步主义干的

课程差异化源于管理进步主义者的两个核心原则——发展主义和社会效率。根据发展性方法,教育只有符合每个学生的发展需要才能有效。从这一角度出发,统一的学术课程适得其反,因为它没有考虑到学生在某一特定时间点的认知能力能完成什么类型的学习。对一个特定的学生来说,课程推进得过快过慢、太高太低将造成挫折和失败而不是学习。因此,你需要通过系统的测验评估一个学生的学习水平,并分配给他适当的课程。作为一个实践问题,既然在 25 或 30 名学生的课堂中进行个别化教学是不现实的,那么这意味着,将每个学生和其他具有大体同样发展水平的学生一起分配到适当的能力小组或分轨班级。

在管理进步主义的课程方法中,社会效率原则在两个水平上运作。在社会层面,社会效率意味着,如果这个社会要有效率地运作的话,学校需要产出毕业生,他们能够填补一个复杂社会结构中的各种职业岗位。由于不同的工作需要实质上不同的知识和技能,学校需要以一种大体上匹配这些工作不同知识要求的方式使课程差异化。在这种情况下,一种共同的学术课程是功能失调的,既因为学习的共同性不能满足一个差异化社会的需要,也因为学习的学术性不能使学生为工作的实际要求做好准备。在学校层面,社会效率意味着,学校需要以一种使其能有效率地完成这项复杂的教学任务的方式来组织自身。你有一群形形色色的学生,他们需要按年龄分配年级,然后依发展水平分配到不同的能力小组和轨道。为此,你需要一个测验系统,一系列分层的课程选项,其数量和分布是学生能力和教员能力的函数。既然这个系统将能力嵌入轨道水平而不是年级水平,既然学生在他们的学校生涯中倾向于待在同样的轨道上,为了使学生不断进级,走出校门,就需要社会性升级。

教学进步主义者与管理进步主义者对儿童发展需要有共同的关切,但不是将发展主义作为建立一种复杂分层课程结构的理由,而是用它作为彻底解构形式课程的理由。对他们来说,重要的是强调正规课程压制学生的兴趣和主动性,并将关注点从掌握知识体系转向学会如何学习,这意味着轻视内容而偏爱过程。同时,教学进步主义者以一种非常不同于管理进步主义者的方式看待社会效率。如果他们真的使用这一概念,那是指在这个词最广泛的意义上对实际教育的需要是实用的,提供将帮助人们在世界上发挥作用的有用知识和技能。这强化了他们对传统学术课程的敌意,这是他们和其他进步主义者(对此,我将在下文有更多论述)共有的敌意。但他们坚决反对分轨概念。这与其对平等和社会公正的承诺直接对立,它可能会扼杀吸引学生兴趣和激发学生主动性的所有希望,并且它以教学过程为代价将形式课程具体化了。

请注意,管理进步主义者对发展主义和社会效率的热衷不仅导致了一种差异化课程,而且致使这种课程的学术内容较之前大大减少。如果你需要调整学校科目以适应学生的能力和工作市场的要求,并且如果大多数学生的能力都不高,大部分工作的技能要求也不高,那么你只需几门为大学精英提供严格学术内容的课程,而大部分学生需要更少学术性、难度更低、更好地适应他们在社会中不太重要的未来角色的课程。这是一个稀释学术内容的处方。因此,管理进步主义者负责将学术科目的肉转变为肉饼,发明了诸如社会学习、普通科学、家政学。回想一下《基本原则》报告的建议,管理进步主义课程观的经典陈述,将教育的七个目标界定为除了学术学习外的几乎任何事情,[1] 再回想一下这份报告对职业学习的核心地位和学术学习的

---

1 Commission on Reorganization, 1918, pp.10-11.

边缘性上有多么明确。[1] 因此,关于对教育学院进步主义者通过清除学术内容败坏学校的指责,我说他们试图这样做但失败了。关于他们通过课程差异化毁坏学校的指控,我直截了当地说,他们没有这样做,事实上,他们在哲学上反对这种努力。在这两种情况下,真正的罪魁祸首是管理进步主义者,他们有动机和机会,并且他们的罪责得到证据的充分支持。

那些关注美国学校淡化学术学习和强调课程差异化重要性方式的批评家们应当寻找比卑微的教育学院更强大、更具说服力的原因。我已经指出了一个,即管理进步主义者,他们作为学校管理者和管理学教授处于推动课程变革的强势地位,他们的目标与职业化的和差异化的学习方式一致。但他们不是单靠自己完成的。在一种像美国学校体系那样松散耦合的组织环境中,自上而下的改革效果不佳。来自上层的改革通常只有与下层的需要产生共鸣并受其强化的条件下,才能取得进展。有鉴于此,让我提出这些教育弊病的另一个原因:消费主义。

消费主义干的

在第二章讨论师范学校演进时,我谈到塑造这种演进的两种教育目标:社会效率和社会流动,两者也适用于中小学教育。[2] 从社会效率的目标角度看,学校教育是一个为社会提供生产性工人的机制,给他们提供在职业结构的各种工作中有效工作所需要的知识和技能。这是推动管理进步主义者工作的基本原则,并继续将其现代继承人的工作注入到标准化运动。从社会流动目标来看,学校教育是一个机制,为学生提供他们所需要的证书以便有效地竞争理想的社会地位。在它们的相似和不同之处,这两个目标

1　Commission on Reorganization, 1918, p.22.
2　关于这两个目标(加上第三个目标,民主平等)对美国教育的起源和影响后完整描述,请参阅 Labaree (1997a, chap.1),本节就是从中得出的。

有助于解释20世纪美国教育中学术内容的下降和课程差异化形式的增长。

对这两个目标来说,理想的学校课程是差异化和分层的。对效率目标而言,你需要在学校获得与经济所需的技能相应的技能训练,因而课程形式应当模仿职业结构的形式,包括它的劳动分工和奖励体系。就流动目标而言,你需要一个学校教育系统,为一些学生提供比其他人更多的教育优势,以便前者比后者更有资格获得更高级别的职位。从这两个视角来看,面向所有学生的共同学术课程将适得其反,因为它妨碍学生的分类和选择,而这两者都非常重要。因此,发生在20世纪早期并持续至今的课程差异化不仅是管理设计的结果,也是消费者需求的产物。教育消费者——学生和他们的家庭——要求并涌向那些项目,将共同课程分解为一系列极不平等的选项课程,让一些人获得成功,另一些人则巩固已处于的优势地位。因此,拉维奇正确地视为不民主的是课程设置的不平等,如果学校要满足消费者的流动需要的话,这是一项基本要求。

因此,如果消费主义有助于创造和维持管理进步主义者提出的课程差异化,那么它也会缩减课程的学术内容。从社会效率角度看,教育是一种公共产品,其中对他人子女教育的投资以更高的生产力和经济增长的形式为整个社会带来回报。但是,从社会流动角度看,教育是一种私人产品,一种商品,其收益仅归于拥有它的人。因此,从这个角度看,教育的目的是提升文凭持有者相对于其他人的社会地位,公共利益该受谴责:让其他消费者关心他们自己吧。这对学习产生了巨大的影响。对消费者而言,学习至多是教育的一种附带结果;主要结果是文凭。上学的目的是获得将转化为社会地位的成绩、学分和学位;如果你根据这种方式获得教育,那就很好。但,像任何其他消费者一样,教育消费者有强大的动力,以最少的时间、努力和金钱投入从一件商品中获得最大收益。在学校,这转化为消费者的强大压力,要求降低学术标准,减少要求,以及为了获得高中毕业证或大学学位等特定水平的文凭而最小化所需的学习量。结果就是学校中我们熟悉的情形,学生讨价还价以更少的学习获得更多的学分。[1]

如我在别处表明的那样,[2]消费主义是塑造20世纪美国教育的一股强大力量,逐渐使包括社会效率、民主平等等其他目标处于次要地位。受到来自动员起来的消费者的市场力量和来自为其消费者利益投票的公民的政治力量的支持,美国的教育消费主义对学校施加了巨大的影响。它通过分层课程加剧了不平等,通过对内容讨价还价削弱了学习,而且通过将对教育文凭的需求扩展到远远超出社会对人力资本要求的程度而增加花费。因此,如果任何人想要解释美国教育的主要问题,最好建议他们考虑消费者和管理者,这些人拥有影响学校变革的力量,而不是诉诸于那些没有力量的具有进步思想的教育学院教授。

进步修辞虽未做到,但它是帮凶

与它的保守派批评家主张相反,教育学院没有对美国学校造成多大伤害,但如我上文指出的,这并不是因为缺乏愿望。没有坚实的证据表明,它在破坏学术内容或差异化和职业化课程方面发挥了直接作用,但这不能减轻它作为帮凶的罪责。毕竟,教育学院的教学进步主义的确在教育修辞领域确立了霸权地位,致使教育学院与这两个教育不端行为同谋。让我们考虑教育学院进步修辞对两者的影响。

首先是学术内容问题。多年来,进步修辞采取了一种强硬而一贯的立场:学校课程的传统学术内容必须取消。从教学进步主义者的视角来看,这

1　Sedlak et al., 1986; Powell, Farrar & Cohen, 1985.
2　Labaree, 1997a.

种课程的一切东西都不利于真正的学习。作为一套由成人决定并被强加给课堂的固定知识体系,它通过使教师成为一个权威的传递代理人,使学生成为一个被动的或抗拒的对象扼杀学生的兴趣和主动性。他们认为这种课程与学生的真实世界对有用知识的需要无关,它妨碍学生接受学习的意愿。

但是,教学进步主义者不仅反对传统学术课程,也反对将任何特定的知识体系作为课堂学习的核心。在教学的进步派形成的20世纪20年代和30年代,克伯屈领导了这一群体,他断言:"科目内容主要是手段而非目的。"[1] 克拉巴德准确地捕捉到了克伯屈的立场:"攻击他喜欢称之为'冷藏库'的知识观,取而代之,克伯屈提出了一种淡化知识获取的课程,支持一种与有目的活动同义的课程。"[2] 由于它强调过程而不是内容,那么教学进步主义者的活动-课程修辞为内容的简化提供了哲学的根据,管理进步主义者和教育消费者出于自身的原因已经对内容进行了削减。教育学院进步主义者虽然没有处于一种将自己的方法转化为学校实践的位置,但他们的修辞允许攻击学术课程和实施一种稀释的和职业化的替代方案。

还有课程差异化的问题。下面的这个故事更复杂一些。教学进步主义者通常强烈支持为了民主和平等的教育,这使他们不赞同管理进步主义者和教育消费者的学校和社会的分层愿景。这种民主的教育观是杜威和康茨工作的核心,但它也为克伯屈的工作提供了重要的理论基础。例如,在他影响深远的论文"项目教学法"中,他认为,"因为有目的的活动是……一个民主社会中有价值生活的典型单元,因此它也应该成为学校教育程序的典型单元",因为,在没有它的情况下,学生处于"奴性地接受其他人目的"[3]的

---

[1] 引自:Kliebard, 1986, p.167.
[2] Kliebard, 1986, p.166.
[3] Kilpatrick, 1918, p.3 of web version of paper.

境地。

然而,尽管他们反对分层的学校教育的观念,但教育学院的教学进步主义者没有攻击 20 世纪上半叶发展起来的分层课程。原因之一是意识形态方面的。因为他们将课程作为次要问题加以摒弃,主张教学过程的首要地位,在这一点上,课程的具体形式对他们来说并不十分重要。课程作为一种背景资源可以根据需要加以利用,为源于学生兴趣和经验的探究学习的课堂尝试提供材料。任何旧课程都能服务于这一目的。因而管理进步主义者的差异化课程只是一个背景噪音的问题,很容易被忽略。只有在 20 世纪末通过标准化运动和以高风险测验为后盾的对知识掌握的固定要求,强加给学习过程时,课程才成为问题,这场改革激起了教育学院进步主义者的强烈反对。另一个原因是结构性的。如前所述,至 20 世纪 40 年代,教育学教授发现自身被困在一个为分层的学校系统培养教师和管理者的角色中,而这个系统不是他们创造的。管理进步主义者建立了这个系统,而教育学院的教学进步主义者没有能力做任何事,只能适应它,让人们做好进入它的准备。这些同样的条件继续塑造教育学院工作的方式,让我来解释一番。

教育学院甚至没有对自己这样做

尽管教育学院的修辞是不断进步的,但他们的实践不是。在这些机构中,研究的生出和教师准备都是在教学进步主义的幌子下进行的,但在每种情况下,内在机制支持着学校教育的社会效率结构的运作,一个支持技术,另一个支持它的技术人员。

首先,考虑研究实践。在拉格曼权威的美国教育研究史的结尾处,她总结道,这项研究采取一个早期方向,其教育遗产"令人深感不安":

> 回顾教育研究的历史就会发现一个领域,它在 1890 年左右时完全

不成形,而大约到 1920 年则完全形成了。到那时,教育中的研究已经变得相当技术化而不是自由的。它是更狭隘的工具性的而不是以一种开放的、有趣的方式真正进行探究。该领域对应用性的重视已经导致大部分主题被边缘化,这些主题似乎与学校管理者在一定程度上,也和教师的专业关切没有直接"相关"。被相当狭隘地界定的可用知识已成为教育研究的必要条件。同样重要的是,曾处于教育学术核心的心理学不仅仅是过分狭隘的行为主义的,而且是明显的更个人主义的而非社会的。[1]

从这一基础上产生的是对教师有效性研究的传统,它已成为 20 世纪教育研究的主导形式,正如汤姆和舒尔曼在各自对该主题的调查中所表明的那样。[2] 这个传统中的工作聚焦于建立教师的具体行动和学生科目内容测验成就之间的因果联系。这种技术性、工具性和行为主义的研究与进步修辞中倡导的人本主义、探索性和以兴趣为基础的教育愿景相去甚远,但它完全与管理进步主义者制定的社会效率的教育结构相吻合。同样地,它对教师的集中关注与以儿童为中心的教育的进步论调背道而驰,但它很好地与公共学校课堂中以教师为中心的实践的现实一致。

至 20 世纪末,这类工作仍处于其他研究者的猛烈抨击之下,他们提出了更少规范性和更具多解释性的替代性研究形式,并且培育了一种更进步的教学法。[3] 但一个很好的例子可以说明,工具性方式仍然有效,并继续在该领域占据强势地位。在他对研究文献的评论中,弗洛登(Robert Floden)

1　Lagemann, 2000, p.236.
2　Tom, 1984; Shulman, 1986.
3　Hamilton and McWilliam, 2001.

发现,大量的"证据表明,对教学效果的研究至关重要并受到高度重视。"[1]一个重要原因是,"许多决策者和资助机构现在向研究者要求更多关于学生学习影响的证据。尽管教育体系的复杂性经常使这种影响难以识别,但对证据的需要将鼓励研究者努力设计出能够实现的研究设计。"[2]于 2001 年签署成为联邦法律的《不让一个孩子掉队法案要》(The No Child Left Behind Act)(PL. 107-10)包括要求进行科学研究以支持已证明有效的项目的语言,这导致教育局建立了(Education Department's What Works Clearing-house)[3]关于有效方法的权威研究指南,也迅速推动教育研究界为《教育的科学研究》(Scientific Research in Education)提出自己的辩护。[4]

这是一个很好的例子,表明结构性要求如何击败教育研究者的修辞承诺。作为教育学教授,我们可能更偏爱教和学的进步方法,但来自决策者、学校管理者和资助机构的所有授权和激励措施都支持要求研究证明"什么有效"[5]——尤其是什么样的技术和课程可证明提高学生的学术成就测验分数。整个 20 世纪,具有进步思想的研究者在这种努力中兢兢业业地扮演着配角。

我们在《教师准备的实践》(Practice of teacher preparation)中看到一个类似模式。在 20 世纪早期的形成时期,随着大学教育学院在组织上适应管理进步主义者创建的学校系统中新兴的专业角色结构,它用批判的眼光换取了持久的实用功能立场。如卡茨表明的那样,教育学教授本可以将他

1　Floden, 2001, p.13.
2　Floden, 2001, pp.13-14.
3　What Works Clearinghouse, http://w-w-c.org.
4　National Research Council, 2002.
5　这是美国教育部广泛发布的一本总结教与学研究的小册子的标题(美国教育部,1986)。它也是教育部于 2002 年建立的一个网站(the What Works Clearinghouse)的名称,该网站旨在推进基于科学的标准评估教育研究(http://w-w-c.org)。

们的领域作为一门学科对待,为自身确立一种角色,即产生创造性的教育观念并对学校的工作方式提供独立的批评。[1] 但是,这将意味着把培养教育实践者的主要工作转让给教师学院,进而将大学教育学院永久性地局限于蓬勃发展教育事业的边缘。因此,相反教育学院教员选择了专业学院模式,围绕着为社会高效的学校体系培养实践者加以组织,这一策略为创造教员职位和吸引研究资金创造了巨大的和持久的机会。这赋予教育学院在公共教育的广阔舞台上一种巨大的、可见的和持久的角色,但也将它们牢牢地锁定在现存的教育结构之中。它们对教育的批判性立场被降低为一种必定主要是修辞性的教学进步主义,同时它们的教学努力则集中于使学生在学校为现实世界的工作做好准备。

因此,对美国教育学院来说,在教师准备和研究产出中,结构性现实战胜了修辞观念。作为教育学教授,我们可能倾向于培养那样的教师,他们将执行以学生为中心的、整合性的、以探究为基础的学习的进步观念,但是我们已经使自己(无论多么不情愿)适应了强加于我们的角色,那就是培养教师以适应学校中现存的以教师为中心的、差异化的、课程驱动的教学模式。

思考教师教育中修辞和实践之间的这种紧张关系的一种有用方式是从肯尼迪(Mary Kennedy)识别的两种典型的专业教育方式的作用来考察它。[2] 在考察许多不同的专业教育项目实践中,她发现一些项目聚焦于为专业人员提供有效的具体知识,而另一些项目则专注于提供解决他们自己问题的一般性技能:"一种策略是发展、编码并给学生提供尽可能多的知识——关于他们可能碰到的任何可以想象到的情境的知识——以便他们可以为尽可能多变的情况作好准备。另一种策略是为学生独立思考做好准

1　Katz, 1966.
2　Kennedy, 1990.

备,给他们推理的技能和分析、解释新情况的策略,直到他们足够灵活和具有适应性来处理可能遇到的多变情境。"[1]医学和工程学选择第一种方法,法学和建筑学选择后一种。

对我们的目的来说,关于这些专业教育的方法,最有趣的是它们类似于传统的和进步的教学方法之间的旧争论的方式。因而对教师教育来说,进步的方法引导教师成为反思性实践者(reflective practitioners)(用肖恩(Donald A. Schön)的术语[2]来说),而不是专业知识的仓库。这是杜威在论文《教育学中理论与实践的关系》(*The Relation of Theory to Practice in Education*)中的主张,[3]并且自那以来它已成为进步作家在该主题上的主张[4]。尽管教师教育者长期谈论反思性的专业准备模式,但他们的做法正好相反。如肯尼迪解释的那样,"教师准备聚焦于编码的、规范性的知识尚未达到医学和工程学那样的程度,但它倾向于朝这个方向而不是独立思考和分析的方向。教师教育课程围绕着被称为*基础*(*foundations*)的学科和通常被称为*方法*(*methods*)的实践技术加以组织。"[5]在教师教育实践中,这种以知识为基础的倾向反过来植根于教育研究者产出的工具性知识:"如今,关于有效教师行为的一系列研究发现已经形成,可能会成为一种更具规范性教师教育课程的基础(Brophy & Good, 1986; Gage, 1977, 1985; B. O. Smith, 1980; Watts, 1982)。鉴于这些新发现,教师教育正在经历一个朝向编码化、更规范的课程内容的新运动(Evertson, Hawley, & Zlotnick, 1984; Gage 1985; Gideonse, 1986)。"[6]

1　Kennedy, 1990, p.813.
2　Schön, 1983.
3　Dewey, 1904/1964.
4　Kennedy cites as examples Schwab, 1978; and Liston & Zeichner, 1987.
5　Kennedy, 1990, p.815;原文着重强调。
6　Kennedy, 1990, p.815.

因此，教育学教授是一群充满矛盾的人。我们保留了对进步主义的修辞承诺，但我们作为研究者和教师教育者的工作展现了对工具主义的实践承诺。我们谈论探究，但我们做有效的事情。因此，可以抨击我们言行不一，但当我们甚至不能在自己的实践中践行它时，人们不能指责我们将进步主义强加于学校。

指责教育学院容易，但问题在别处

对于任何想为美国教育问题寻找责任承担者的人来说，教育学院都是一个明显而容易的目标。之所以明显是因为它们如此明确地处于培养教师、从事研究和提供教育者所谈论的话题这些事情中间。之所以容易是因为它们的社会地位是如此卑微，因为它们的进步修辞近乎自嘲，还因为它们的脆弱使其不能处于有效回击的地位。

如我反复指出的那样，这种情况的问题在于将这些问题归咎于教育学院是完全错误的。我们教育学教授像杜威一样喜欢谈论，但像教育中的任何其他人一样，我们走在桑代克的路上。如果我们的进步修辞在美国课堂中被忠实地实践，那么它对教和学的影响很可能在重要方面是负面的。我同意那些批评家，他们认为，进步主义强调课堂过程而不是内容，学生的发现而不是教师的教学，这确实可能会对教和学造成伤害。但这些批评家可以放下心来，我们的影响微不足道。批评家们所犯的错误在于，相信我们的话而不是关注我们的行动，听教师们谈论他们的实践而不是观察他们在课堂上做了什么。

如果批评家们少关注些教育言论，多注意些教育行为，他们会注意到一些引人注目的事情：教育的传统主义者们已经获胜。[1] 美国学校的教学绝大

---

[1] 感谢我的同事 Tom Bird (2003) 在对本章早期版本的评论中有力地向我指出了这一点。

多数是以教师为中心,课堂管理是教师的重中之重,传统学校科目支配课程,教科书和教师讲授是传递这种课程的主要手段;学习由回忆教科书和教师所说的内容构成;测验衡量学生学到了多少东西;测验推动课程进程。总之,教和学的传统方法控制着美国教育。进步主义者失败了。

当然,更具思想性的批评家不止批评教育学院推进进步的方法。正如我们在希尔施和拉维奇(两人称自己为自由的传统主义者,强调对自由教育和传统学科内容的信念)那里看到的那样,[1]他/她们指责教育学院正在破坏民主的教育基础,淡化学术学习的重要性,以及差异化知识获取的途径。这些是严厉的指控,证据表明这两种倾向均存在于美国学校。但是,如我已表明的那样,教育学院无法造成这些后果。相反,两个因素直接导致了学习的简化和课程的层级化,它们是管理进步主义和消费主义。

坏消息:教育学院太弱而不能为美国教育提供多大帮助

关于教育学院的好消息是它们的力量不足以对美国教育造成太大的伤害,尽管所有的滔天罪行经常被归咎于它们。但坏消息是,它们也不足够强大,不能为一个可能真正需要运用它们帮助的学校教育体系做出多大的贡献。如我们所见,研究型教育学院的核心功能——教师教育、知识生产和研究者训练——是极为困难的,因此,尽管令人失望,教育学院不能很好地履行这些功能不足为怪。在一项重要且困难的任务上的失败带有一定的高尚性,但对我们这些工作在这种机构中的人来说,如果教育学院真的成功了,那将更加令人欣慰,并且对美国学校和社会也会更有帮助。我不会重述执

---

[1] Ravitch, 2000, p.464.

行这些功能的尝试,相反我将聚焦于几个领域,在这些领域教育学院处于能作出重要贡献的有利地位,但它们的低下地位和对进步主义浪漫修辞的迷恋很可能削弱这种贡献。领域之一是澄清当前关于教育改革主要议题的争论的需要,包括标准、教育券和师资训练;另一个是对大学促进学习和生产知识的更大使用价值的需要;第三个领域是在各级教育中对理论和实践更紧密联系的需要。

对当前关于教育政策争论的贡献

鉴于教育学院的机构地位,一个人可能会合乎逻辑地期待它显然是寻求关于当前美国教育政治中重要问题建议的地方。但是,只有当人们能够忽视它所有的困扰时,这种情况那才可能发生,而这在根本上是不可能的。让我们想想21世纪初美国教育面临的一系列突出问题。

标准

在本世纪之交,最持久和最重要的改革运动是旨在将标准强加于学校的运动。在这场运动中,首要问题是使学校为达到一种理想的学业成就负责,为实现这一目标,它引入的机制是多种多样的。50个州的每个州都在努力为逐年级的科目范围建立课程指南,并通过某种形式的标准测验努力在学生的小学和中学生涯的关键节点制定成就标准。各州向地方学区和每个学校分发工作报告(report cards),联邦政府发布各州之间的绩效比较,国际机构进行国家间比较。每个主要科目的专业群体都参与其中。

一个令人眼花缭乱的首字母缩略词集为所有相关机构提供了速记方式。聚焦于测验的有 NAEP(全国教育进步评估)(Assessment of Educational Progress)、ETS(教育考试服务中心)(Educational Testing Service)、ACT(美国大学入学考试)(American College Test)和TIMSS(第三国际数学和科学学习)(Third International Mathematics and Science Study);专注于教师和教师教育的有 NEA(全国教育协会)(National Educat-ion Association)、AFT(美国教师联盟)(American Federation of Teachers)、NBPTS(全国专业教学标准董事会)(National Board for Professional Teaching Standards)、NCATE(全国教师教育认证理事会)(National Council for Accreditation of Teacher Education)、TEAC(教师教育认证理事会)(Teacher Education Accreditation Council)、NCTAF(全国教学和美国未来委员会)(National Commission on Teaching and America's Future)和 NCREST(全国教育、学校和教学重组中心)(National Center for Restructuring Education, Schools, and Teaching)。在州际水平,我们有 NGA(全国州长协会)(National Governors Association)、CCSSO(州立学校主管理事会)(Council of Chief State School Officers)、INTASC(州际新教师评估和支持联盟)(Interstate New Teacher Assessment and Support Consortium)。而且这甚至还没有包括由各种利益群体、政治组织和智库成立的所有以标准为导向的组织。

在美国以外的任何其他国家,你可能自然地期望欢迎教育学院加入其他群体关于教育标准的讨论,通过梳理所有改革活动产生的复杂问题,利用它们的经验和专业知识作出重要贡献。但正如我们所见,在这个国家有若干因素限制了教育学院在标准问题上的可信度。首先,对标准的许多支持者而言,教育学院代表了问题而不是解决办法。正是后者被认为缺乏教和学的标准,这被认为是标准运动必要性的主要理由。[1] 其次,由于有效性和可靠性问题,教育学院所做的研究被认为只具有有限的能力来阐明这些问

1　E.g., Finn, 2002; Hirsch, 1996; Ravitch, 2000; Sowell, 1993.

题。但最重要的是,问题在于,在标准化运动中太多人感到,他们已经知道教育学教授会对这一主题说些什么:教育学教授将滔滔不绝地说出一贯的进步意识形态。我们会说,标准运动将扼杀学生的兴趣,窒息其学习动机,用形式学习代替真正的学习,强化外在奖励而牺牲学习的内在回报,解决美国学校学习问题的真正对策是走向以学生为中心、以探究为基础、富含经验的教学,正如我们近百年来一直在建议的那样,收效甚微。

标准运动绕过教育学院的方式令人悲哀的是后者的确有一些有价值的东西可以提供。对标准运动的进步批评暴露了该运动可能并确实对学校的教和学造成了一些重要问题。例如,标准运动的确提高了对学习的激励,但它做到这一点是通过强调惩罚性而非积极性——这提高了失败对学生和学校影响的后果,却没有做什么事来提高对成功的奖励——以及重视外在性而非内在性。因此,它可能提高了短期的测验表现,但从长远来看付出的代价是扼杀了学生对书本和学习的兴趣。嘲笑像克伯屈那样的进步主义者很容易,但他在"项目方法"中提出的问题似乎是指向标准运动的恰当问题:"有多少孩子会在一门课程结束时坚决地合上书本并说:'谢天谢地!我受够啦!'有多少人'获得一种教育',但厌恶书本和学习?"[1]此外,尽管标准运动通过迫使他们严格遵守规定的课程指南,和为高风险测验而教,可能会提高最无能教师的表现,但这可能最终窒息了最有才华的教师的主动性和灵感,因而限制了在他们的课堂上学习的可能性,甚至促使这些教师离开这个行业。

教育学教授确实立刻对标准运动提出了这些强有力的批评,但这些主张差不多是对牛弹琴。以前我们已说过太多次了。我们的信誉被这种感觉

---

1 Kilpatrick, 1918, p.5.

破坏了,我们念诵一种信条而非分析一种特定的实践形式。我们经常听起来好像是我们在攻击一般意义上的学术学习而不是批评建立课程指南的特定方式;好像我们反对任何形式的教和学的表现目标,而不是反对特定形式的高风险测验;好像我们反对任何限制教师自主性或学生主动性的努力,而不是仅仅抵制那些可能损害学生参与学习的限制。

择校

世纪之交,另一个主要的改革议题围绕着择校、特许学校(charter schools)和学校券的建议。在各种形式的选择概念背后的基本观念是放松地方学区当前对教育形式和供给的垄断,并赋予学生家庭在一定程度上的自由裁量权,决定上什么学校,以及对这所学校进行一定程度的控制。这场运动的根源和目标是复杂的。或者说,它是一场政治改革,旨在用资本主义市场取代民主政治作为控制学校的原则;它是一项组织改革,旨在用一种精简的、高效的和灵敏的地方学校管理方式取代一种机能失调的学校官僚体系;它也是一场消费主义改革,旨在使教育消费者成为上帝取代学校的政治和官僚制;它还是一场社会正义改革,旨在给少数内城区家长一条道路,摆脱不能教育他们孩子的学校系统;它也是一场教学改革,旨在使学校从教育思想的支配中解放出来,以支持满足特定社区和亚文化需要的教育方式,这些思想——任你选择——是过于进步的或自由-人文主义的,或种族主义的或多元文化的或单一文化的或传统的。

教育学院为这一主题提供了大量专业知识。作为培训专业教育者和开展教育研究的主要场所,它们对学校如何运作、如何组织和治理、如何管理、它们教育学生的好坏都非常了解。利用这种专业知识,教育学教授从一开始便参与了关于择校的辩论。但有几个熟悉的因素破坏了我们干预的信誉和有效性。这是一个老问题,即教育研究的有效性和可能性值得怀疑,教育学教授们在辩论中以此为权威。还有另一个老问题,即教育学教授地位不高,这往往使其他人在教育问题上更加可信。

然而,影响我们对该问题看法的可信度的最大问题是我们对学校这一教育机构的认同。这种认同令大多数教育学院教员感到困惑。我们将自己视为进步的改革者,不停地冲击这个教育机构的大门,要求以学生为中心的改革,而这些改革似乎从未受到学校基本实践的欢迎。我们与这种现状的联系是康茨在大学教育学院历史早期所确定的方向上所发现问题的结果。[1] 在二战前,教育学院从其作为教育的批判性评论者的角色演变到教育机器中一个齿轮的角色,那时它从事的工作是让人们做好准备以填补既存学校结构中的各种专业职位。这种功能使教育学院在大学中有了永久性位置,但这使它在作为改革推动者方面处于弱势地位。在许多方面,教育学院的进步文化只是一种虚饰,只是覆盖在深嵌入现存学校教育的组织和治理中的制度结构之上,并且这使公众和决策者都认为这是择校运动试图治愈的问题的一部分。教育学教授压倒性地反对大部分形式的择校,这一事实没有消除局外人对这种观点的误解。

教师教育

有关改革教师教育的论争对教育学院的信誉提出了类似的挑战。隐含在这个论争中的问题包括关注提高招聘和留用教师的素质,关注提高教师的知识和技能,其理论是,只有教师的招聘和准备先发生变化,学生学习的任何改进才是可能的。一方是一群主张建立替代性教师认证形式的改革者。这些方面的途径包括降低认证条件;将要求从教育学院转移到学科性院系,在像为美国而教(Teach For America)这样的独立机构中建立教师准

---

[1] Katz, 1966.

备项目；允许更快和涉及更少量课程的替代性认证途径；完全中止国家认证，让学校系统来雇佣它们认为合格的教师。另一边是像 NCATE、INTASC、NBPTS 和 NCTAF 这样的群体，它们致力于巩固和扩展现存的培养和认证教师体系。这些群体主张采取如下措施：确定未来教师需要掌握的那种知识和技能，以便进行有效教学；运用项目认证以确保教师教育项目专注于传递这些能力；运用测验和认证程序以确保未来教师在进入课堂前展现出在这些领域的能力；运用董事会认证为实习教师（practicing teachers）的最优实践设定标准。

作为目前教师准备的主要场所，教育学院在谈论这些问题时自然是专家，也自然地受到怀疑。谁更了解教师教育呢？然而，谁更有动力保留教育学院在教师教育中的作用呢？因此，教师认证的替代性路线的支持者几乎全部来自教育学院之外，而巩固当前结构内教师准备的支持者则几乎完全来自教育学院社群。因而替代性路线阵营的那些人很容易忽视教育学院关于教师教育的理念，这些观念既被认为是党派性的，也被视为问题的一部分。

生产使用价值而非交换价值

在另一个领域，教育学院可以很好地为美国教育做出重要贡献，但很可能不会——通过模仿大学可以聚焦于提高学生学习和教育学院所产出的研究知识的使用价值的方式。美国教育——尤其是高等教育——长期更多地强调教育经验的交换价值而不是使用价值，这一命题有充分的理由。也就是，消费者追求的和大学在教育市场上出售的不是在大学接受的教育内容（学生在那里实际上学到的东西）而是这种教育的形式（学生能用来换取大学学位的东西）。从这个角度来看，关键的教育产品是可用的文凭而不是可用的知识。[1]

支持这一结论的证据是强有力的。学校和学院授予学位的依据是学生累积的学分时(座位时间)而非这些学生在此过程中实际上掌握的特定知识量。(美国教育一直不愿要求学生证明自己所学的知识,以便获得文凭。)雇主根据他们获得的学位而不是他们知道什么或能做什么筛选潜在员工,轻率地假定文凭证明了能力而从未尝试验证这个假设。(有多少雇主会问或关心,一名学生在十年级平面几何课堂上学到了什么? 或大学的殖民史课程的B+对候选人成为有效的中层管理者的能力有何影响?)而且,了解这两个事实的学生往往会将精力用于掌握可以变现为一份好工作的必要教育商品(分数、学分、学位)上,而不是学习内容上。

这样做的结果是大学有强烈的动机来推进研究而不是教学,因为发表比教学(它的可见性更小且更难以衡量)可以更有效地提升这个机构的可见度和声望。并且一个有声望的院系会提高大学文凭的交换价值,而不依赖于在获得文凭的过程中学到的任何东西。

大学学位市场化的过程没有给教育学院留下受人尊敬的位置。由于后者知识生产的主要形式聚焦于有关实践问题的软知识——非权威性的使用价值的生产——它不能很好地为大学的市场化工作(它严重依赖于在硬/纯学科领域中更具声望的工作)做出贡献。并且,由于教育学院的主要教学项目侧重于向学生提供有用的知识和技能以应用于学校中地位较低的专业,而且由于其自身的机构声望较低,它能提供将为大学增光添彩的高交换价值的文凭。

那么,从这个角度来看,教育学院几乎没有办法提高大学学位的市场

---

[1] Collins, 1979; Labaree, 1997a.

性,而且相反,它似乎对这个学位的交换价值施加了稳定的向下拖累。因此,教育学院作为提高入学人数和支持学术性院系的一种方式是有用的,但它也多少有些尴尬,因为它可能会削弱大学高学术标准和高地位知识的声望。

所有这一切均表明,教育学院根本无法很好地玩转大学地位的游戏。它们处于一种真正的无赢之境:教育学院服务于错误的客户,产出错误的知识;它们带着卑微出身和传统上薄弱项目的印记;然而,从毕业生的雇主到大学同事的每个人都向它们施压,要求其保持现状。如果没有教育学院,我们很可能希望以目前差不多的形式发明它们,因为它们满足了如此多选民的众多需求。

但是,请考虑一下,如果我们在确立高等教育价值时决定放弃地位观点,会发生什么呢?这是美国大学及其客户如此痴迷的观点。如果我们选择关注教育学院的社会角色而不是它在学术界的社会地位,会怎么样?如果我们考察这个机构做了什么而不是它被如何看待,会怎么样?如果我们考虑这样一种可能性,即教育学院——在学术耻辱的黑暗地下室内辛勤劳作——实际上被这种状况以一种奇特的方式从学术地位获得的束缚中解放出来,会怎么样?是否有可能,教育学院实际上偶然发现了一种学术实践形式,可以作为大学其他部分的有用模式?

考虑到教育学院持续的过于明显的弱点,这也许不可能。但是,事实似乎是,教育学院通过其历史的独特偶然事件,在美国高等教育中占据着独特的位置,从中我们可以洞悉大学在 21 世纪面临的一些关键问题。它在一种差异性案例分析中是一个有用的结构——某种类似于反学院(anti-college)的东西——它允许我们思考一个不再痴迷于地位游戏和交换价值营销的大学学院可能看起来像什么样子。这样一种机构可能决心做许多当前教育学院努力做的事情。讽刺性的是,鉴于教育学院长期存在的问题,它们在某些方面(即使是偶然地)可能比许多其他获得更多尊重的学院更好地满足这十年的环境需求。让我解释一番。

首先是一个免责声明:大学地位游戏就像获得成功的梦想一样是美国式的,因此原教旨的文凭主义不可能很快消失。大学不可能停止根据机构的声望出售学位,或者将这种声望建立在生产抽象研究而不是教授有用知识的基础上。然而,在目前的政治和财政环境下,越来越有可能有人站出来提出有说服力的理由:说皇帝没有穿衣服——在大学学位和学生的知识之间,或教授们的产出与公共利益之间不存在必然联系;学生们需要在大学学习某些东西;他们学习的内容应当具有某种形式的内在价值;教授们需要发展具有一定实践意义的观念;整个大学事业需要找到方法以使其目前需要的巨大的公共和私人投入合理化。

在市场导向的学术生活模式中存在一种信心游戏的要素,因为整个结构依赖于一种充其量是脆弱的、相互嵌套的信念网络:有声望大学的毕业生比其他毕业生知道得更多、更能干的信念;有声望的教员造就好大学的信念;有声望的研究造就好教员的信念。当然,问题在于,当其中的任何一个信念动摇时,整个结构就可能坍塌。而且,当这发生时,唯一的办法是基于实质而非声望、能力的证明而非功绩象征进行重建。

无论如何,这个可怕的时刻已经近在咫尺。目前,大学生活模式的信誉面临着大量迫在眉睫的挑战,而且并非所有挑战都来自保守派。虽然后者主要关注激进的教授和多元文化课程,我指的这种挑战的根源是结构性的而非意识形态的。源头之一是当前国家和地方政府的财政危机。另一个是对责任和效用不断增长的政治要求。第三个是高等教育中竞争的加剧。

随着新世纪美国政治生活中对低税收和削弱了的公共服务的无情要

求，大学很难仅凭声望便可以证明高投入的公共资金是合理的。相反，它越来越多地被要求证明对其投入的公共资金的回报。州政府正在要求大学产出对学生、企业和社区其他纳税人的可衡量的益处。此外，通过扣留更高的州补贴，各州正将大学抛入激烈的竞争之中，它们和市场中的其他机构展开竞争，看谁能吸引最多的学费和最多的外部研究资助，谁能对内部成本保持最严格的控制。

在这种环境下，与大学的许多其他院系相比，教育学院实际上有一定的优势。不像大学的其他学院，它们提供传统上花费低廉的项目，这些项目被明确设计为对学生和社区都有用。它们为学生提供大量就业机会的实际准备和进入途径。它们的研究关注教育的问题和需要，这是一个美国人很关心的领域。它们为教师、学校、学校系统提供咨询服务和政策建议，致力于以自己的方式解决面临的一系列迫切问题。总之，它们的教学、研究和服务都可能对学生和社区有用。有多少文科学院可以这样说呢？

然而，在我们陶醉于一种反直觉的观念前，即教育学院可能会成为受到攻击的大学的典范，我们需要考虑到，这些被吓坏的机构仍不可能因其为有用的社会目的所做的努力（尽管目前这些努力在政治上非常突出）而取得多大成功或获得很多赞誉。在美国教育界，从来没有人因将赌注押在教育形式而非教育内容的价值上而破产；也没有人通过出售具有低品位的使用价值的教育而变得富裕。我们一直通过教育机构为其毕业生打开社会机会的能力而不是为其提供可用的知识的能力来衡量它们的表现。在这样一个市场驱动和以消费者为导向的教育环境中，通过聚焦于社会需要和有用的学习，做正确的事情更可能招致惩罚而不是奖励。这方面的一个很好例子是，大学中任何试图游走在理论与实践之间的单位都面临这一困难。

在理论与实践之间工作

通过集中精力在理论和实践之间工作,教育学院作为教育者和研究者提供了一种潜在的无价服务。对一所美国教育机构来说,这不是一种普遍情形,部分原因是保持这样一种平衡很难,部分原因是那些试图这样做的人正因其努力而受到巨大的惩罚。

传统上,大学独特的专业知识领域是理论。从事件的新闻和对特殊事物的关注中解脱出来,大学教授的理智贡献源于不断努力概括、解释以及建构理论。相反,公共学校是一个实践领域。面临着立刻行动以满足特定学生群体具体需要的无情要求,教师必须专注于建构一种有效的课堂实践模式。然而,情况比这更复杂。因为大学也是一个社会实践领域,因为教员们致力于发展其专业技艺,而学校的教学实践反过来又受到理论的指引,因为没有理论支撑的教学不过是盲目的活动。因此两种机构领域之间的差异,更多的是侧重点(大学更专注于理论,学校更重视实践)和背景(大学学习指向普遍性,学校指向特殊性)的问题。

教育学院的主要职能是提供一个跨越两个王国的边界,它们各有自身独特的语言和文化,以及特有的社会结构。当教育学院运行良好时,它提供了一个大学和学校之间流畅互动的典范,并鼓励处于边界两侧的其他人效仿。在理智上,这意味着,一所教育学院必须擅长发展对教育的理论和实践的理解,必须努力在两者之间建立可行的联系。这一理念鼓励教师和其他教育者的发展,这些人是真正的"反思性实践者",[1] 能够利用理论启发自己的教学实践。这种理念的另一面是鼓励大学教授成为实践导向的理论家,

---

1　Schön, 1983.

在理论建构中能够从实践中汲取问题,并产出有潜在使用价值的理论。

这是理想。但没有人会认为,教育学院(或任何其他群体)近于实现这种理想。自然趋势(如我们在教育学院的博士项目中所见)是落在边界的这边或仅有脆弱跨界能力的那边,而不是保持中间立场,并保持在两个领域都能很好工作的能力。霍姆斯小组在20世纪80年代和90年代的历史对此很有启发意义。一流教育学院的院长构成了霍姆斯小组的成员,他们口头上支持这里阐述的理想,但实际上他们在该问题上表达了完全的混乱。在该小组的第一份报告(《明日之学校》)中,他们认为教育学院应当将自己完全建立在大学的声望和科学知识建设的基础上,然后致力向学校输出两者。[1] 但在第三份、即最后一份报告(《明日之教育学院》)中,他们彻底改变了主意,认为教育学院应当背对大学的学术生活,并埋首于公共学校课堂的日常实践世界。[2] 因此,不到十年的时间,院长们从理智帝国主义(intellectual imperialism)立场转向一种反智的民粹主义(anti-intellectual populism)立场。

在一个层面,霍姆斯小组遵循的曲折路线恰恰强化了通常的看法,即教育学院并不真的知道它们在做什么或它们将要去往何处。但在另一个层面,它证明了一个机构将自身定位于理论和实践、大学与外部世界之间的边界是多么困难。生活是更舒适的,在这边或那边的责任要明确得多。

由于它们身处大学以及它们对中小学的认同之中,教育学院多年来别无选择,只能在这个边界地带工作,但这意味着,它们继续受到两边的无情攻击。教授们认为它们缺乏学术性和理论性,而学校工作人员则认为它们不切实际和无关紧要。从大学角度来说,教育学院是行业学院,它们提供职

1　Holmes Group, 1986.
2　Holmes Group, 1995.

业训练而非学术课程；然而，学生却抱怨教育学院的课程过于抽象和学术化，他们要求更多的现场经验和更少的课程要求。在一方看来，教育学院的研究太"软"，过分实用，完全缺乏学术严谨性；但在另一方眼中，它只是为大学的议程服务，对学校基本无用。

当然，双方可能都是对的。参加足够多的美国教育协会年度会议，你可能会得出这样的结论：教育研究者的工作往往既缺乏理智价值又没有什么实际用处。但是，教育学院的居民继续在理论和实践之间堂吉诃德式地寻求一种可行的平衡，这是一种高尚的和必要的方式。要是学术界的其他人能积极尝试（而且，我们只能希望，更成功）以实现学术优雅和社会影响的联姻就好了。

教育学院困扰的再审视

那么，在思考不幸的陷入困境的教育学院时，这会给我们带来些什么呢？从其曲折的历史中，我们可以汲取什么教训（如果有的话）呢？

按要求是有罪的

一个教训是，这些机构在许多方面真的很脆弱，但这种弱点很大程度上是教育学院做了它们被要求做的事情这一事实的结果。它们提供了大量教师准备项目，这些项目没有花费多少钱或需要很多时间。它们将教师派到空荡荡的教室，吸引学生进入大学。它们努力满足实践者的需要。尽管如此，它们还是受到学术界、教育界和公众的严厉惩罚。

当然，尽管教育学院的历史适应性是可以理解的，但它并不完全是光荣的。屈从于所有施加在它身上的压力，教育学院得以将自身确立为培养这个国家教师的核心机构，并在大学的神圣殿堂为自己赢得一席之地。然而，这些成就的取得付出了巨大的代价。在教学方面，教育学院往往为教师提供一种学术上薄弱、专业上无效的教师准备形式,不能充分满足美国教育的迫切需要。在理智上,它们经常提供一种既不学术又不实用的知识生产形式。

地位问题

另一个教训是成为大学地位秩序中的新成员得不偿失。教育学院地位问题的一个关键在于,历史赋予它们在大学等级中的低下地位。这意味着,没有人愿意让它们休息一下。作为大学中的后来者(Joanies-come-lately),教育学院带着师范学校和进入半专业教学的工人阶级女性的难以磨灭的印记,美国人对此非常矛盾。教育学院遭受的大部分轻蔑都是因为其地位低下而不是它在扮演实际教育角色中的任何明显不足。

但是这种轻蔑大多有充分的根据。机构的地位具有循环性,这意味着对机构质量的预测会自我应验。大学的高地位为其提供了一个保护罩,在这个保护罩下,优秀的教学和研究可能得以孕育和繁荣(即使这种机会经常被牺牲在文凭主义的祭坛上)。高地位的保护伞使机构有时间和空间在相对隐私的情况下处理问题,而不会屈服于不受欢迎的干预或腐蚀性的批评。然而,与此同时教育学院很明显缺乏这样的保护伞。它的低社会地位使其得不到充分保护,因此,它的项目和研究受到外部批评和胡乱干预的酸雨的支配,而这些批评和干预永远不会为其提供成长的机会。

正确不是借口

在某些方面,教育学院做了正确的事情,它们积极与公共教育的问题作斗争(如果并非总是取得良好效果的话),这是大多数公民都非常关心的领域。这意味着,解决非常复杂和极具现实意义的社会问题,但不幸的是大学并不重视这种杂乱的、不确定的、"软"的、应用性知识的生产。它承担了一项艰难的任务,试图让人们为一项大部分人认为很容易但非常复杂的工作做好准备,却甚至没有获得对这个准备过程的充分控制。

说来奇怪,大学的其他部分可以从教育学院的例子中学到很多。然而,问题在于它们将这个例子视为积极的还是消极的。如果学者们从当前政治和财政形势的角度考虑它,那么教育学院可以作为一个榜样,它表明大学如何能满足公众对它日益增长的期待,教授学生需要知道的东西,以及产出那些对社区有益的知识。

但是,似乎更可能的是,学者们会认为它是一个具有警示性的故事,说明这种策略有多大风险和多么不值得。毕竟,教育学院业已表明,它们在实现理论和实践的联姻上并不特别成功,也没有因其努力获得良好的回报。事实上,挫败和不受尊重的气氛持续弥漫在这些机构周围的空气中。鉴于这种考虑,学者们可能会更愿意把筹码置于大学传统的信心游戏中,继续押注于对学术地位和市场教育文凭的追求。从这个角度来看,教育学院的例子是他们应当竭力避免的。

参考文献

Abbott, Andrew. 1988. *The system of professions.* Chicago: University of Chicago Press.

Altenbaugh, Richard J., and Kathleen Underwood. 1990. The evolution of normal schools. In John I. Goodlad, Roger Soder, and Kenneth A. Sirotnik, eds., *Places where teachers are taught,* 136–86. San Francisco: Jossey-Bass.

American Association for Colleges of Teacher Education. 1988. RATE I: *Teaching teachers: Facts and figures.* Washington, D.C.: AACTE.

American Association for Colleges of Teacher Education. 1987. RATE I: *Teaching teachers: Facts and figures.* Washington, D.C.: AACTE.

American Educational Research Association. 2002. *Annual meeting program.* Washington, D.C.: AERA.

Anderson, Gary L. 2002. Reflecting on research for doctoral students in education. *Educational Researcher* 31(7):2–25.

Angus, David L, and Jeffrey E. Mirel, 1999 *The failed promise of the American high school, 1890–1995.* New York: Teachers College Press.

Anyon, Jean. 1981. Social class and school knowledge. *Curriculum Inquiry* II: 3–42.

Bagley, Ayers. 1975. *The professor of education: An assessment of conditions.* Minneapolis, Minn.: Society of Professors of Education.

Barnes, Christopher. 2002. *What do teachers teach? A survey of Americas fourth and eighth grade teacher.* New York: Manhattan Institute.

Bebow, John. 2003. He has $300 million for Detroit: Bob Thompson challenges establishment by exhausting fortune to build schools. *Detroit News,* February 16.

Becher, Tony. 1989. *Academic tribes and territories: Intellectual inquiry and the cultures of the discipline.* Bristol, Pa.: Open University Press.

Berg, Ivar. 1971. *Education and job*: The great training robbery. Boston: Beacon.

Berliner, David C. 2002. Educational research: The hardest science of all. *Educational Researcher* 31(8):18–20.

Bestor, Arthur. 1953. *Educational wastelands: The retreat from learning in our public schools.* Urbana: University of Illinois Press.

Bird, Thomas. 2003. Personal letter January 8.

Board of Public Education (Philadelphia). 1908–1945. *Annual Reports.* Philadelphia: by the Board.

Booth, Wayne C, Gregory G. Colomb, and Joseph M. Williams. 1995. *The craft of research.* Chicago: University of Chicago Press.

Borrowman, Merle L. 1971. Teachers, education of: History. In L C. Deighton, *Encyclopedia of Education*, vol. 9, 71–79. New York: Macmillan.

———, ed. 1965. *Teacher education in America: A documentary history*. New York: Teachers College Press.

———. 1953. *The liberal and technical in teacher education: A historical survey of American thought*. New York: Teachers College Press.

Bowles, Samuel, and Herbert Gintis. 1976. *Schooling in capitalist America*. New York: Basic Books.

Bradley, Ann. 1997. Professors' attitudes out of sync, study says. *Education Week*, October 29.

Britzman, Deborah P. 1986. Cultural myths in the making of a teacher: Biography and social structure in teacher education. *Harvard Educational Review* 56(4):442–56.

Brown, David K. 1995. *Degrees of control: A sociology of educational expansionism and occupational credentialism*. New York: Teachers College Press.

Bureau of the Census. 1975. *Historical Statistics of the United States*. Washington, D.C.: U.S. Government Printing Office.

Chall, Jeanne S. 2000. *The academic achievement challenge: What really works in the classroom?* New York: Guilford.

Chronicle of Higher Education. 2002. Almanac, 2002–3, 49(1), August 30.

Chronicle of Higher Education. 1999. Facts and figures: Earned doctorates. November 26. Retrieved September 15, 2000, from http://chronicle.com/weekly/v46/i14/stats/4614_doctorates.htm.

Church, Robert L, and Michael W. Sedlak. 1976. *Education in the United Stater*. New York: Free Press.

Clifford, Geraldine Joncich. 1986. The formative years of schools of education in America: A five-institution analysis. *American Journal of Education* 94:427–46.

Clifford, Geraldine Joncich, and James W. Guthrie. 1988. *Ed school: A brief for professional education*. Chicago: University of Chicago Press.

Cochran-Smith, Marilyn, and Susan L. Lytle. 1999. The teacher research movement: A decade later. *Educational Researcher* 28(7):15–25.

———. 1990. Research on teaching and teacher research: The issues that divide. *Educational Researcher* 19(2):2–11.

Cohen, David K. 1990. A revolution in one classroom: The case of Mrs. Oublier. *Educational Evaluation and Policy Analysis* 12(3):311–29.

———. 1989. Willard Waller, on hating school and loving education. In D. J, Willower and W. L Boyd, eds., *Willard Waller on education and schools*. San Francisco: McCutchan.

———. 1988. Teaching practice: Plus ça change. In Philip W. Jackson, ed., *Contributing to educational change: Perspective on research and practice*, 27–84 Berkeley, Calif. McCutchan.

Cohen, David K., and Michael S. Garet. 1975. Reforming educational policy with applied social research. *Harvard Educational Review* 45:17-43.

Collins, Randall. 1979. *The Credential Society: An Historical Sociology of Educational Stratification*. New York: Academic Press.

Commission on the Reorganization of Secondary Education. 1918. *Cardinal principles of secondary education*. Bulletin no 35, U.S. Department of Interior, Bureau of Education. washington, D.C.: U.S. Government Printing Office.

Cook, K.M. 1927. *State laws and regulations governing teachers' certificates*. Bulletin no. 19. Washington, D.C.: Bureau of Education.

Counelis, James Steve, ed. 1969. *To be a phoenix: The education professoriate*. Bloomington, Ind.: Phi Delta Kappa.

Cremin, Lawrence A. 1961. *The transformation of the school Progressivism in American education, 1957-1976*. New York: Vintage.

Cronbach, Lee J., and Patrick Suppes, eds. 1969. *Research for tomorrow's schools: Disciplined inquiry, for education*. Report of the Committee on Educational Research of the National Academy of Education. New York: Macmillan.

Cuban, Larry. 1993. *How teachers taught: Constancy and change in American classrooms 1890-1980*. 2d ed. New York: Teachers College Press.

Cusick, Philip A. 1992. *The educational system: Is nature and logic*. New York: McGraw-Hill.

Damrosch, David. 1995. *We scholars: Changing the culture of the university* Cambridge, Mass.: Harvard University Press.

Dewey, John. 1933. *How we think*. Lexington, Mass.: D.C. Heath.

———. 1904/1964. The relation of theory to practice in education. In Reginald D. Archambault, ed, *John Dewy on education*, 314-38. Chicago: University of Chicago Press.

———. 1902/1990. "The child and the curriculum." In *The school and society and the child and the curriculum*. Chicago: University of Chicago Press.

Donmoyer, Robert. 1985. The rescue from relativism: Two failed attempts and an alternative strategy. *Educational Researcher* 14:13-20.

Ducharme, Edward R. 1993. *The lives of teacher educators*. New York: Teachers College Press.

Ducharme, Edward R, and Russell M. Agne. 1989. Professors of education: Uneasy residents of academe. In Richard Wisniewski and Edward R Ducharme, eds., *The professors of teaching:* An inquiry 67-86. Albany: State University of New York Press.

———. 1982 The educational professoriate A research-based perspective Journal of Teacher Education 33(6):30-36.

Eisenmann, Linda. 1990. The influence of bureaucracy and markets: Teacher education in Pennsylvania. In J. I. Goodlad, R. Soder, and K.A. Sirotnik, eds., *Places where teachers are taught*, 287-329. San Francisco: Jossey-Bass.

Elmore, Richard E, and Milbrey W. McLaughlin. 1988. *Steady work*, Santa Monica,

Calif: Rand.

Elsbree, Willard S. 1939. The American teacher: *Evolution of a profession in a democracy* New York: American Book Company.

Erickson, Frederick. 1986. Qualitative methods in research on teaching In Merlin C. Wittrock, ed., *Handbook of research on teaching*, 3d ed., 119-61. New York: Macmillan.

Fairweather, James S. 2002. The mythologies of faculty productivity. *Journal of Higher Education* 73:25-48.

——. 1996. *Faculty work and public trust: Restoring the value of teaching and public service in American academic life*. Boston: Allyn and Bacon.

——. 1994 The value of teaching, research, and service. In National Education Association, *The NEA 1994 almanac of higher education*, 39-58. Washington, D.C.: NEA.

Fenstermacher, Gary D. 2002. A commentary on research that serves teacher education *Journal of Teacher Education* 53(3):242-47.

——. 1990. Some moral considerations on teaching as a profession. In John 1 Goodlad, Roger Soder, and Kenneth A. Sirotnik, eds, *The moral dimensions of teaching* 130-51. San Francisco: Jossey-Bass.

Feuer, Michael J., Lisa Towne, and Richard J. Shavelson. 2002. Scientific culture and educational research. *Educational Researcher* 31(8):4-14.

Finn, Chester E, Jr. 2002. Introduction. In Chester E. Finn Jr, ed, *September II: What our children need to know*, 4-11. Washington, D.C: Thomas B. Fordham Foundation.

Floden, Robert E. 2001. "Research on effects of teaching A continuing model for research teaching." In Virginia Richardson, ed, *Handbook of research on teaching* 4th ed., 3-16. Washington, D.C.: American Educational Research Association.

Floden, Robert E, and Christopher M. Clark. 1988 Preparing teachers for uncertainty *Teachers College* Record 89:505-24.

Florio-Ruane, Susan. 2002. More light: An argument for complexity in studies of teaching and teacher education. *Journal of Teacher Education* 53(3); 205-15.

Freedman, Samuel G. 1990. *Small victories The real word of a teacher, her students, and their high school* New York: HarperCollins.

Gage, Nathaniel. L. 1996. Confronting counsels of despair for the behavioral sciences. *Educational Researcher* 25(3):5-15,22.

——. 1989. The paradigm wars and their aftermath: A "historical" sketch of research on teaching since. 1989. *Teachers College Record* 91(2):135-50.

——. 1963. *Handbook of research on* teaching. Chicago: Rand McNally.

Gardner, Howard. 2002. "The study of the humanities." Daedalus 131(3):22-25.

Gideonse, Henrick D., ed. 1992. *Teacher education policy Narratives, stories and cases*. ALbany; State University of New York Press.

Ginsburg, Mark B. 1988. *Contradictions in teacher education and society: A critical*

analysis. New York: Falmer.
Glazer, Nathan. 1974. The schools of the minor professions. *Minerva* 12(3):346-64.
Goldman, Robert, and Ann Tickamyer. 1984. Status attainment and the commodity form: Stratification in historical perspective. *American Sociological Review* 49:196-209.
Goodlad, John I. 1990. *Teachers of our nation's schools*. San Francisco: Jossey-Bass.
——. 1983. *A place called school*. New York: McGraw-Hill.
Goodlad, John I., Roger Soder, and Kenneth A. Sirotnik, eds. 1990a. *Places where teachers are taught*. San Francisco: Jossey-Bass.
——. 1990b. *The moral dimensions of teaching*. San Francisco: Jossy-Bass.
Graduate Record Examination Board. 1999. *Guide to the use of scores*, 1999-2000. Princeton, N. J.: Educational Testing Service.
Green, Thomas F. (with the assistance of David P. Ericson and Robert H. Seidman). 1980. *Predicting the behavior of the educational system*. Syracuse, N. Y.: Syracuse University Press.
Guba, Egon, and David L. Clark. 1978. Levels of R & D productivity in schools of education. *Educational Researcher* 7:3-9.
Hamilton, David, and Erica McWilliam. 2001. Ex-centric voices that frame research on teaching In Virginia Richardson, ed., *Handbook of research on teaching*, 4th ed., 17-43. Washington, D.C.: American Educational Research Association.
Hartz, Louis. 1955. *The liberal tradition in America*. New York: Harcourt, Brace and World.
Herbst, Jurgen. 1989a. *And sadly teach: Teacher education and professionalization in American culture*. Madison: University of Wisconsin Press.
——. 1989b. Teacher preparation in the nineteenth century: Institutions and purposes. In Donald Warren, ed., *American teachers: Histories of a profession at work*, 213-36. NewYork: Macmillan.
——. 1980. Nineteenth-century normal schools in the United States: A fresh look. *History of Education* 9: 219-27.
Hirsch, E. D., Jr. 1996. *The schools we need and why we don't have them*. New York: Double-day.
——. 1988. *Cultural literacy: What every American needs to know*. New York: Vintage.
Hochschild, Arlie. 1983. *The managed heart: Commercialization of human feeling*. Berkeley: University of California Press.
Hofstadter, Richard. 1962. *Anti-intellectualism in American life*. New York: Vintage.
Holmes Group. 1995. *Tomorrow's Schools of Education*. East Lansing, Mich.: author.
——. 1990. *Tomorrow's Schools*. East Lansing, Mich.: author.
——. 1986. *Tomorrow's Teachers*. East Lansing, Mich.: author.
Holmes Partnership. 2003. About the Holmes Partnership. http://www.

holmespartnership. org/about. html, accessed February 20, 2003.

Houston, W. Robert, ed. 1990. *Handbook of research on teacher education*. New York: Macmillan.

Howe, Kenneth R. 1985. Two dogmas of educational research. *Educational Researcher* 14:10 – 18.

Howe, Kenneth, and M. Eisenhart. 1990. Standards for qualitative (and quantitative) research: A prolegomenon. *Educational Researcher* 19(4):2 – 9.

Howey, Kenneth R., and Nancy L. Zimpher. 1990. Professors and deans of education. In W. Robert Houston, ed, *Handbook of research on teacher education*, 349 – 70. New York: Macmillan.

Huberman, Michael. 1996. Moving mainstream: Taking a closer look at teacher research. *Language Arts* 73:124 – 40.

INTASC (Interstate New Teacher Assessment and Support Consortium). 1992 Model standards for beginning teacher licensing and development: A resource for state dialogue. http://www.ccsso.org/intasc.html; accessed November, 2002.

Jackson, Philip W. 1986. *The practice of teaching*. New York: Teachers College Press.

Jencks, Christopher, and David Riesman. 1968. *The academic revolution*. Chicago: University of Chicago Press.

Johnson, William R. 1989. Teachers and teacher training in the twentieth century. In Donald Warren, ed., *American teachers: Histories of a profession at work*, 237 – 56. New York: Macmillan.

———. 1987. Empowering practitioners: Holmes, Carnegie, and lessons history. *History of Education Quarterly* 27:221 – 40.

Judge, Harry. 1982. *American graduate schools of education: A view from abroad*. New York: Ford Foundation.

Katz, Michael B. 1975. *Class, bureaucracy and schools* (expanded edition). New York Praeger.

———. 1966. From theory to survey in graduate schools of education. *Journal of Higher Education* 36:325 – 34.

Kennedy, Mary M. 1990. Choosing a goal for professional education. In W. Robert Houston, ed., *Handbook of research on teacher education*. New York: Macmillan.

Kilpatrick, William H. 1918. The project method. *Teachers College Record* 19(4):319 – 35; www.tcrecord.org; accessed December 2002.

Kliebard, Herbert. 1986. *The struggle for the American curriculum, 1893 – 1958*. New York: Routledge.

Koerner, James. 1963. *The Miseducation of American Teachers*. Boston: Houghton Mifflin.

Kramer, Rita. 1991. *Ed School Follies: The Miseducation of America's Teachers*. New York: Free Press.

Krug Edward A. 1972. *The American high school, 1920 – 1941*. Madison: University of

Wisconsin Press.

———. 1964. *The American high school, 1880 - 1920*. Madison: University of Wisconsin Press.

Kuhn, Thomas S. 1970. *The structure of scientific revolutions*, 2d ed, enlarged. Chicago: University of Chicago Press.

Labaree, David F. (In press 2004.) The ed school's romance with progressivism. In Diane Ravitch, ed., *Brookings Papers on Education Policy, 2004*. Washington, D.C.: Brooking Institution Press.

———. 2003. The peculiar problems of preparing and becoming educational researchers. *Educational Researcher* 32(4):13 - 22.

———. 2000a. On the nature of teaching and teacher education: Difficult practices that look easy, *Journal of Teacher Education* 51(3):228 - 33.

———. 2000b. Resisting educational standards. *Phi Delta Kappan* 82(1):28 - 33.

———. 1998. Educational researchers: Living with a lesser form of knowledge. *Educational Researcher* 27(8):4 - 12.

———. 1997a. *How to succeed in school without really learning: The credentials race in American education*. New Haven: Yale University Press.

———. 1997b. Public goods, private goods: The American struggle over educational goals. *American Educational Research* Journal 34(1):39 - 81.

———. 1995a. The lowly status of teacher education in the U.S.: The impact of markets and the implications for reform. In N. K Shimihara and I. V. Holowinsky, eds., *Teacher education in industrialized nations: Issues in changing social contexts*, 41 - 85. New York: Garland Publishing.

———. 1995b. A disabling vision: Rhetoric and reality in *Tomorrow's School of Education. Teachers College Record* 97(2):166 - 205.

———. 1992. Power, knowledge, and the rationalization of teaching: A genealogy of the movement to professionalize teaching. *Harvard Educational Review* 62:123 - 54.

———. 1990. From comprehensive high school to community college; Politics, markets, and the evolution of educational opportunity. In R Corwin, ed, *Research in sociology of education and socialization*, vol. 9, pp. 203 - 40. Greenwich, Conn.: JAI Press.

———. 1988. *The making of an American high school: The credentials market and the Central High School of Philadelphia, 1838 - 1939*. New Haven: Yale University Press.

Lagemann, Ellen Condliffe. 2000. *An elusive science: The troubling history of educational research*. Chicago: University of Chicago Press.

———. 1989. The plural worlds of educational research. *History of Education Quarterly* 29(2):185 - 214.

Lanier, Judith E., and Judith Warren Little. 1986. Research on teacher education. In Merlin C. Wittrock, ed., *Handbook of research on teaching*, 3d ed., 527 - 69. New York: Macmillan.

Larson, Magali S. 1977. *The rise of professionalism*. Berkeley: University of California

Press.

Lasley, T. 1986. Editorial. *Journal of Teacher Education* 37, inside cover.

Lensmire, Timothy J. 1994. *When children write: Critical re-visions of the writing workshop*. New York: Teachers College Press.

Levin, Robert A. 1994. *Educating elementary school teachers: The struggle for coherent visions, 1909 – 1978*. Lanham, Md.: University Press of America.

Lindblom, Charles E., and David K. Cohen. 1979. *Usable knowledge: Social science and social problem solving*. New Haven, Conn.: Yale University Press.

Liston, Daniel P, and Kenneth M. Zeichner. 1991. Teacher education and the social conditions of schooling. New York: Routledge.

Lortie, Dan C. 1975. *Schoolteacher: A sociological study*. Chicago: University of Chicago.

Marx, Karl. 1867 – 94/1967. *Capital*. New York: International Publishers.

Mathews, Jay. 2002a. Understanding what teachers teach. *Washington Post*, September 24. www. Washingtonpost. com, accessed December 2002.

——. 2002b. A champion in the fight against testing standards. *Washington Post*, December 17. www. Washingtonpost. com, accessed December 2002.

——. 1998. *Class struggle: What's wrong (and right) with America's best public high schools*. New York: Times Books.

Merton, Robert K. 1968. Patterns of influence: Local and cosmopolitan influentials. In *Social theory and social structure*, enlarged ed., 441 – 74. New York: Free Press.

Metz, Mary Haywood. 2001. Intellectual border crossing in graduate education: A report from the field. *Educational Researcher* 30(5):12 – 18.

Metz, Mary Haywood, and Reba N. Page. 2002. The uses of practitioner research and status issues in educational research: Reply to Gary Anderson. *Educational Researcher* 31(7):26 – 27.

Mills, Geoffrey E. 2002. *Action research: A guide for the teacher researcher*, 2d ed. Englewood Cliffs, N.J.: Prentice-Hall.

National Center for Educational Statistics. 2002. *Digest of education statistics, 2001*. Washington, D.C.: Government Printing Office.

——. 1998. *Digest of education statistics, 1997*. Washington, D.C.: U.S. Dept. of Education.

——. 1991. *Digest of education statistics, 1992*. Washington, D.C.: Government Printing Office.

National Commission on Teaching and America's Future. 1996. *What matters most: Teaching for America's future*. New York: National Commission.

National Research Council. 2002. *Scientific research in education*. Edited by R. J. Shavelson and L. Towne, Committee on Scientific Principles for Education Research. Washington, D.C.: National Academy Press.

Neumann, Anna, Aaron Pallas, and Penelope Peterson. 1999. Preparing education practitioners to practice education research. In Ellen Condliffe Lagemann and Lee

S. Shulman, eds., *Issues in education research*: Problems and possibilities, 247 - 88. San Francisco: Jossey Bass.

Neumann, Anna, and Penelope Peterson, eds. 1997. *Learning from our lives*: Women, research, and autobiography in education. New York: Teachers College Press.

Newsam, Peter. 1999. *Teaching and learning. Microsoft Encarta Encyclopedia 2000*.

Oakes, Jeannie. 1985. *Keeping track: How schools structure inequality*. New Haven, Conn.: Yale University Press.

Page, Reba N. 2001. Reshaping graduate preparation in education research methods: One school's experience. *Educational Researcher* 30(5):19 - 25.

Pallas, Aaron M. 2001. Preparing education doctoral students for epistemological diversiy. *Educational Researcher* 30(s):6 - 11.

Parsons, Talcott. 1951. *The social system*. New York: Free Press.

Paul, James L, and Kof Marfo. 2001. Preparation of educational researchers in philosophical foundations of inquiry. *Review of Educational Research* 71(4):525 - 47.

Peshkin, Alan. 1993. The goodness of qualitative research. *Educational Researcher* 22(2):24 - 30.

Popkewitz, Thomas S. 2002. How the alchemy makes inquiry, evidence, and exclusion. *Journal of Teacher Education* 53(3):262 - 67.

——, ed. 1987. *Critical studies in teacher education: Its folklore, theory, and practice* New York: Falmer.

Powell, Arthur G. 1980. *The uncertain profession: Harvard and the search for educational authority*. Cambridge, Mass.: Harvard University Press.

——. 1976. University schools of education in the twentieth century. *Peabody Journal of Education* 54(1):3 - 20.

Powell Arthur, Eleanor Farrar, and David K. Cohen. 1985. *The shopping mall high school Winners and losers in the educational marketplace*. Boston: Houghton-Miflin.

Public Agenda. 1997. *Getting by: What American teenager really think about their schools*. New York: Public Agenda.

——. 1997b. *Different drummers: How teachers of teachers view public education*. New York: Public Agenda.

——. 1994. *First things first: What Americans expect from the public schools*. New York: Public Agenda.

Ravitch, Diane. 2002. Education after the culture wars. *Daedalus* 131(3):5 - 21.

——. 2000. Left back: *A century of failed school reforms*. New York: Simon and Schuster. Reese, William J. 2001. The origins of progressive education. History of Education Quarterly 41(1):1 - 24.

Rhoades, Gary. 1990. Change in an unanchored enterprise: Colleges of education. *Review of Higher Education* 13:187 - 214.

Richardson, Virginia, ed. 2001. *Handbook of research on teaching*, 4th ed. Washington, D.C.: American Educational Research Association.

Richardson, Virginia, and Peggy Placier. 2002. Teacher change. In Virginia Richardson, ed, *Handbook of research on teaching*, 4th ed., 905-47. Washington, D. C.: American Educational Research Association.

Rose, Lowell C., and Alec M. Gallup. 2001. The thirty-third annual Phi Delta Kappa/Gallup poll of the public's attitudes toward the public schools. *Phi Delta Kappan* 83 (1):41-58.

Rury, John L. 2002. *Education and social change: Themes in the history of American education*. Mahwah, N. J.: Lawrence Erlbaum.

Schön, Donald A. 1983. *The Reflective Practitioner*: How Professionals Think in Action. New York: Basic.

School of Education, Grand Valley State University. N. d., ca. 1998. *Professional development partnerships*. Grand Rapids, Mich.: Grand Valley State University.

Schwab, Joseph J. 1978. *Science, curriculum, and liberal education: Selected essays*. Chicago: University of Chicago Press.

Sedlak, Michael W. 1989. Let us go and buy a schoolmaster. In Donald Warren, ed, *American teachers: Histories of a profession at work*, 257-90. New York: Macmillan.

Sedlak, Michael W., et al. 1986. *Selling students short: Classroom bargains and academic reform in the American high school*. New York: Teachers College Press.

Sedlak, Michael w., and Steven Schlossman. 1986. *Who will teach?* Santa Monica, Calif.: Rand.

Sfard, Anna. 1998. On two metaphors for learning and the dangers of choosing just one. *Educational Researcher* 27(2):4-13.

Shen, Jianping. 1999. *The school of education: Its mission, faculty, and reward structure*. New York: Peter Lang.

Shulman, Lee S. 1987. Knowledge and teaching: Foundations of the new reform. *Harvard Educational Review* 57(1):1-22.

——. 1986a. Paradigms and research programs in the study of teaching: A contemporary perspective. In Merlin C. Wittrock, ed., *Handbook of research on teaching*, 3d ed., 3-36. New York: Macmillan.

——. 1986b. Those who understand: Knowledge growth in teaching. *Educational Researcher* 15(1):4-14.

Sikula, John, ed. 1996. *Handbook of research on teacher education*, 2d ed. New York: Macmillan.

Silberman, Charles. 1970. *Crisis in the classroom*. New York: Vintage.

Sizer, Theodore, and Arthur G. Powell. 1969. Changing conceptions of the professor of education. In James Steve Counelis, ed., *To be a phoenix: The education professoriate*, 61-76. Bloomington, Ind.: Phi Delta Kappa.

Sowell, Thomas. 1993. *Inside American education*: The decline the deception, the dogmas. New York: Free Press.

Stevenson, Harold W., and J. W. Stigler. 1992. *The learning gap: Why our schools* are failing and what we can learn from Japanese and Chinese education. New York: Summit Books.

Stone, J. E. 1999. The National Council for Accreditation of Teacher Education: Whose standards? In Marci Kanstoroom and Chester E. Finn Jr., eds., *Better teachers, better schools*, 199–214. Washington, D. C.: Thomas B. Fordham Foundation.

Stringer, Ernest T., and Egon G. Guba. 1999. *Action research*, 2d ed. New York: Corwin.

Sykes, Charles J. 1988. *Profscam: Professors and the demise of higher education*. New York: St. Martin's.

Tom, Alan R. 1984. *Teaching as a moral craft*. New York: Longman.

Toulmin, Stephen. 1972. *Human understanding*. Princeton, N. J.: Princeton University Press.

Travers, Robert M. W., ed. 1973. *Handbook of research on teaching*, 2d ed, Chicago: Rand McNally.

Trow, Martin. 1988. American higher education: Past, present, and future. *Educational Researcher* 17(3):13–23.

Turner, Ralph. 1960. Sponsored and contest mobility and the school system. *American Sociological Review* 25:855–67.

Tyack, David. 1974. *The one best system*. Cambridge, Mass.: Harvard University Press.

Tyack, David, and Larry Cuban. 1995. *Tinkering toward utopia: Reflections on a century of public school reform*. Cambridge, Mass.: Harvard University Press.

Urban, Wayne J. 1990. Historical studies of teacher education. In W. Robert Houston, ed., Handbook of research on teacher education, 59–82. New York: Macmillan.

U. S. Department of Education. 1986. *What works: Research about teaching and learning*. Washington, D. C.

U. S. *News and World Report*. 2000. Best graduate schools in education. Accessed June 22, 2000, from http://www.usnews.com/usnews/edu/beyond gradrank/edu/gdeduti.htm.

———. 2001. Best graduate schools in education. Accessed August 11, 2001, from http://www.usnews.com usnews edu/beyond/gradrank/edu/gdeduti.htm.

Waller, Willard. 1932/1965. *The sociology of teaching*. New York: Wiley.

Warren, Donald. 1985. Learning from experience: History and teacher education. *Educational Researcher* 14(10):5–12.

———, ed. 1989. *American teachers: Histories of a profession at work*. New York: Macmillan.

Weber, Max. 1968. *Economy and society*. Berkeley: University of California Press.

What Works Clearinghouse. U. S. Department of Education. http://w-w-c.org, accessed March 2003.

Wilson, Suzanne M., Robert E. Floden, and Joan Ferrini-Mundy. 2002. Teacher preparation research: An insider's view from the outside. *Journal of Teacher*

Education 53(3):190-204.

Wilson, Suzanne M., A. E. Richert, and Lee S. Shulman. 1987. 150 way of knowing: Representations of knowledge in teaching. In J. Calderhead, ed., *Exploring teachers' thinking*, 104-24. London: Cassell.

Wisniewski, Richard, and Edward R. Ducharme, eds, 1989, *The professors of teaching*: An inquiry. Albany: State University of New York Press.

Wittrock, Merlin C., ed. 1986. *Handbook of research on teaching*. 3d ed. New York: Macmillan.

Witz, Anne. 1992. *Professions and patriarchy*. New York: Routledge.

Young, Lauren Jones. 2001. Border crossings and other journeys: Re-envisioning the doctoral preparation of educational researchers. *Educational Researcher* 30(5):3-5.

Zilversmit, Arthur. 1993. *Changing schools: Progressive education theory and practice*, 1930-1960. Chicago: University of Chicago Press.

索 引

ability grouping, administrative progressivism and, 151, 182-86 管理进步主义与能力分组
Academic Achievement Challenge, The, 131-37, 177-78 《学业成就的挑战》
academic content:学术内容
    conservative critique of, 180-81 对~的保守批评
    impact of educational schools on, 173-75, 181-83 教育学院对~的影响
    progressivism's influence on, 188-89 进步主义对~的影响
    See also curriculum 参见:课程
Academic Tribes and Territories, 62-63 《学术部落及其领地》
acting, teaching as, 50-51 教学作为行为
administrative departments:管理系
    progressive ideology in, 144-59, 183-86 ~中的进步意识形态
    status of, 118-21 ~的地位
    teacher preparation and role of, 191-93 教师准备和~的角色
age-graded education, structural isolation and, 51-52 结构性孤立和根据年龄划分年级的教育
Agne, Russell M., 110 昂内,罗素·M
Altenbaugh, Richard J., 27, 29 阿尔滕鲍,理查德·J
"alternative certification," proposals for, 35-36 "替代性认证"建议

American Association of Colleges for Teacher Education, 112 美国大学教师教育协会
American College Test (ACT), 195 美国大学入学考试
American Educational Research Association, 74-76, 80-81, 205 美国教育研究协会
American Federation of Teachers (AFT), 195 美国教师联盟
American Psychological Association, 119 美国心理学会
analytical approach in education research, 92-96, 25 In. 24 教育研究中的分析方法
Anderson, Gary L., 95-96 安德森,加里·L
Angus, David, 150 安格斯,戴维
anti-intellectualism:反理智主义
    progressive ideology and, 141, 173 进步意识形态和~
    teachers as targets of, 37-38 教师作为~的目标
Anyon, Jean, 183 安扬,吉恩
applied knowledge:应用性知识
    in educational research, 65-69 教育研究中的~
    as educational school domain, 84-86 ~作为教育学院的领域
    organizational structure and production of, 71-72 ~的组织结构和生产

---

* 索引中的页码,均为原著页码,中文版请按边码检索。——编辑注

Apprenticeship of observation, in teacher education, 56–58 教师教育中的观察学徒期
Ayres, Leonard, 146 艾尔,莱昂纳德

bargaining, in classroom, teaching education and dynamic of, 43–44 课堂上讨价还价,教学教育和机制
Barnard, Henry, 21, 141 巴纳德,亨利
Becher, Tony, 62–63, 69, 71 比彻,托尼
Bennett, William J., 52 贝内特,威廉·J
Berliner, David C., 68 贝利纳,戴维
Bobbitt, John Franklin, 146, 155 博比特,约翰·富兰克林
Bode, Boyd H., 145 博德,博伊德·H
Borrowman, Merle, 30 博罗曼,梅尔
Bowles, Samuel, 183 鲍尔斯,塞缪尔
Britzman, Deborah, 52, 97–98 布里茨曼,德博拉

Capital, market forces and impact of, 18 市场力量和资本的影响
Cardinal Principles of Secondary Education, The, 148–50, 185–86 《中等教育的基本原则》
Certification of teachers: 教师认证
 "alternative certification" proposals, 35–36 "替代性认证"建议
 educational schools' control of, 175–76 教育学院对～的控制
 lack of standards for, 21–25 ～缺少标准
 normal schools' evolution and, 23 师范学院的演进和～
 progressive ideology and, 133–37 进步意识形态和～
Chall, Jeanne, 131–37, 177–78 查尔,珍妮
Charters, W. W., 146 查特斯·W·W
charter schools, 197–98 特许学校
Child and the Curriculum, The, 130–31, 138 《儿童与课程》
child-centered education, pedagogical progressivism and, 151–52, 178–79, 184–86 教学进步主义和以儿童为中心的教育
children, social status for working with, 37–38 与儿童一起工作的社会地位
Church, Robert, 144 丘奇,罗伯特
Clark, David, 177–18 克拉克,戴维
Class Struggle, 181 班级斗争
client cooperation, teaching and role of, 40–41 教学和客户合作的作用
Client identification: 客户识别
 educational research and role of, 93–96 教育研究和～的作用
 teacher education and role of, 55 教师教育和～的作用
Clifford, Geraldine Joncich, 76, 121, 124–28 克利福德,杰拉尔丁·琼西奇
cognitive skills, educational research training and importance of, 89–90 教育研究训练和认知技能的重要性
Cohen, David, 40–41, 43, 51, 74, 140, 179–80 柯亨,戴维
colleges of education. 教育学院。See educational schools (ed schools); normal schools; universities 参见:教育学院(教院);师范学校;大学
Collins, Randall, 18 兰德尔·科林斯
Columbia University: 哥伦比亚大学
 Dewey at, 153 杜威在～
 Teachers College at, 121, 159–61 ～师范学院
Commission on the Reorganization of Secondary Education, 148–49 中等教育改组委员会
commodification of education, evolution of normal school and, 32 34, 212 n. 38 师范学校的演进和教育商品化
common school movement, 20 公立学校运动

compulsory clientele, teaching education and role of, 41-44 教学形式的、教育和强制性客户的作用
conservative critics, progressive ideology vs., 135-37,180-81,193-94 进步意识形态与保守派批评家
consumer demand in education: 教育中的消费者需求
    educational schools development in response to, 25-29 教育学院在回应～中发展
    exchange value vs. use value and, 73, 78-79,199-203 交换价值与使用价值和～
    impact on education of, 186-87 ～对教育的影响
    usable knowledge paradigm and, 166-69 可用知识的范式与～
"contest mobility," 104 "竞争流动"
control: 控制
    administrative progressives' centralization of, 149-51,183-86 管理进步主义者的集中～
    structural isolation and use of, 52 结构性孤立和～的使用
    teaching and issue of, 41-44,50-51 教学和～问题
cooperation, role of, in learning situation, 53 在教学情境中合作的作用
Council of Chief State School Officers (CCSSO), 133,195 州立学校主管事会
Counts, George S., 145,189 乔治·康茨
credentials: 文凭或证书
    status improvement linked to raising of, 121-24 与提高～相关的地位改善
    use value of, 78,199-203 ～的使用价值
    See also certification of teachers 也参见: 教师认证

Credential Society, The, 18 《文凭社会》
Cremin, Lawrence, 132,143-44,159-61,176-77 克雷明, 劳伦斯
Cronbach, Lee J., 88 克龙巴赫, 李·J
Cuban, Larry, 151-52,157-58,161,178 库班, 拉里
Cubberley, Ellwood P., 146,155 克伯莱, 埃尔伍德·P
cultural conflicts: 文化冲突
    in educational research, 101-2 教育研究中的～
    in educational schools doctoral programs, 90-92,215 n. 20 教育学院博士项目中的～
    in elementary vs. post-secondary educational research, 86 小学和中学后教育研究中的～
    mismatched educational expectations and, 102-4 错配的教育期望和～
    progressive ideology and, 135-37 进步意识形态和～
    teaching profession vs. education school faculty, 84 教学专业与教育学院教员
Cultural Literacy, 137,182-83 《文化素养》
curriculum: 课程
    administrative progressivism and, 147-48,150-51,157-58,183-89 管理进步主义和～
    age-graded education and, 51-52 根据年龄分年级的教育和～
    Cardinal Principles reform proposals and, 148-49 《基本原则》改革建议和～
    consumer demand as influence on 173-75 消费者需求对～的影响
    interdisciplinary curriculum at educational schools, 126-28 教育学院的跨学科课程
    market forces and 24-25 市场力量

和～

normalism in, 137 - 38 ～中的规范主义

pedagogical progressivism and, 157 - 59,178 - 79,181 - 86 教学进步主义和～

in teacher preparation, 192 - 93 教师准备方面的～

Cusick, Philip A., 43 卡西克,菲利普·A

Daedalus, 138 《代达罗斯》

Darling-Hammond, Linda, 133 达琳-哈蒙德,琳达

demand-oriented teacher education, impact on status of, 24 - 29 需求导向的教师教育对地位的影响

Detroit News, 1 《底特律新闻报》

developmentalism, 139 - 40,148,183 - 86 发展主义

Dewey, John, 47,119,189,192 - 93,218 n. 10 约翰,杜威

at Columbia, 151 - 53,220 n. 80 ～在哥伦比亚

pedagogical theory of, 138 - 41 ～的教学理论

progressivism and influence of, 130 - 31,145 - 46,156 - 60 进步主义和～的影响

Different Drummers: How Teachers of Teachers view Public Education, 135 - 37《不同的鼓手:教师的教师如何看待公共教育》

disadvantaged, educational schools focus on, 168 - 69,182 - 83 教育学院对弱势群体的关注

disciplinary boundaries, lack of, in educational research, 79 - 80 教育研究中缺乏学科边界

doctoral programs:博士项目

educational research training and, 106 - 8 教育研究训和～

status differences in, 117 - 21 ～中的地位差异

Ducharme, Edward R., 110,112 - 17,141 迪沙尔姆,爱德华·R

Economy and Society, 18 《经济与社会》

Ed School: A Brief for Professional Education, 76,121,124 - 28,217 n. 47 - 48 《教育学院:一项对专业教育的辩护》

Ed School Follies: The Miseducation of America's Teachers, 3,105 《教育学院的蠢行:美国教师的错误教育》

Education, U. S. Department of, 191,222 n. 51 美国教育部

educational psychology, status of, 8 - 21 教育心理学的地位

educational research:教育研究

cognitive skills required for, 89 - 90 ～所要求的认知技能

critiques of, 3 - 8 对～的批评

cultural conflicts in, 84,86,90 - 92,101 - 2,215 n. 20 ～中的文化冲突

dedication to education in, 88 - 89 致力于～中的教育

disciplinary boundaries lacking in, 79 - 80 ～中缺乏学科边界

educational schools' role in production of, 60 - 83 教育学院在～产出中的作用

educational schools' role in training for, 83 - 108 教育学院在～训练方面的作用

on education professors, 112 - 15 关于教育学教授的～

exchange value vs. use value in, 69 - 70 ～的交换价值与使用价值

experiential vs. theoretical in, 100 - 104 实证的与理论的～

federally-funded centers for, 75 - 76

联邦资助～中心

freedom from consumer pressure in, 78－79 ～中免受消费者压力的自由

futility of, 76－77 ～的无用性

as hard science, 74－76, 215 n. 24 ～作为硬科学

hard vs. soft knowledge in, 63－65 ～中硬的与软的知识

hierarchical constraints lacking in, 80 在～中缺少等级束缚

institutional settings and knowledge space for, 83－86 ～的机构情境和知识空间

knowledge production and, 62－68 知识产出和～

low-status institutions and, 110－11 低地位机构和～

mismatched expectations in, 102－4 在～中错配的期待

negative impact on educational schools, 72－77 对教育学院的负面影响

normative vs. analytical approach, 92－96 规范的与分析的方法

organizational factors in, 68－72 ～中的组织因素

particular vs. universal in, 98－100 ～中特殊的与普遍的

personal vs. Intellectual approach in, 96－98 ～中个人的与理智的方法

positive impact on educational schools of, 77－82 对教育学院～的积极影响

professional experience as preparation for, 87－88 专业经验作为～准备

progressive ideology and, 189－93 进步意识形态和～

pure vs. applied knowledge in, 65－69 ～中纯的与应用的知识

skills development for, 14－15 ～技能发展

standards movement and, 195－97 标准运动和～

statistics on graduates in, 87 在～中毕业生统计

status differences, in programs of, 17－21 ～项目中地位差异

teacher effectiveness as focus of, 86, 93, 164－66, 190－93 教师有效性作为～的焦点

teachers' transition to, 87－92, 104－7 教师向～的过渡

weak authority within, 73－74 ～中的脆弱权威

worldview of, compared with teaching, 90－92 与教学相比,～的世界观

Educational Researcher, 67, 75, 80－81, 85, 95－96, 214 n. 1 《教育研究者》

educational schools (ed schools): 教育学院(教院)

academic standards and competition among, 106－7, 216 n. 42 ～中的学术标准和竞争

achievements of, 207 ～的成就

administration department, status in, 118－21 ～中管理系的地位

certification process controlled by, 175－76 ～控制认证过程

critical literature on, 3－8 有关～的重要文献

cultural conflict in doctoral programs, 90－92, 215 n. 20 博士项目中的文化冲突

disadvantaged as focus of, 168－69 弱势群体作为～关注的对象

educational research produced at, 60－83 ～中产出的教育研究

educational research training at, 83－108 ～中的教育研究训练

elimination of, 121 ～的裁撤

evolution from normal school to university setting for, 29－34, 211 n. 36 从师范学校向大学环境的演进

history of, 13-14, 17-38, 115-17, 205-6 ～的历史

impact on education of, 15-16, 173-75, 210 n. 16 对～教育的影响

interdisciplinary curriculum at, 126-28 ～中的跨学科课程

knowledge domains at, 84-86 ～中的知识领域

lack of impact on educational policy, 73-74, 195-99 对教育政策缺乏影响

limited authority of, 73-74, 194 ～有限的权威

low-status institutions, 84 低地位的机构

master's and doctoral programs, 105-7, 216 n. 42 硕士和博士项目

negative consequences of knowledge production in, 72-77 ～中知识生产的负面影响

negative images of, 2-8, 170-73 ～的负面印象

organizational structure of, 71-72 ～的组织结构

pedagogical progressivism at, 154-55, 178-79 ～中的教学进步主义

positive consequences of knowledge production in, 77-82 ～中知识生产的积极影响

progressivism embraced by, 129, 131-37, 142-44, 154-55, 161-66, 187-89 ～拥护的进步主义

as pure research institutions, 76 ～作为纯研究机构

reform proposals for, 121-28, 185-86 ～的改革方案

rhetoric on education controlled by, 176-81 ～控制的教育修辞

school choice movement and, 197-98 择校运动和～

social efficiency at, 155-56 ～中的社会效率

standards movement and, 195-97 标准运动和～

statistics on graduates of, 89-90, 215 n. 17 ～的毕业生统计

status of, 8-13, 73, 109-10, 124-28, 206 ～的地位

stigmatized populations for, 36-38 ～的污名化的群体

theory vs. practice at, 203-5 ～的理论与实践

usable learning concept at, 166-69 ～中可用的学习概念

weaknesses of, 170-72, 194 ～的弱点

See also teacher preparation 也参见：教师准备

Educational System, The, 43 《教育系统》

Educational Testing Service (ETS), 195 美国教育考试服务中心

education professors: 教育学教授

defense of, 115-17 ～的辩护

Dewey's influence on, 156-59 杜威对～的影响

disadvantaged as focus of, 168-69 弱势群体作为～的关注对象

historical evolution of, 11-17 ～的历史演进

market forces in educational schools and, 24-25 教育学院中的市场力量与～

progressive ideology of, 129-30, 135-37, 142-44 ～的进步意识形态

public perceptions of, 111-12 公众对～的感知

research about, 112-15 关于～的研究

research produced by, 117-21 ～的研究产出

statistics on, at educational schools, 109-10 教育学院中关于～的统计

status dilemmas for, 109-28 ～的地位

困境
  status of, at educational schools, 84, 109-28 在教育学院～的地位,
  subject matter expertise and, 162-66 内容专业知识和～
  teacher preparation research by, 191-93 ～所做的教师准备研究
  weak status of, 121-28,194 ～的脆弱地位

Education Week, 135-36 《教育周刊》

effective teaching, chronic uncertainty concerning, 52-55 关于有效教学的长期不确定性

elementary school education: 初等学校教育
  consumer demand in, 186-87 在～中的消费者需求
  graduation programs and, 105-6 毕业项目和～
  lowly status of, 32-34 ～的低地位
  normal vs. analytical research on, 93-96,215 n. 24 关于～的规范的与分析的研究
  personal relationships in, 97-98 ～中的个人关系
  research on, 86 关于～的研究
  studies of professors of, 113-15 对～教授的研究
  worldview of teachers vs. researchers concerning, 91-92 关于～教师的与研究者的世界观

Ellwood, Charles, 146 埃尔伍德,查尔斯

Elmore, Richard F, 158 埃尔莫尔,理查德·F

Emerson, Ralph Waldo, 140 爱默生,拉尔夫·沃尔多

emotional labor: 情感劳动
  in educational research, 96-98 在教育研究中的～
  emotion management and, 50-51 情感管理和～
  teaching as, 16,210 n. 16 教学作为～
  emotion management, teacher education and, 45-51,212 n. 18 情感管理、教师教育和～

Encarta Encyclopedia 2000, 142 恩卡塔百科全书2000

enrollment in schools: 入学人数
  as market force, 26 ～作为市场力量
  statistics on, 171-72 ～的统计

exchange value of knowledge: 知识的交换价值
  in educational research, 69-70 教育研究中的～
  status of educational schools and, 73 教育学院的地位和～
  usable knowledge paradigm and, 167-69 可用知识范式和～
  use value vs. , 77-78,199-203 使用价值与～

expectations in educational research, mismatch of, 102-4 教育研究中的期待错配

experiential theory, educational research and, 100-104 教育研究和经验理论

expert knowledge, role of, in teacher education, 58-59 专家知识在教师教育中的作用

faculty 教员。See education professors,参见:教育学教授

Farrar, Eleanor, 43 法勒,埃莉诺

federal funding, of educational research, 75-76 联邦资助的教育研究

feminization of teaching force, market forces and, 23-25 市场力量和教学人员的女性化

Fenstermacher, Gary, 46 芬斯特马赫尔,加里

Finn, Chester Jr. , 135-37,180-81 芬恩,切斯特·Jr

Finney, Ross L. , 146 芬尼,罗斯·L

Floden, Robert, 190-91 弗洛登,罗伯特
formalism:形式主义
 progressive ideology and, 139-41 进步意识形态和~
 in teacher training, 104 在师资训练中的~
 foundations, in teacher preparation courses, 192-93 在教师准备课程中的基础
Freedman, Samuel, 48 弗里德曼,塞缪尔
freedom of choice, market forces in education and, 25-29 教育中的市场力量与选择的自由
Froebel, Friedrich, 140,145 福贝尔,弗里德里希

Gage, N. L., 75,192-93 盖奇·N·L
Gardner, Howard, 138 加德纳,霍华德
Garet, Michael S., 74 加雷特,迈克尔·S
Gideonse, Henrick D., 193 吉登斯,亨里克·D
Gintis, Herbert, 183 金蒂斯,赫伯特
Goffman, Erving, 50 戈夫曼,欧文
Goodlad, John, 105,111,178-79,181,217 n. 48 古德莱得,约翰
Graduate Record Examination (GRE), 89 美国研究生入学资格考试
Guba, Egon, 117-18 古巴,埃贡
Guthrie, James, 76,121,124-28 格思里,詹姆斯

Hall, G. Stanley, 119,145-46 霍尔,G·斯坦利
Hall, Samuel R., 30,211 n. 10 霍尔,塞缪尔·R
Handbook of Research on Teaching, 114 《教学研究手册》
hard knowledge:硬知识
 attacks on validity of, 80-81 对~有效性的攻击
 educational research as, 74-76, 215 n. 24 教育研究作为~
 organizational structure and production of, 70-72 ~的组织结构与生产
 production of, 63-65 ~的生产
 status of, 73 ~的地位
Hartz, Louis, 25 哈茨,路易斯
Harvard University, 121 哈佛大学
Herbart, Johann, 145 赫尔巴特,约拿
Herbst, Jurgen, 24,27,32 赫布斯特,尤尔根
hierarchical constraints:等级束缚
 lack of, in educational research, 80 教育研究中缺乏~
 status of education professors and, 117-21 教育学教授的地位与~
higher education:高等教育
 market forces in proliferation of, 19-20 ~中涌现的市场力量
 research on, 86 关于~的研究
 school/student ratios in, 26, 211 n. 23. 学校/学生比率, *See also* universities 也参见:大学
high schools. 高中。*See* secondary education 参见:中等教育
Hirsch, E. D. Jr, 3,137-42,173-83,194 希尔施·E·D·Jr
historical sociology, educational schools in context of, 9-13,25-34 历史社会学背景下的教育学院
Hochschild, Arlie, 50-51,96 霍克希尔德,阿莉
Hofstadter, Richard, 141 霍夫施塔特,理查德
holistic learning, 139-40 整体学习
Holmes Group, 5-6,214 n. 25 霍姆斯小组
 status improvement strategies from, 121,127-28 ~的地位提升策略
 theory vs. practice in work of, 204-5

～工作中的理论与实践

Tomorrow's Teachers report,75,121-24,217 n.47 《明日之教师》报告

Holmes Partnership,6 霍姆斯伙伴关系

Howey, Kenneth R.,113 豪伊,肯尼思·R

How to Succeed in School Without Really Learning,43 《没有真正的学习,如何在学校取得成功》

independent teacher preparation programs,199 独立的教师准备项目

individualistic teaching model in educational research,97-98 教育研究中的个性化教学模式

    structural isolation and,52 结构性孤立与～

Inside American Education: The Decline, the Deception, the Dogmas,3 《美国教育的内部:衰落、欺骗和教条》

institutional setting:机构情境

    conflicting world views in,90-92 ～中冲突的世界观

    educational research in,83-86 ～中的教育研究

intellectual engagement:理智参与

    in educational research,96-98 教育研究中的～

    of education professors,113-15 教育学教授的～

interdisciplinary curriculum, educational schools' use of,126-28 教育学院使用的跨学科课程

Interstate New Teacher Assessment and Support Consortium (INTASC),133,138-39,177,195,199 州际新教师评估和支持联盟

isolation:孤立

    of educational research training,86 教育研究训练的～

    teacher education and problem of,51-52 教师教育和～问题

James, William,145 詹姆士,威廉

John Hopkins University,121 约翰·霍普金斯大学

Johnson, William,29 约翰逊,威廉

Journal of Teacher Education,85,111 《教师教育杂志》

Judd, Charles H.,146,155 贾德,查尔斯·H

Judge, Harry,114-15 贾奇,哈里

Katz, Michael,155-57,177,191,198 康茨,迈克尔

Kennedy, Mary,192-93 肯尼迪,玛丽

Kilpatrick, William Heard,145,149,160,188-89,196 克伯屈,威廉·赫尔德

Kingsley, Clarence,149 金斯利,克拉伦斯

Kliebard, Herbert,144,147 克拉巴德,赫伯特

Knowledge:知识

    demystification of, by teachers,60-61 教师对～的去神秘化

    educational schools' production of,62-68 教育学院的～产出

    exchange value vs. use value of,69-70,199-203 ～的交换价值与使用价值

    hard vs. soft knowledge,63-65,84-86 硬的与软的知识

    "inert" knowledge,138 "惰性"知识

    negative consequences in production of,72-77 ～生产中的负面影响

    organizational structure and production of,70-72 ～的组织结构与生产

    positive consequences in production of,77-82 ～生产中的积极影响

    progressivism and role of,134-38,162-66,174-5,181-83,187-89 进步主义和～的作用

pure vs. applied, 65-69, 84-86 纯的与应用的
role of, in teacher preparation, 12-13, 58, 192-93 知识在教师准备中的作用
space for, educational research and, 83-86 教育研究和～空间
Koerner, James, 4-5, 24, 105, 112 科纳尔，詹姆斯
Kramer, Rita, 3, 105 克拉默，丽塔

Laboratory School, 153 实验学校
Lagemann, Ellen Condliffe, 144, 153, 158, 189-90 拉格曼，艾伦·康德拉夫
Lanier, Judith, 5, 24, 118, 122 拉尼尔，朱迪思
learning process:学习过程
    administrative progressivism and role of, 146-48, 183-86 管理进步主义和～的作用
    hard vs. soft knowledge and, 63-65 硬的与软的知识和～
    Hirsch's critique of, 174-75 施尔布对～的批评
    holistic learning, 139-40 整体学习
    progressive ideology and, 137-42 进步意识形态和～
    progressive view of, 130-31 ～的进步观点
    role of teacher in, 60-61 在～中教师的作用
    variables in, 53-55 ～中的变量
Left Back: A Century of Failed School Reforms, 173-74, 181-83 《落后：一个世纪失败的学校改革》
Lensmire, Timothy, 215 n. 24 伦斯米尔，蒂莫西
Lesser, Jo, 212 n. 18 莱塞，乔
liberal arts education, educational research training and role of, 104-8 教育研究训练和自由艺术教育的作用

liberal traditionalists, vs. progressivism, 173, 181-83, 194 自由传统主义者与进步主义
Liberal Tradition in America, The, 25 《美国的自由传统》
licensing of teachers, normal schools' evolution and, 23 师范学校的演进和教师资格认证
Little, Judith Warren, 118 利特尔，朱迪思·沃伦
Lives of Teacher Educators, The, 112 《教师教育者的生活》
Lortie, Dan, 57-58, 97-98 劳蒂，丹
low-status institutions:低地位机构
    educational professors at, 110-11 ～中的教育学教授
    educational research training at, 84 ～中的教育研究训练

Managed Heart, The, 50 《心灵的整饬》
Manhattan Institute, 180-81 曼哈顿研究所
Mann, Horace, 22, 141, 145 曼，贺拉斯
market forces:市场力量
    consumer demand for teachers and, 25-29 对教师的消费需求与～
    early teacher shortages and, 20-25 早期教师短缺与～
    exchange value of knowledge and, 73 知识的交换价值与～
    history in teacher education of, 20-34 ～的教师教育历史
    impact on education of, 186-87 ～对教育的影响
    normal school evolution to university and, 29-34 师范学校演进到大学与～
    public vs. private employees and, 37-38 公共的与私立的雇员和～
    school district demand as, 20-25 学区需求作为～

social efficiency and, 34-36 社会效率和～

status improvement for teachers and, 122-28 教师地位的提升与～

teacher education from perspective of 17-20,210 n.1 从～来看教师教育

use value vs. exchange value, 77-78, 199-203 使用价值与交换价值

Marx, Karl, 18 马克思,卡尔

master's programs, for teachers, 105-7 教师的硕士项目

status differences in, 117-21 ～中的地位差异

Mathews, Jay, 181 马修斯,杰伊

maturity, in educational researchers, 87 教育研究者的成熟度

McLaughlin, Milbrey W., 158 麦克劳林,米尔布里·W

McMurrin, Sterling, 4-5 麦克默里,斯特林

Merton, Robert K., 66 默顿,罗伯特·K

methods of teaching, in teacher preparation courses, 192-93 教师准备课程中的教学方法

Metz, Mary Haywood, 96 梅茨,玛丽·海伍德

minorities, status of education professors from, 109-10 少数族裔教育学教授的地位

Mirel, Jeffrey, 150,166 梅里尔,杰弗里

Miseducation of American Teachers, The, 4-5,105,112 《美国教师的错误教育》

Model Standards for Beginning Teacher Licensing and Development, 133 《初任教师许可和发展的模型标准》

monopoly, normal schools evolution and, 22-25 师范学校的演进和垄断

moral theory, educational research and role of, 92-96,215 n.24 教育研究和道德理论的角色

National Academy of Education, 88 全国教育学会

National Assessment of Educational Progress (NAEP), 195 全国教育进步评估

National Board for Professional Teaching Standards (NBPTS), 195,199 全国专业教学标准董事会

National Center for Restructuring Education, Schools, and Teaching (NCREST), 195 全国教育、学校和教学改组中心

National Commission on Teaching and America's Future (NCTAF), 195,199 全国教学和美国未来委员会

National Council for Accreditation of teacher Education (NCATE), 141, 195,199 全国教师教育认证理事会

National Council of Teachers of Mathematics, 179 全国数学教师理事会

National Education Association (NEA), 148,195 全国教育协会

National Governors Association (NGA), 195 全国州长协会

National Research Council, 85 国家研究理事会

National Survey of Postsecondary Faculty (NSOPF), 111,117 全国中学后教员调查

naturalism, pedagogical theory and, 138-40 教学理论和自然主义

natural science educational research model, 214 n.25 自然科学教育研究模型

Neumann, Anna, 91,102 纽曼,安娜

Newsam, Peter (Sir), 141-42 纽塞姆,彼得(先生)

No Child Left Behind Act, 190-91 不让

一个孩子掉队法案
normalism, curricular, progressive ideology and, 137-38 进步意识形态和课程的规范主义
normal schools: 师范学校
　　impact of consumer demand on, 26-29 消费者需求对～的影响
　　　　market forces in, 21-25, 21 n. 10 ～中的市场力量
　　　　progressive ideology and, 162-63, 166-67 进步意识形态与～
　　　　social mobility through, 27-29, 211 n. 31 借由～实现社会流动
　　　　status of, 24-25, 119-21, 124-28, 211 n. 18 ～的地位
　　　　transition to university status, 29-34, 154 ～向大学地位的转变
normative research approach, 92-96, 215 n. 24 规范的研究方法
nursing profession, status of, 123-24 护理专业的地位

Oakes, Jeannie, 183 奥克斯,珍妮
observation, teacher education and role of, 57-58 教师教育和观察的作用
ordeal metaphor in learning theory, 52 学习理论中的磨难隐喻
organizational hierarchy: 组织等级体系
　　impact on educational research of, 70-72 ～对教育研究的影响
　　　　social efficiency at education schools and, 155-56 教育学院的社会效率与～
"Origins of progressive Education," 140 "进步教育的起源"
outcomes measurements, teachers' effect on students and, 54-55 教师对学生与成就测量的影响

Page, Reba N., 96 佩奇,里巴·N
Pallas, Aaron, 91, 102 帕拉斯,亚伦
Parker, Francis W., 141, 145 帕克,弗朗西斯·W
Parsons, Talcott, 46, 49 帕森斯,塔尔科特
particular, educational research emphasis on, 98-100 教育研究对特殊性的重视
"pattern variables," in professional-client relationships, 45-51 专业人员-客户的关系中的"模式变量"
pedagogical content knowledge, progressivism and, 164-66 进步主义和教学内容知识
pedagogical theory: 教学理论
　　content and knowledge and, 62-66 内容和知识与～
　　early teacher shortages and, 22-25 早期教师短缺
　　Hirsch's critique of, 173-75 希尔施对～的批评
　　naturalism and, 138-40 自然主义和～
　　progressive ideology and, 137-45, 151-55, 157, 178-79, 187-89 进步意识形态与～
　　public perceptions of, 59-61 公众对～的感受
Peirce, Cyrus, 21-23, 27 皮尔斯,塞勒斯
personal relationships: 个人关系
　　educational research and role of, 96-98 教育研究和～的作用
　　teachers' development of, 48-51 ～的教师发展
Peshkin, Alan, 68, 96-97 佩什金,艾伦
Pestalozzi, Heinrich, 140, 145 裴斯泰洛齐,海因里希
Peters, Charles C., 146 彼得斯,查尔斯·C
Peterson, Penelope, 91, 102 彼得森,佩内洛普

pharmacists, status of, 124 药剂师的地位
Phi Delta Kappa, 112 《卡潘》
Place Called School, A, 178–79 《一个称作学校的地方》
Placier, Peggy, 176 普莱西,佩吉
positivism, attacks on, 80–81 对实证主义的攻击
Powell, Arthur, 43, 111–12, 141 鲍威尔,亚瑟
practice: 实践
    theory vs., educational schools' research on, 178, 192, 203–5 教育学院对理论与～的研究
professional-client relationships, emotion management in teaching and, 45–51 教学中的情感管理与专业人员-客户关系
professionalism: 专业主义
    complexity of, in teacher education, 56–61 在教师教育中～的复杂性
    lack of standardization among, 53–55 ～中缺乏标准
    as preparation for research, 87–88 ～作为研究准备
    progressivism and, 159–61 进步主义和～
    vs. academic expectations, 103–4 ～与学术期望
professionalization: 专业化
    improvement in status linked to, 121–28, 217 n. 47 与～相联的地位提升
    normal schools evolution and, 22–25 师范学校的演进和～
    social mobility and, 27 社会流动和～
    status of teacher education and, 11–13 教师教育的地位与～
    in teacher education, 104–6 教师教育中的～
Professors of Education: An Assessment of Conditions, The, 112 《教育学教授:一种状况评估》
Professors of Teaching: An Inquiry, The, 112 《教学教授:一项探索》
progressivism: 进步主义
    administrative progressives, 144–55, 183–86, 191–93 管理进步主义者
    Cardinal Principles report and, 148–49 《基本原则》报告与～
    critique of, 173–75, 193–94 对～的批评
    curricular normalism and, 137–38 课程中的规范主义与～
    Dewey's influence on, 156–59 杜威对～的影响
    disadvantaged as focus of, 168–69 弱势群体作为～关注的对象
    in educational research, 15 教育研究中的～
    educational rhetoric controlled by, 176–81 ～对教育修辞的控制
    educational schools' embrace of, 129–69, 187–89 教育学院对～的拥抱
    of education professors, 118–21, 129–30, 135–37, 142–44 教育学教授的～
    history of, 142–44, 219 n. 49 ～的历史
    nature and roots of, 137–42 ～的性质与根源
    pedagogical naturalism and, 138–40 教学自然主义和～
    pedagogical progressives, 137–45, 151–55, 178–79, 184–89 教学进步主义者
    professionalism and, 159–61 专业主义和～
    romanticism's influence on, 140–41 浪漫主义对～的影响
    school choice movement and, 197–98 择校运动与～
    as social values, 141–42 作为社会价

值观的～
standards movement and, 195–97 标准运动和～
traditional theory vs., 130–37 传统理论与～
"Project Method, The," 189, 196 "项目方法"
Prosser, Charles, 146 普罗瑟，查尔斯
psychology, educational research and impact of, 118–21 教育研究和心理学的影响
Public Agenda polling, 135–37 公共议程民意调查
publications statistics：出版物统计
 on core education journals, 110–11 核心教育期刊上的～
 on educational psychology, 119 关于教育心理学的～
 status of education professors and, 117–21 教育学教授地位与～
public perceptions of teaching, 56–61 公众对教学的感知
 failure of educational research to impact, 81–82 教育研究不能影响～
 negative image of educational schools, 2–8, 170–73 教育学院的负面形象
 popularity of soft knowledge and, 80–81 软知识的普及与～
 progressive ideology and, 135–37 进步意识形态和～
 status of education professor and, 111–12, 120–21, 125–28 教育学教授的地位与～
public policy on education：公共教育政策
 educational research and, 66–69 教育研究与～
 status of education professors and low impact on, 120–21 教育学教授的地位以及对～的低影响
 weakness of educational schools' impact on, 73–74, 195–99 教育学院对～的薄弱影响
public sector employees, status of, 37–38 公共领域雇员的地位
pure knowledge：纯知识
 in educational research, 65–69 在教育研究中的～
 educational research as, 75–76, 215 n. 24 教育研究作为～
 organizational structure and production of, 70–72 ～的组织结构与生产

qualitative research in education, 67–68 教育中的质性研究
 particular vs. universal in, 97–98 ～中特殊的与普遍的
quantitative research in education, 67–69 教育中的量化研究
 attacks on validity of, 80–81 对～有效性的攻击

Ravitch, Diane, 138, 141, 173, 181–83, 194, 218 n. 10 拉维奇，戴安娜
reading habits of education professors, 113–15 教育学教授的阅读习惯
Reese, William, 140–41 里斯，威廉
"Relation of Theory to Practice in Education, The," 192 "教育中理论与实践的关系"
Research About Teacher Education (RATE) survey, 112 关于教师教育研究的调查
research methodology：研究方法论
 in educational research, 67–69 教育研究中的～
 in educational schools, 84–86, 189–93 在教育学院的～
"Research on Teacher Education," 5 "教师教育研究"
Rhoades, Gary, 71–72 罗德斯，加里
Richardson, Virginia, 176 理查德森，弗

吉尼亚

romanticism, progressive ideology influenced by, 140-41 浪漫主义对进步意识形态的影响

Ross, Edward A., 146 罗斯,爱德华·A

Rousseau, Jean-Jacques, 140, 145 卢梭,让-雅克

Rugg, Harold O., 145 拉格,哈罗德·O

Russell, James Earl, 159-60 拉塞尔,詹姆士·厄尔

salary statistics, status dilemma for education professors and, 110-11 教育学教授的地位困境和薪水统计

Sammons, Dana, 212 n. IU 萨蒙斯,达娜

Schön, Donald A., 192 肖恩,唐纳德·A

school choice movement, 197-98 择校运动

school district consolidation, administrative progressives' role in, 149-51 管理进步主义者在学区合并中的作用

School of Education: Its Mission, Faculty, and Reward Structure, The, 112-13 《教育学院:使命、教员与奖励结构》

schools of education. 教育学院。See educational schools (ed schools) 参见教育的学院(教院)

Schools We Need and Why We Don't Have Them, The, 3, 137, 173-75 《我们需要的学校以及为何我们没有》

science: 科学
 educational research as, 74-76, 191-93, 215 n. 24, 222 n. 51 教育研究作为～
 evolution of, 64-65 ～的演进
 progressive ideology and, 153-55 进步意识形态和～

Scientific Research in Education, 85, 191 《教育的科学研究》

secondary education: 中等教育
 consumer demand in, 186-87 对～的消费者需求
 educational research on, 86 关于～的教育研究
 historical growth of, 20-25 ～的历史发展
 market forces in creation of, 19-20 在创立～中的市场力量
 reform proposals for, 148-49 ～的改革提议
 status of, 32-34 ～的地位
 teacher shortages in, 202-5 ～中的教师短缺

secondary-role relationships, emotion management in teaching and, 46-51 在教学中情感管理与次级角色关系

Sedlak, Michael, 21, 43, 144 塞德拉克,迈克尔

selectivity, normal schools evolution and, 22-25 师范学校的演进与选拔性

Selling Students Short, 43 卖空学生

Sheldon, Edward, 141, 145 谢尔顿,爱德华

Shen, Jianping, 112 沈,剑平

Shopping Mall High School, The, 43 《高中超市》

Shulman, Lee, 164-66, 190 舒尔曼,李

Siegel, Jessica, 48, 50 西格尔,杰西卡

Sizer, Theodore, 111-12, 141 赛泽,西奥多

skills development: 技能发展
 Hirsch's critique of, 173-75 希尔施对～的批评
 in teacher education, 58 教师教育中～

Smith, B. Q., 192 史密斯·B·Q

Snedden, David, 146, 149, 155, 160 斯奈登,戴维

social efficiency: 社会效率
 administrative progressivism and, 146-51, 183-86 管理进步主义和～

索引 271

educational schools' role in, 155 – 56, 189 – 93 教育学院在～中的角色

education professors' view of, 158 – 59 教育学教授对～的看法

impact on teacher education of, 34 – 36, 186 – 87 ～对教师教育的影响

social mobility vs., 31 – 34 社会流动与～

teacher education and goal of, 54 – 55 教师教育和～的目标

social mobility：社会流动

alternative venues for, 35 – 36 ～的替代性方案

consumer demand for teachers and, 25 – 29, 186 – 87 对教师的消费者需求与～

evolution from normal school to university and, 29 – 34, 212 n. 38 师范学校到大学的演进与～

teacher education and goal of, 54 – 55 教师教育和～的目标

social promotion, administrative progressives' role in, 150 – 51, 183 – 86 管理进步主义者在社会性升级中的作用

social reproduction theory, 183 社会再生产理论

social science：社会科学

as applied science, 67 – 69 ～作为应用科学

as soft science, 62 – 65 ～作为软科学

social values, progressivism and, 141 – 42 进步主义和社会价值观

Society of Professors of Education, 112 教育学教授协会

Sociology of Teaching, The, 42 – 43 《教学社会学》

soft knowledge：软知识

current popularity of, 80 – 81 当前～的流行

as educational school domain, 84 – 86 ～作为教育学院的领域

organizational structure and production of, 71 – 72 ～的组织结构与生产

production of, 63 – 65 ～的生产

weak authority of, 73 – 74 ～的薄弱权威

Sources of Science of Education, The, 153 《教育科学的资源》

Sowell, Thomas, 3 索维尔，托马斯

standards movement：标准运动

educational Schools' lack of impact on, 195 – 97 教育学院对～缺乏影响

high-stakes testing and, 44 高风险测验与～

Stanislavski, Constantin, 50 斯坦尼斯拉夫斯基，康斯坦丁

state education appropriations, decline in, 35 国家教育拨款的下降

state teachers' colleges, evolution to university status of, 29 – 34 向州立教师学院大学地位的演进

status of educational training：教育训练的地位

demand oriented educational schools and, 24 – 29, 211 n. 18 需求导向的教育学院与～

differences in, for educational professors, 117 – 21 教育学教授在～中的差异

educational schools research and, 9 – 13 教育学院的研究和～

on education professors, 15, 209 n. 15 关于教育学教授

education professors and, 109 – 28 教育学教授和～

exchange value vs. use value concepts and, 69 – 70, 199 – 203 交换价值与使用价值概念和～

historical factors in, 115 – 17 ～中的历史因素

low-status institutions, 84 低地位机构

market forces in teacher education and,

17-20 教师教育中的市场力量与～
normal-school-to-university evolution and, 29-34 师范学校向大学的演进与～
professional achievement vs., 103-4, 125-28 专业成就与～
strategies for improvement of, 121-28, 194, 206 ～的提升策略
in universities, 24-25, 73 大学中的～
stigmatized populations, educational schools and, 36-38 教育学院和被污名化的群体
Stone, J. E., 141 斯通·J·E
stratification, social：社会分层
educational schools research and, 11-13 教育学院的研究和～
of education professors, 110-11 教育学教授的～
progressive view of, 182-83 ～的进步观
structure. 结构。See organizational hierarchy 参见组织等级体系
Student-Centered Education: From Theory to Practice, 178《以学生为中心的教育：从理论到实践》
students：学生
in educational schools, market forces and, 24-25 市场力量和教育学院的～
teachers' effects on, uncertain measurement of, 54-55 难以衡量教师对～的影响
subject matter expertise：内容专业知识
progressive ideology and, 162-66 进步意识形态与～
role of, in teacher education, 58-59 ～在教师教育中的作用
success orientation, in educational research, 94-96, 215 n. 24 教育研究中的成功导向
Suppes, Patrick, 88 苏佩斯，帕特里克

Teacher Education Accreditation Council (TEAC), 195 教师教育认证理事会
teacher preparation：教师准备
apprenticeship of observation in, 56-58, 176 ～的观察学徒期
characteristics of teaching and, 39-61 教学的特征与～
chronic uncertainty and effectiveness of, 52-55 ～的长期不确定性和有效性
client cooperation problem, 40-41 客户合作问题
compulsory clientele dynamic and, 41-44 强制性客户机制与～
current issues in, 14 ～的当前问题
educational research on, 87-92, 104-8, 191-93 关于～的教育研究
educational schools' impact on, 176-81, 198-99 教育学院对～的影响
emotion management problem and, 45-51, 212 n. 18 情感管理问题与～
marginalization of, with consumer demand, 28-29 ～的边缘化与消费者需求
market forces in, 17-34 ～中的市场力量
master's and doctoral programs, 105-7 硕士和博士项目
pedagogical progressives and, 145, 178-79, 184-86 教学进步主义者与～
professionalization in, 104-6 ～的专业化
progressive ideology and, 162-66, 189-93 进步意识形态与～
purposes and consequences of, 55-56 ～的目的和影响
reform proposals for, 121-28, 125-28, 185-86, 217 n. 47-48 ～的改革提议
skills/knowledge requirements in, 58 ～中的技能/知识要求

social efficiency in, 34-36 ～中的社会效率

status of, in university hierarchy, 33-34, 212 n. 44 在大学等级体系～的地位

structural isolation and, 51-52 结构性孤立与～

subject matter expertise in, 58-59 ～中的内容专业知识

university incorporation of, 29-34 ～的大学合并

See also educational schools (ed schools) 也参见:教育的学院(教院)

teachers and teaching:教师和教学

academic preparation for, 102-4 ～的学术准备

conservative critique of, 135-37, 141-42, 180-81 对～的保守批评

domination of, in educational research, 86, 190-93 ～在教育研究中的主导地位

educational school role in preparation of, 12-13 教育学院在～准备中的作用

effectiveness of, educational research on, 86, 93, 164-66, 190-93 关于～有效性的教育研究

feminization of teaching force, 23-25 教师的女性化

historical shortages of, 20-25 ～的历史性短缺

inferiority stereotyping of, 5-6 ～的自卑刻板印象

normative vs. analytical approach, 92-96, 215 n. 24 规范的与分析的方法

particularistic nature of, 96-98 ～的独特性质

progressive ideology and, 130-31 进步意识形态与～

public perceptions of, 56-61, 176 公众对～的感知

reformation of education and, 125-28, 185-86 教育的改革和～

status of, 37-38 ～的地位

transition to research from, 87-92, 104-8 从～向研究的转变

world view of, vs. educational researchers, 90-92 ～的世界观与教育研究者

Teachers for Our Nations Schools, 217 n. 48 《我们国家学校的教师》

Teach For America, 199 为美国而教

Teaching Teachers: Facts and Figures, 112 《教教师:事实与数据》

testing:测验

educational schools' lack of impact on, 195-99 教育学院对～缺乏影响

teacher-student relations and impact of, 44, 212 n. 13 师生关系与～的影响

theory construction:理论建构

in educational schools research training, 85-86 在教育学院研究训练中的～

educational schools' role in, 203-5 ～中教育学院的作用

particular vs. universal in, 98-100 ～中的特殊的与普遍的

progressive ideology and, 137-42 进步意识形态与～

pure vs. applied knowledge and, 65-66 纯的与应用的知识与～

vs. experiential research, 101-4 ～与经验研究

Third International Mathematics and Science Study (TIMSS), 195 第三届国际数学和科学研究

Thomas B. Fordham Foundation, 135-37, 141-42, 180-81 托马斯·B·福特汉姆基金会

Thompson, Bob, 1-2, 16 汤姆森,鲍勃

Thoreau, Henry David, 140 梭罗,亨利·戴维

Thorndike, Edward L., 119, 146-48,

152-55,158,160,193 桑代克,爱德华·L

To Be a Phoenix：*The Education Professoriate*,112《成为一只长生鸟：教育学教授》

Tom, Alan, 93,190 汤姆,艾伦

Tomorrow's Schools, 6,204《明日之学校》

Tomorrow's Schools of Education, 6,204-5《明日之教育学院》

Tomorrow's Teachers report, 6,75-76,121-24,217 n.47-48《明日之教师》报告

tracking, administrative progressivism and, 151,182-86 管理进步主义与分轨

traditional education theory, progressivism vs., 130-37 进步主义与传统教育理论

Trow, Martin, 19,25 特罗,马丁

truancy laws, teaching education and role of, 41-44 教学形式的教育和逃学法的作用

Turner, Ralph, 104 特纳,拉尔夫

Tyack, David, 144,161 泰克,戴维

uncertainty, influence in teacher education of, 52-55 不确定性对教师教育的影响

Underwood, Kathleen, 27,29 安德伍德,凯瑟琳

United States Bureau of Education, 148-49 美国教育署

universal, role of, in educational research, 98-100 教育研究中的普遍性角色

universities:大学

  exchange value vs. use value in, 69-70 ～中交换价值与使用价值

  normal school evolution to, 29-34,154-55 师范学校演进到～

  status of educational schools in, 24-25,73,199-203 教育学院在～中的地位

University of California at Berkeley, 121 加州大学伯克利分校

University of Chicago, 121,153 芝加哥大学

University of Michigan, 121 密歇根大学

usable learning, education school attachment to, 166-69 教育学院对可用学习的迷恋

use value of knowledge:知识的使用价值

  in educational research, 69-70 教育研究中的～

  exchange value vs., 77-78,119-203 交换价值与～

  freedom from consumer pressure of, 78-79 免于消费者对～的压力

  freedom from disciplinary boundaries and, 79-80 不受学科边界限制的自由与～

  marginalization of educational research and, 73 教育研究的边缘化与～

U.S. News and World Report, 89-90,215 n.17《美国新闻和世界报道》

utilitarianism, administrative progressivism and, 145-48,153-55 管理进步主义和功利主义

Vance, Brian, 212 n.13 万斯,布莱恩

vocational training:职业训练

  administrative progressivism and, 150-51 管理进步主义与～

  diminished status of, 33-34 ～的地位降低

voucher proposals, 197-98 教育券方案

Waller, Willard, 42-44,50-51,140 华勒,威拉德

Warren, Donald, 5 瓦伦,唐纳德

Weber, Max, 11,18 韦伯,马克斯

What Do Teachers Teach? 181《教师教什

么》

What Works: Research on Teaching and Learning, 52-53 《什么是有效的：关于教与学的研究》

What Works Clearinghouse, 191, 222 n.51 有效教育策略资料中心

Whitehead, Alfred North, 138 怀特海，阿尔弗雷德·诺思

"Willard Waller: On Hating School and Loving Education," 140 "威拉德·华勒：怨恨学校与热爱教育"

Wisniewski, Richard, 112 维斯涅斯基，理查德

Wittrock, Merlin C., 114 维特洛克，梅林·C

women in education:教育中的女性
    market forces and feminization of teaching, 23-25 市场力量与教学女性化

status dilemma for education professors and, 110-11 教育学教授的地位困境与～

Wordsworth, William, 140 华兹华斯，威廉

working class:工人阶级
    educational schools as conduit for, 36-38 教育学院作为～的渠道
    education professors from, 110-11 ～出身的教育学教授

writing, research on teaching of, 215 n.24 关于写作教学的研究

Yale University, 121 耶鲁大学

Zilversmit, Arthur, 151-52, 178 西尔弗斯米特，亚瑟

Zimpher, Nancy L., 113 齐默，南希·L

译后记

　　大约十年前,我在撰写博士论文时读过拉巴里教授的《教育学院的困扰》,该书不仅为我探讨教育学地位问题提供了丰富的资料,而且它对教育学院地位的分析给我留下了很深的印象。因此,当时我对这本书作了大量摘译。2022年初,王占魁兄嘱我推荐有关教师教育方面的外文经典,作为他主持的《教师教育哲学译丛》的一部分。当时,我便向他推荐了这本《教育学院的困扰》。未料到,没过多久,他便要求我承担翻译工作。思忖再三,我还是自不量力地接受了这项任务。一是由于我们多年的友谊和共同的学术追求,二是因为我曾深深地受惠于拉巴里教授的这部经典之作,很希望将它介绍给更多的读者。需要说明的是,原文的注释均放于书后,考虑到阅读的便利,将其改为页下注;原书目录仅含各章标题,为使结构得以更清晰地呈现,特将二、三级标题也置于目录中。

　　笔者在翻译过程中得到好友赵同友博士、闫斐博士、虞嘉琦博士的帮助;译稿完成后,我担任班主任的2020级教育学班的六位同学在校对方面提供了很多助益,她(他)们是乔梦梦、张晴、孔心可、张满满、柴天震、李府洲。在此表示感谢! 在翻译被引文献时,我参考了相关文献的中译文,对这些译者的工作表示由衷的感谢和敬意!

　　参考的中译文如下:

《杜威教育论著选》(杜威,赵祥麟、王承绪编译)(1981)

《教学社会学》(华勒,白亦方、薛雅慈、陈伯璋译)(2018)

《一门捉摸不定的科学:困扰不断的教育研究的历史》(拉格曼,花海燕、梁小燕、许笛、严正、张延竑、张斌贤译,2006)

《学术部落与其领地》(比彻、特罗勒尔,唐跃勤译,2008)

《学校的变革》(克雷明,单中惠、马晓斌译,2009)

《一个称作学校的地方》(古德莱得,苏智欣、胡玲、陈建华译,2013)

《保守还是进步》(夏雪梅,2009)

《中等教育的基本原则》(张斌贤、杨帆、吴婵译,2015)

《学校教师的社会学研究》(劳蒂,饶从满、陈以藏、尚立新、单联成、宋春、于兰、刘朝锋译,2011)

《杜威全集 中期著作 第3卷 1903—1906》(杜威,徐陶译,2012)

由于译者水平有限,必定存在不足之处,敬请广大读者不吝赐教(E-mail: zhangjgwork@163.com)。

张建国

2023 年 3 月 20 日